本书为“2011—2013年北京市属高等学校人才强教计划”资助项目，项目批准号：PHR201108412

中国经济文库·应用经济学精品系列（二）

中国银行业外资的进入及效应研究

张宇馨◎著

A Study of the Entry Mode and the Effect of Banking FDI in China

中国经济出版社
CHINA ECONOMIC PUBLISHING HOUSE
北京

图书在版编目（CIP）数据

中国银行业外资的进入及效应研究/张宇馨著．
北京：中国经济出版社，2013.6
ISBN 978－7－5136－1181－7

Ⅰ．①中…　Ⅱ．①张…　Ⅲ．①银行业—外资利用—研究—中国　Ⅳ．①F832.6

中国版本图书馆 CIP 数据核字（2011）第 217113 号

责任编辑　彭　欣
责任审读　霍宏涛
责任印制　张江虹
封面设计　华子设计

出版发行　中国经济出版社
印 刷 者　三河市佳星印装有限公司
经 销 者　各地新华书店
开　　本　710mm×1000mm　1/16
印　　张　15.75
字　　数　226 千字
版　　次　2013 年 6 月第 1 版
印　　次　2013 年 6 月第 1 次
书　　号　ISBN 978－7－5136－1181－7/F·9092
定　　价　38.00 元

中国经济出版社 **网址** www.economyph.com **社址** 北京市西城区百万庄北街 3 号 **邮编** 100037
本版图书如存在印装质量问题，请与本社发行中心联系调换（联系电话：010－68319116）

摘　要

自20世纪80年代起，中国银行业对外开放已经历时近30年。鉴于银行业对于一国经济发展的重要性，我国采取了逐步开放政策，直至2006年年底我国银行业才开始进入了全面开放阶段。到2010年年末，银行业外资在我国银行业总资产中所占比重为1.8%。

银行业外资主要以绿地新建和战略投资者方式进入国内银行业，不同的进入方式体现着跨国银行不同的经营战略，也意味着对我国银行业不同的影响。

本书在回顾我国银行业对外开放历程，总结目前中国银行业外资的发展现状及特点后，分别从跨国银行和东道国角度分析了两种外资进入方式带来的效应。

首先，本书从跨国银行角度，建立模型并分析了在东道国信息不透明、风险较大的情况下，以利润最大化为目标的跨国银行的进入方式决策。分析结果发现，当东道国市场规模较大、经营风险较大时，以战略投资者方式进入是国际银行资本的最佳选择。而绿地新建外资在子行和分行的选择也体现了外资既要防范东道国风险，又要开发东道国市场的多种战略目标。我国的法人银行制度在一定程度上符合了外资的要求。比较这两种进入方式带来的利润，战略投资者为国际银行资本带来了更多利润。

其次，本书从东道国角度，分析银行业外资进入对我国银行业效应的影响。通过对银行绩效和所有权关系的文献梳理，认为外资进入未必是东道国银行绩效改变的必要条件。随后又分析了外资技术外溢渠道和影响因素，认为不同外资进入方式带来的技术外溢效果是不同的。在此基础上，以我国国有商业银行、股份制银行和19家城市商业银行为样本，实证分析了不同方式进入的外资对其经营绩效的影响。由于我国银行经营区域的限制，不同类型的银行所面对的外资竞争和溢出效应是不一样的。国有商业银行和股份制银行面临的外资竞争是全国性的；城市商业银行的区域性经营使得其发展严重依赖于地区经济发展程度，面对的外资竞争只是区域性的。因此，全书将中资银行分为两大类样本——国有商业银行和股份制银行、城市商业银行，分别对每类样本中引入战略投资者的银行和没有引入战略投资者的银行绩效进行分析比较和实证研究。实证结果表明，对我国银行绩效影响最明显的是我国经济增长水平和公司上市，战略投资者对于不同类型的银行的影响是不同的，对国有商业银行和股份制银行的影响较为显著，但对城市商业银行经营业绩影响并不明显，这可能与战略投资者进入时间的长短、投资者与被投资者的技术差距大小或投资战略有关。绿地新建外资对所有类型的银行都表现了一定的竞争效应。引资银行业绩与未引资银行业绩的比较分析表明，股份制银行中的引资银行绩效没有明显优于未引资银行，但战略投资者会选择绩效较好的城市商业银行投资。

2008 年的金融危机使得发展中国家再次深入思考危机时期银行业外资的作用。本书客观地分析了历次金融危机中发展中国家银行业的外资表现，分析了影响外资行为的因素和金融危机传播渠道。发现到目前为止，银行业外资不是发展中国家金融危机爆发的原因，银行业外资在发展中国家的坚守或撤出取决于其对东道国经济发展前景的判断，外资进入方式和经营策略影响其危机时期的决策，绿地新建子行和本土化策略有助于外资银行经营的稳定性，股权投资外资具有更大的不确定性。面对不同进入方式进入的外资，东道国需要采取不同的防范措施。

书中的最后一章分析了我国银行业开放的基本战略，鉴于国际经济形势的不确定性、国内经济改革和银行业改革的复杂性和国内银行的竞争力，我国应根据本土银行实力和经济改革需要，逐步开放市场。在我国银行业改革中，外资只能是外力，中资银行的绩效取决于中国经济整体改革力度和进程及中国本土银行自身竞争力的提高，有些问题是外资无法解决的。

关键词：银行业外资，战略投资者，绿地新建，开放战略

Abstract

The opening of China's banking industry has lasted for nearly 30 years since 1980s. Due to the significance of the banking industry to the economic development, China has adopted a gradual open - up policy, total assets of foreign investment in China's banking industry only accounted for 1.8% of total industry's assets at the end of 2010.

The banking FDI can enter into China's banking industry by as a strategic investor in local banks or by green field. Different entry mode reflected the different strategy of the multinational Banks and brought about different effect on China's banking industry.

Based on a brief review of the open - up history of China's banking industry, the thesis summarized the current status and characteristics of banking FDI in China, and then analyzed the entry mode effect from different perspective.

First, the thesis established a model to analyze the entry mode decision - making process made by the multinational bank under the assumption of maximizing the profit in a host country with the higher operation risk and the higher information asymmetry. The results indicated that the Strategic Investor was the optimal choice for multinational banks. In the case of Green Field, Subsidiary is much better than Branch for the international banks to take precaution against the operation risk in host country and excavate more profit from local market at the same time. To some degree, China's legal - body subsidiary system is helpful for the foreign capital. Compared the profits earned by the banking FDI, the Strategic investors earned more profit than the Green - Field by now.

Second, the thesis analyzed the different entry mode effect on China's banking industry. The literature review indicated that the entry of foreign capital or the foreign ownership was not a necessary precondition for the improvement of bank performance, the different entry mode brought about different spillover effect on local banks. The thesis used 5 state - owned commercial banks, 9 joint - stock banks and 19 city commercial banks as samples to study the spillover effect of banking FDI in different entry modes. Due to the regional operation restrictions, different type of banks faced different degree of foreign competition. The thesis categorized the sample banks into two groups—The state - owned commercial Banks and the joint - stock Banks faced foreign competition on a national basis, while the development of the city commercial banks heavily relied on regional economic development and only faced the foreign competition in their particular region. In each group, the performance of the banks with strategic investor and that of the banks without foreign investors were compared simply, then applied for panel empirical test. The empirical results showed that the most important factors for bank performance improvement were the GDP scale and being public - listed. The strategic Investors had different spillover effect on different groups: having more influencing force on the performance of state - owned and joint - stock banks, no obvious effects on city - banks. The reasons behind the result may include: shorter collaboration time, the technology gap or different investment strategy. The Green - Field investment indicated competitive effect - encouraging the state - owned and joint - stock banks to earn more but increasing their bad loans. The comparison between bank with Strategic Investor and bank without investor indicated that there is no huge difference between these two groups in joint - tock banks, but the foreign investors would like to invest in the city banks which had better performance..

The 2008 financial crisis made the developing country to rethink about the banking FDI behavior during the crisis. This paper objectively analyzed the banking FDI's strategy in the various financial crisis, the crisis transmit channels and the elements influencing their behavior. The thesis found that, so far, banking

FDI was not the direct cause of financial crisis in the developing countries, while the host countries economic prospect is the key factor for banking FDI stay – or – exit decision, the entry mode also influenced the exit decision, the Green Filed investment with localization strategy would be helpful for foreign Banks to stabilized the operation in host country, while equity investment had greater uncertainty. The host countries need to take different measures to deal with the risks brought about by different entry modes.

The final chapter analyzed the basic open – up strategy for China's banking industry. In view of the uncertainty of the international economy situation, the complexity of domestic economic reform and the competitiveness of domestic Banks, china should adopt a more stable open – up policy. The foreign banking FDI was the only external forces in china banking reform, which can not solve everything. The performance improvement of China banking industry should depend on the Chinese overall economic reform process and the improvement of local bank's competitiveness.

KEY WORD: Banking FDI, Strategic Investor, Green Field, Open – up strategy

目录

第一章　绪论

第一节　选题背景、研究意义和研究对象 …… 1
一、选题背景 …… 1
二、研究意义 …… 3
第二节　本书主要内容 …… 5
一、研究对象 …… 5
二、研究方法 …… 5
三、研究思路和内容 …… 6
四、结构框架安排 …… 6
五、可能的创新点、不足之处和进一步研究方向 …… 8

第二章　文献综述

第一节　银行业对外直接投资动因分析 …… 10
一、垄断优势理论 …… 10
二、内部化理论 …… 11
三、国际生产折衷理论 …… 11

四、寡占反应理论 …… 13
五、投资发展周期理论 …… 14
六、贸易引致投资理论 …… 14
七、产业组织理论的解释 …… 15
八、资源观的解释 …… 15
九、外国直接投资动因的实证研究 …… 16
第二节 银行业外资进入方式及绩效研究 …… 18
一、影响进入方式选择的因素 …… 18
二、进入方式对东道国银行绩效的影响 …… 19
第三节 银行业外资对东道国银行业的影响 …… 20
一、发达国家银行业外资对东道国银行业效率的影响 …… 20
二、发展中国家银行业外资对东道国银行业效率的影响 …… 20
三、外资对我国银行业绩效的影响 …… 22
四、银行业外资对东道国经济增长的影响 …… 24

第三章 银行业外资在中国的发展现状

第一节 外资进入动因 …… 27
一、经济全球化进程为外资银行全球扩张提供了发展契机 …… 27
二、跨国银行全球化战略 …… 29
三、中国银行业改革的需要 …… 32
第二节 中国银行业的对外开放 …… 32
第三节 银行业外资在我国的发展特点 …… 36
一、经营机构数量迅速增加 …… 36
二、资产份额所占比重较低 …… 37
三、经营状况良好 …… 38
四、资产质量较好 …… 40
五、积极拓展相关领域的金融业务 …… 41

第四章 银行业外资进入方式和区域选择

第一节 银行业外资进入方式选择的理论分析 …… 43
一、影响外资进入方式决策的因素 …… 43
二、绿地新建与战略投资者 …… 44
三、子行和分行 …… 50
四、东道国政策 …… 52
第二节 银行业外资在我国的进入方式 …… 54
一、法人外资银行 …… 55
二、跨国银行分行 …… 57
三、以战略投资者身份进入的银行业外资 …… 58
四、不同进入方式收益比较 …… 63
五、小结 …… 65
第三节 银行业外资的区位选择 …… 65
一、影响外资区位决策的因素 …… 66
二、银行业外资在我国的区域分布 …… 68

第五章 银行业外资对中国商业银行的绩效影响

第一节 银行所有权与银行绩效 …… 75
一、外资银行经营绩效高于东道国本土银行 …… 76
二、所有权与银行绩效无必然联系 …… 77
三、银行业外资对中资银行绩效的影响 …… 79
第二节 外资技术溢出效应研究 …… 80
一、外资技术溢出途径 …… 81
二、影响技术外溢效应的因素 …… 82
第三节 银行业外资进入方式、技术外溢与银行绩效 …… 85
一、进入方式与技术外溢水平 …… 86
二、进入方式与技术外溢传递渠道 …… 86

三、进入方式与本土银行绩效 …… 87
第四节 实证模型 …… 89
第五节 外资对国有银行和股份制银行绩效的影响 …… 96
一、国有商业银行的战略投资者 …… 97
二、股份制商业银行的战略投资者 …… 100
三、外资对银行资产收益率的影响 …… 103
四、外资对银行经营成本的影响 …… 107
五、外资对银行创新能力的影响 …… 110
六、外资对银行核心资本充足率的影响 …… 114
七、外资对银行资产质量的影响 …… 117
八、小结 …… 120
第六节 银行业外资对我国城市商业银行绩效的影响 …… 122
一、城市商业银行的发展特点 …… 122
二、城市商业银行的战略投资者 …… 124
三、实证分析 …… 131
四、外资对城市商业银行资产收益率的影响 …… 134
五、外资对城市商业银行经营成本的影响 …… 137
六、外资对城市商业银行业务创新能力的影响 …… 139
七、外资对城市商业银行核心资本充足率的影响 …… 141
八、外资对城市商业银行资产质量的影响 …… 144
九、小结 …… 146
第七节 实证结果的比较 …… 147

第六章 金融危机中的银行业外资

第一节 历次发展中国家金融危机中的银行业外资 …… 150
一、理论综述 …… 150
二、墨西哥金融危机中的银行业外资 …… 151
三、阿根廷金融危机中的银行业外资 …… 151

四、亚洲金融危机中的银行业外资 …………………………………… 152
五、俄罗斯及中东欧地区金融危机中的银行业外资 ……………… 153
第二节 2008 年金融危机中的发展中国家银行业外资 ……………… 153
一、整体状况 ……………………………………………………………… 154
二、金融危机中印度的银行业外资 ……………………………………… 154
三、金融危机中泰国的银行业外资 ……………………………………… 157
四、金融危机中的波兰银行业外资 ……………………………………… 159
五、金融危机中的匈牙利银行业外资 …………………………………… 159
六、金融危机中的阿根廷银行业外资 …………………………………… 160
七、金融危机中的墨西哥银行业外资 …………………………………… 161
第三节 2008 年金融危机中的中国银行业外资 ………………………… 162
一、危机初期部分外资流出 ……………………………………………… 163
二、绿地新建外资银行经营业绩下降 …………………………………… 165
三、部分战略投资者开始出售股权 ……………………………………… 167
四、银行业外资在中国的继续扩张 ……………………………………… 169
五、金融危机给我国银行业发展留下了隐患 …………………………… 170
第四节 关于金融危机中银行业外资战略行为的思考 ………………… 172
一、东道国经济发展状况是外资进入退出的决定性因素 ……………… 172
二、外源金融危机的间接影响是发展中东道国经济的真正威胁 …… 174
三、外资东道国组织方式影响其危机时期进入退出决策 ……………… 177
四、关于战略投资者的思考 ……………………………………………… 181

第七章 中国银行业对外开放策略

第一节 发展中国家银行业的对外开放 ………………………………… 186
一、拉丁美洲国家的银行业外资 ………………………………………… 187
二、中东欧转型国家的银行业外资 ……………………………………… 187
三、亚洲国家的银行业外资 ……………………………………………… 188
四、发展中国家银行业开放的比较分析 ………………………………… 191

第二节　中国银行业的适度开放政策 …………………………… 194
一、中国银行业开放的外部环境决定了开放的谨慎性 ……… 194
二、中国经济改革的复杂性决定了银行改革的复杂性 ……… 196
三、中国银行业的竞争能力决定了银行开放的适度性 ……… 198
四、银行业对外开放基本准则 ………………………………… 199
五、银行业外资的定位 ………………………………………… 204
六、关注不同外资进入方式对中国银行业的影响 ………… 206
第三节　提高中资银行自身竞争力 ……………………………… 207
一、银行业务多元化发展 ……………………………………… 208
二、适度进行金融创新 ………………………………………… 209
三、注重业务转型的同时加强风险管理 ……………………… 210
四、恰当的政府定位 …………………………………………… 211

结　　论 ……………………………………………………………… 214
参考文献 ……………………………………………………………… 217
重要术语索引表 ……………………………………………………… 235

第一章
绪论

第一节
选题背景、研究意义和研究对象

一、选题背景

(一) 国际背景

20 世纪 80 年代以来，随着金融全球化的快速发展，银行业外资开始进入新兴发展中国家，并对发展中国家的银行业发展带来重要影响。Claessens et. al.（2008）发现，全球发展中国家国内银行所占份额由 1995 年的 76% 下降到 2006 年的 62%，外资银行份额从 1995 年的 23% 增加到 2006 年的 38%，大约 45% 的发展中国家的 50% 的银行有外资进入，而在拉丁美洲和东欧国家，有外资进入的银行所占比例高达 80%。

发展中国家银行业对外开放大致可以分为两大类：一类是对外开放程度比较高的国家，以中东欧国家和拉美国家为典型代表；另一类是以较为谨慎态度进行对外开放的国家，主要以亚洲国家为代表。

20 世纪 90 年代初，为了尽快实现经济转型，获得经济发展所需资金，改革国内银行体系，中东欧国家采取措施大力吸引银行业外资进入国内银行业，不限制外资持股比例，允许银行业外资以并购和新建方式进入国内。短短几年内，外资基本控制了许多中东欧国家银行体系。2007 年底，匈牙利外资银行所拥有的资产占其银行业总资产的比例高达 87%。外资进入提高了中东欧国家银行业的经营效率，促进了这些国家的经济发展。然而，2008 年全球金融危机重创了发达国家银行业，全球资金大幅回流以缓解母行资金紧张局面，使得中东欧国家经济发展受到严重影响。

与中东欧国家相比，遭受 1997 年亚洲金融危机重创的亚洲国家在银行业对外开放中采取了较为谨慎的态度。虽然大多数亚洲国家允许外资进入本国银行业，但对外资进入许可及进入数量、进入方式、持股比例等有较为严格的规定。以印度为例，它每年只允许 12 家外资银行进入国内，且只能以分行形式进入。因此，银行业外资在亚洲各国银行业总资产中所占比例并不是很高。到 2008 年年底，亚洲国家中只有马来西亚银行业外资占比达到 20. 8%，其他国家占比均在 10% 以下。实证研究表明，外资进入对这些国家银行业发展、经济发展都具有一定的促进作用。2008 年金融危机对亚洲国家亦有负面影响，但损失程度远低于中东欧国家。

2008 年的金融危机使得美国银行业遭受重创，2010 年以来的欧债危机也使得欧洲银行业危机重重，跨国银行不得不采取收缩政策以保证母行正常运营。各国银行监管部门意识到联合监管的重要性，巴塞尔委员会重新修订出台《巴塞尔协议 III》要求各商业银行上调资本金比率，以加强抵御金融风险能力。这些措施会影响跨国银行的国际投资行为，也会影响银行业外资在发展中东道国的发展。

（二）国内背景

与其他发展中国家相比，中国银行业对外开放是相对较为谨慎的。外资银行进入中国已有一百多年历史，新中国成立后，我国允许汇丰、东亚等 4 家外资银行在上海继续营业。随着 20 世纪 70 年代末我国对外开放政策的实施，中国银行业才逐步开始允许外资进入。1980 年日本输出入银行的北京代表处成为进入中国的第一家跨国银行机构，1981 年南洋商业银行在深圳建立第一家外资银行分行。基于银行业在一国经济发展中的战略地位，为了确保金融开放的安全性，我国采取了逐步开放政策，对外开放领域从沿海城市逐步扩展到内陆地区，业务经营范围也在逐步放宽。根据我国入世承诺，于2006年12月底取消了一系列对银行业外资进入的限制措施，取消了外资经营的地域限制和业务限制，允许外资在全国范围内设立分支机构，并为中国境内所有顾客提供人民币业务，鼓励外资以子行法人方式进入中国。到2011年底，共有45个国家和地区的181家银行在我国设立了216家代表处；14个国家和地区的银行设立了37家外商独资银行和245家分行，2家合资银行；26个国家和地区的77家外国银行在我国设立94家分行，在我国27个省50个城市建立机构网点，有6家外资法人银行分行在其所在城市辖内外向型企业密集市县建立支行。①中国银行业的对外开放已成为不可避免的发展趋势，亦成为全球金融开放的重要组成部分。

二、研究意义

外国直接投资已经成为全球经济发展的重要动力。新古典经济学理论认为，一国的金融开放和国际资本的进入可以弥补东道国国内资金的不足，为国内经济发展提供充足资金，促进东道国制度的进步和经济增长。在中国银行业对外开放不断扩大深化的背景下，本书的研究具有一定的理论意义和现实意义。

外国直接投资（Foreign Direct Investment）简称FDI，是资本国际化的主要方式之一。它是指一国投资者在另一国建立企业进行生产和经营，并对其境外企业拥有一定经营管理控制权的行为。外国直接投资对东道国影响是FDI理论研究的重点内容之一，有一个较为成熟的理论框架，从多个层次和角度研究FDI对东道国经济、产业发展的影响。银行业外资有着其自身的特殊性：首先，和制造业外资相比，服务业外资的投资动机、进入方式和对经济的影响有一定的特殊性，其研究方法亦有较大差别；其次，任何一个国家的银行业都是其经济发展中极为重要的组成部分，关系到一国经济安全，各国政府对本国银行业的控制要远高于对其他行业的控制，

① 资料来源：《2011年中国银监会年报》。与2010年的情况相比，有4家银行撤出中国，代表处减少7家，外商独资银行的分行增加23家，外国银行分行增加4家。

战略性行业的对外开放问题值得关注和思考。20世纪80年代以来，众多发展中国家开始引进银行业外资，试图利用外资解决国内银行业存在的问题，提高本国银行业的国际竞争力。但纵观各国银行业改革成效及各国银行业外资在历次金融危机中的表现，有许多问题值得思考。

30年的改革开放使中国成为当之无愧的世界经济大国，但改革过程中积累的一些问题亦使得中国的经济改革走到了一个至关重要的关口，金融体制改革的成败直接关系到我国未来经济的走向，利用外资是我国银行业改革的重要内容之一。随着经济全球化进程的不断深化和国际银行业资本的进入，中国银行业的市场竞争格局将发生深刻变化，中资银行面临着与银行业外资更多合作与竞争的机会。2008年的金融危机将深刻改变银行业未来的发展战略，在此背景下，深入研究银行业外资进入中国的动机、方式、其竞争战略及其对我国银行业的影响等问题，讨论我国银行业引资策略，使得我国在能够充分利用外资积极影响的同时避免外资带来的负面效应，具有重要的现实意义。

我国银行业的对外开放面临着一系列需要回答的问题：第一，银行业外资希望采取哪种方式进入我国，如何在我国市场上进行战略布局？我国鼓励外资以子行方式进入以加强对外资银行的监管，这种方式是否符合外资意愿，是否可以实现我国加强监管的目标？第二，外资以少数股权投资者身份购买本国银行股份，是我国特有的引资现象②。这种利用外资的方式能否起到“引资，引智，引制”的作用？战略投资者的投资与绿地新建外资对我国银行业的影响有何不同？哪种方式更有利于我国银行业的发展？第三，我国采取了较为谨慎的逐步开放政策，严格控制银行业外资进入，到2011年底，我国银行业外资总资产占银行业金融总资产的比重仅为1.93%，如此小的比例是否可以促进中国银行业效率的提高？利用外资是否存在门槛效应？许多学者倡导中国进一步开放市场，为外资进入提供更多的机会，是否外资所有权和银行业绩一定呈正相关的关系？第四，2008年的金融危机，微观上将深刻改变银行的运营方式和投资区位，宏观上改变各国银行监管方式，我国该如何在开放的同时确保本土银行的发展和国

---

② IMF Paper : the rise of foreign investment in china's banks—taking stock DEC. 2006.

家金融的安全？这些问题的探讨有益于我国银行业的健康发展。

第二节
本书主要内容

一、研究对象

目前，银行业国际资本可以采取三种方式进入我国银行业：第一，银行作为上市公司从海外股票市场上获得国外资金，或是在我国股票市场上获得境外合格投资者的投资；第二，跨国银行在我国通过绿地新建，建立其子公司或分支机构进入我国银行业；第三，外资与我国本土银行合资建立合资银行，或通过持有我国本土银行少数股权方式进入我国银行业。2003—2009 年我国引进外资的情况如表 1－1 所示。

表 1－1　2003—2009 年中资商业银行引进外资情况

单位：家，亿美元

项目＼年份	2003 年底余额	2004 当年累计	2005 当年累计	2006 当年累计	2007 当年累计	2008 当年累计	2009 当年累计	2009 年底余额
引进境外投资中资银行数	5	6	7	6	5	6	0	31
引进投资金额	2.6	23.5	116.9	52.2	17.6	115.2	2.1	329.9
境外上市筹资金额	—	—	113.9	299.0	42.2	0.0	39.3	494.3
合计	2.6	23.5	230.8	351.2	59.8	115.2	41.4	824.2

资料来源：《2009 年中国银监会报告》

以股票市场投资者身份持有我国本土银行股份的外国资本并不谋求企业的管理控制权。因此，本书研究对象只包括后两种利用外资的方式，即以分行或子行形式进入我国银行的外资和以战略投资者身份进入的外资。

二、研究方法

本书主要采用的研究方法包括理论分析和实证分析。理论分析又分为定性分析和定量分析。定性分析根据经济学基本理论进行逻辑推导得出研究结论；定量分析以定性分析为基础，在一定假设前提下建立数学分析模型，解出目标函数及各变量间的相关关系。实证分析则以目标函数为基础，利用我国银行业的相关数据，采用计量方法检验银行业外资进入对我国银行业的影响。

三、研究思路和内容

本书首先研究了银行业外资进入我国的历史背景及动因，随着全球化进程的深化，我国银行业对外开放是不可避免的趋势，外资的进入既是世界经济发展的必然、外资全球竞争的驱动，也是我国希望利用外资促进国内改革的期望。其次，从外资角度研究了其进入方式和在我国的经营战略。再次，从东道国角度研究了不同进入方式的外资对本土银行和经济的影响，由于我国银行业外资数量较少，还处于战略布局阶段，对我国经济发展没有实质影响，因此，本书的研究主要集中于其对我国银行业绩效的影响。2008 年的金融危机对全球银行业的发展和其对我国银行业外资的影响成为本书关注的另一个问题。在总结分析上述问题后，提出我国进一步利用银行业外资的对策。

四、结构框架安排

本书共分七章。

第一章，绪论。文章介绍了本书的选题背景、研究的理论意义和现实意义、研究所用方法及研究基本思路等。

第二章，文献综述。文章从跨国投资动因角度、外资对东道国经济发展影响角度、跨国银行经营角度对相关文献进行了回顾总结。

第三章，银行业外资在中国的发展现状。文章分析了银行业外资进入动机，回顾了我国银行业对外开放历程，及目前银行业外资在我国的发展现状。

第四章，银行业外资进入方式和区域选择。从理论上分析了银行业外资进入方式决策选择，分析了不同进入方式下外资的收益，分析描述了外资机构在我国的区域分布。

第五章，银行业外资对中国商业银行的绩效影响。文章首先梳理了FDI技术外溢理论及影响因素，其次采用实证方法分析了不同途径进入我国的银行业外资对我国的国有商业银行、股份制银行和城市商业银行绩效的影响，并进行小结。

第六章，金融危机中的银行业外资。文章首先从理论上分析了危机时期的银行业外资行为决策；其次，总结了历次金融危机中银行业外资行为，尤其是2008年金融危机中各发展中国家银行业外资行为；最后，总结了危机时期影响外资行为的诸多因素。

第七章，中国银行业对外开放策略。文章首先总结比较了我国引资背景目的与其他发展中国家的区别，在此基础上，提出了中国银行业引资的基本思路。文章认为，根据国内外经济发展形势，我国应采取较为谨慎的引资政策，并根据经济发展状况动态调整外资政策。外资是我国银行业改革的一种重要手段和外在促进因素，但中国银行业整体实力的提高取决于中国经济改革的进程和中国本土银行自身竞争力的加强。

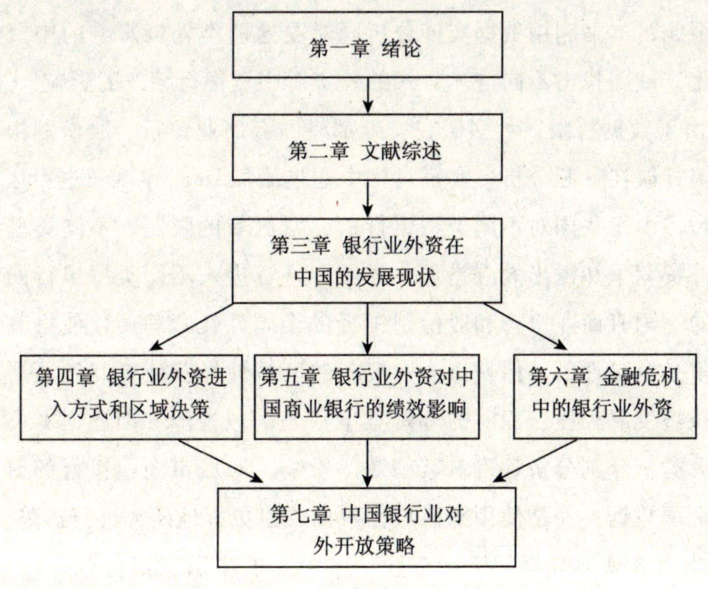

图1-1 全书结构框架

五、可能的创新点、不足之处和进一步研究方向

本书可能的创新点包括：

1. 本书借鉴 Maria Lehner（2009）的模型，分析了银行业外资在东道国经营风险较大、信息不透明情况下采取的进入方式。模型分析表明，相比绿地新建，战略投资者更有利于外资规避风险，获取利益；绿地新建方式下的子行亦更有利于外资规避风险占领东道国市场，我国鼓励外资采用的法人子行方式比较符合外资意愿。到目前为止，战略投资者成为银行业外资获利的最大来源。

2. 目前大多数文献要么单纯研究绿地新建外资对我国本土银行绩效的影响，要么单纯研究战略投资者对其投资银行的影响。但笔者认为，不同的外资进入方式的技术溢出方式不同，对本土银行的效应亦不同。以绿地新建方式进入的子行和分行为本土银行带来的是外部的竞争效应和示范效应，是对市场份额的争夺；而以战略投资者方式进入的外资带来的技术和管理知识的转移，理论上是可以提升中资银行竞争力，帮助其争夺市场份额的。因此，本书利用数据实证分析同时受这两类外资影响的中资银行的业绩变化，试图找出不同进入方式的外资对中资银行绩效的影响。

3. 由于数据有限，大多研究文献都将国有商业银行、股份制银行和城市商业银行放在一起分析，实证过程中通过添加 Dummy 变量进行区别。但本书认为，由于我国对不同类型银行的经营区域的限制，不同类型银行所面对的外资竞争和溢出效应是不一样的，外资进入不同类型银行的目的亦是不同的。国有商业银行和股份制银行的全国性经营牌照，使得其面临的外资竞争是全国性的；但城市商业银行的区域性经营使得其发展严重依赖于地区经济发展程度，面对的外资竞争只是区域性的。因此，本书将银行分为两大类，分别分析外资对其绩效的影响，对城市商业银行的研究，不再使用全国数据，而是使用了区域性数据，以更好地研究外资影响。

4. 本书客观地分析了历次金融危机中发展中国家银行业外资的表现，认为到目前为止，银行业外资并不是发展中国家金融危机爆发的原因，银行业外资在发展中国家的经营战略主要取决于其对发展中国家经济发展前

景的判断。分析了影响金融危机向东道国传递的渠道和影响其进入退出决策的因素，发现不同的外资进入方式亦会影响银行业外资在危机时期的经营稳定性和进入退出的决策。

本书研究的不足之处：

本书在研究技术溢出效应时，只比较了新建与战略投资者方式下的竞争效应和技术转移效应，由于时间和能力有限，没有找到更为合适的变量表示外资带来的示范效应，亦因为数据所限，无法将人力资源流动带来的影响纳入实证分析。

其次，实证检验的结果需要较多的样本才能得出较为可靠的结果，由于我国银行业开放时间较短，为了更好地研究其对不同类型银行的影响，将中资银行分为两类分别进行实证分析，可能会造成一定的误差。

再次，根据经济学原理，一国银行业外资不能太少，否则无法发挥其对产业升级和经济发展的促进作用；但亦不能太多，否则会危及一国金融安全。但何为适度的引资数量是一个极其复杂的问题，无法利用计量方法找到一个较有说服力的尺度。

进一步的研究方向：

外资影响中资银行绩效的渠道分析，银行业外资的进入对城市商业银行的影响，外资对我国银行业混业经营的影响，部分外资通过控股公司初步形成的金字塔结构对我国银行业的影响，甚至外资对部分区域经济发展的影响都是值得继续研究的内容。

第二章
文献综述

学者们对银行业外资的研究主要集中在三个方面：第一，利用跨国直接投资理论解释跨国银行的全球投资行为；第二，跨国银行的组织形式和竞争战略；第三，外资进入对东道国银行业及其经济发展的影响。

第一节 银行业对外直接投资动因分析

作为跨国公司一员，跨国银行的对外投资行为同样可以用跨国公司对外直接投资理论进行分析，但由于跨国银行业务的特殊性，1981 年联合国跨国公司中心把有关外资银行的研究从跨国公司研究中独立出来，单独考察银行业外资的经营发展战略。

一、垄断优势理论

1960 年，美国学者 Hymer（1960）以 20 世纪 60 年代美国的跨国公司扩张为研究对象，在其博士论文中第一次提出了垄断优势理论（Monopolistic Advantage Theory）。它以不完全竞争市场为前提，发现跨国公司在东道国具有一些天然的劣势，如人力资源的不可获得性、文化差异、市场保护等，跨国公司必须具有一些东道国企业所不具备的竞争优势，如技术优势、资金优势、管理经验等，凭借这些优势与东道国企业竞争并获得利润，这些优势即为跨国公司的垄断优势。

Hymer 的理论只考虑了跨国公司与发展中东道国企业的竞争，而忽略了发达国家跨国公司之间的竞争，更忽略了发展中国家企业的对外直接投资。

二、内部化理论

英国学者 Buckley and Casson（1976）于 1976 年首次提出了内部化理论（The Theory of Internalization）。它以科斯的产权理论为基础，认为由于中间产品市场的缺陷使得市场交易费用过高，当企业具备足够的内部管理能力，可以将外部市场交易变为公司内部管理时，企业将采用内部管理代替市场交易。当企业以内部管理方式处理跨国事务时，便出现跨国公司。加拿大学者 Rugman（1981）认为，银行业务经营中所需的专有性知识、管理技术、业务专长、良好的客户关系等可交易性较差，同时，信息不对称等因素造成的国际金融市场不完全性也使得中间产品交易效率较低。为了克服市场交易的不完全性和潜在风险，银行通过设立分支机构为客户提供服务，通过内部机构配置资金，进行中间产品交易，减少交易风险，维持其相应的竞争优势，同时实现各部门信息共享以节约交易成本。跨国银行是国际金融市场内部化过程的产物。

但内部化理论无法解释银行所有权优势的来源和区位决策，对于跨国银行的国际扩张来讲，内部化原则只是其投资决策中需要考虑的因素之一，而不是决定性因素。同时，过度内部化亦会带来管理困难和管理成本的上升。

三、国际生产折衷理论

John. H. Dunning 的国际生产折衷理论（The Eclectic Theory of International Production）将跨国公司的所有权优势、内部化优势和区位优势有机地结合在一起，形成西方跨国公司理论的主流。1992 年 Dunning 将折衷理论扩展到跨国银行的跨国经营，从三方面解释了跨国银行的对外直接投资行为：跨国银行的所有权优势主要表现为其专业知识、银行与东道国政府或客户的关系等，内部化优势表现为跨国银行的内部化管理能力和跨国经营经验，区位优势则包括东道国的市场机遇和自由化程度。

表 2－1 银行业对外直接投资的综合优势

所有权优势（竞争优势）	区位优势（国家优势）	内部化优势（协调优势）
联系外国客户途径	面对面服务要求	质量管理
专业技能	政府管制	范围经济
融资途径	集约化经营	资本流动
规模经济和范围经济	国家间的成本差异	国际套汇
储备货币的内在价值	人文差异	—
对跨国计算机通讯网络的控制	—	—

资料来源：Dunning："Multinational Enterprises and Growth of Service：Some Conceptual and Theoretical Issue"，United Nations Library on Transnational Corporations，p66－68.

银行所有权优势来源于多样化产品和服务、融资能力、规模经济、遍布全球的网络、客户经验、银行信誉等。多样化产品是银行营销技术、研发能力，满足客户需求能力的综合体现。与制造业相比，银行业的产品创新能力有限且容易被模仿，因此，差异化服务成为其竞争优势的关键来源。优质产品和服务带来的银行声誉可以成为银行长期的竞争优势；遍布全球的网络，良好的声誉和较大的银行资产规模（即规模经济）成为银行低成本融资能力的主要保证，亦成为银行获取利润的重要保证。

内部化优势：要素和产品市场的不完善成为银行内部化的主要原因，银行业决策对信息依赖程度较高，银行不得不采取措施尽量减少不完全信息带来的负面影响：①遍布全球的经营网络使得跨国银行用内部筹资代替外部融资，降低了交易成本，增加了资本和债务的管理能力。②服务性行业需要与客户保持充分联络，跨国公司需要银行提供较快的交易速度和面对面接触，以保证服务质量。③内部的全球信息网络系统帮助跨国银行更好地规避交易风险。

银行的区位优势将东道国特点与银行所有权优势和内部化优势有效结合起来。东道国的监管体系、实际利率、经济状况等是区位优势的主要来源：①东道国的准备金制度，外汇管理制度，货币的可兑换性，银行业竞争格局，银行业务范围的差异构成了国家监管的差异。在准备金要求低，税率低，对银行定价、信贷配置和资本流动限制低的地区，银行具有明显的成本优势。②各国其他条件相同时，实际利率的差别意味着银行利润的差别。③东道国较大的经济规模、较好的经济发展水平、较快的经济增长速度，与母国的贸易投资交易为银行提供大量的商业机会。④东道国稳定的政治环境，相近的社会文化因素，优惠的税收政策，良好的基础设施也成为东道国吸引外资进入的重要原因。

Cho（1985）用美国跨国银行对国际折衷理论进行了实证研究，统计检验和问卷调查结果验证了国际生产折衷理论对跨国银行对外直接投资的适用性。实证结果表明，银行规模是美国跨国银行最重要的所有权优势，而且与其他影响所有权优势的因素密切相连。区位优势与跨国银行利润成正比，说明东道国政府的监管重点在于防止外资银行占有当地银行较大的市场份额，不在于限制外资银行获利。

学者对 Dunning 的折衷理论曾经有过激烈的讨论，认为其只能称为一个范式，而不是理论。而且其理论发展主要以发达国家跨国公司对发展中东道国的投资为依据，无法解释发展中国家跨国公司的投资行为，或发达国家跨国公司相互投资。实际上，许多公司跨国投资的目的是了解海外市场，获取新的资源和技术以培养新的竞争优势，而不是利用其竞争优势去与东道国竞争。

四、寡占反应理论

1973 年，Frederck. T. Knickerbocker（1973）出版了其代表作《垄断性反应与跨国公司》，提出了寡占反应理论（Oligopolistic Reaction Theory）。他认为，在寡头垄断行业中，外国直接投资取决于行业竞争者之间的相互行为反应。

垄断行业中的公司为了维持竞争局面的平衡，往往会模仿其他公司的行为进行跨国投资，这种反应称之为“寡占反应”。某个公司的国际扩张行业会诱发其他竞争者的行为，追随者希望在新的市场上削弱竞争者的先发优势，并获得更多的市场机会和利润。进一步深入研究发现，处于垄断地位的跨国公司的跨国投资行为决定了跟随者的模仿速度，但其模仿程度要受到海外投资不确定性、追随者自身特点的因素的影响。

Knickerbocker 指出，在经济发展迅速、市场容量大、投资环境良好的市场中，跨国公司“群生”的程度较高。这些发展潜力较强的东道国市场为其扩大市场份额，获得利润提供了更多的机会，而为了重新达到垄断均衡，寡头企业会在东道国市场上重新达成默契，联手垄断东道国市场。

五、投资发展周期理论（Investment Development Cycle Theory）

John. H. Dunning 在 20 世纪 80 年代提出了投资发展周期理论，认为一国对外投资能力和引资能力取决于该国的经济发展水平。

Dunning 把人均国民收入总值作为反映经济发展阶段的重要参数：人均 GNP 少于 400 美元的发展中国家对外资没有吸引力；人均 GNP 在 400 ~ 2500 美元的发展中国家会吸引大量外资进入；人均 GNP 在 2500 ~ 3999 美元的国家开始进行对外投资，外资流入规模也不断加大；人均 GNP 大于 4000 美元的国家对外投资能力和吸引外资的能力都非常强大。

这个理论部分解释了为什么发达国家是资本的主要输出者和接受者。但实践表明，人均国民收入总值并不是决定 FDI 流出流入的决定因素。

六、贸易引致投资理论

这个假说认为银行跨国经营活动是由国际贸易和国际投资共同引起的。贸易引致说最早由 Aliber（1984）提出，他认为银行跨国投资是为国际贸易提供相应的服务，方便其客户的贸易结算和支付，提高本国出口商的出口竞争能力，FDI 的增加与跨国公司的发展直接刺激了银行的跨国经营，由于银企间的密切关系，跨国公司的扩张和财务管理国际化需求带动了银行网络的扩大，推动了银行跨国经营。Brimmer and Dahl（1975）、Fieleke（1977）、Khoury（1980）等认为，跨国公司一直是银行的主要客户，它的国际经营需要巨额资金支持，它的保留利润，折旧基础金等资金流动也需要银行提供服务。由于这种银行服务需要当地当时交易，为了稳定维持客户关系，有实力的银行纷纷追随跨国公司到国外设立经营机构，为跨国公司继续提供服务。这种防御性措施对确保跨国银行经营的可持续性是极为必要的。

七、产业组织理论的解释

产业组织理论（Industrial Organization Theory）是微观经济学的重要分支，主要研究在不完全竞争条件下的企业行为和市场构造，分析不同市场结构下的厂商行为和经济绩效。

20 世纪 70 年代，Lees（1974）和 Aliber（1976）首先用比较优势理论（Comparative Advantage Theory）解释了银行对外直接投资的原因。对经营货币资金的银行而言，存贷款利率高低决定了银行资金成本的高低，不同国家间存贷利差是跨国银行海外扩张的主要原因之一，各国成本差异成为银行比较优势的来源之一。但高利率可能是政府政策所致，和银行效率无关，不同国家间的银行效率和金融管制差异会造成各国银行业经营成本差异。

Aliber 认为在一个给定市场上，银行效率与银行数量成反比，市场集中度较高国家的银行比市场集中度较低国家的银行有更高的收益，市场集中度越高，银行规模越大，而相对狭小的国内市场限制了这些银行的有效经营，只有向更大的国际市场发展，才能实现其规模经济效益。

Goldberg（1981）从市场结构角度分析了银行跨国经营的原因，他认为，各国银行业市场结构的差异是导致各国银行业存在利差和相对效率差异的原因，银行业市场集中度较低的国家，银行利润水平低，银行工作效率高，向海外发展潜力较大。国际金融市场存在着由政府造成的人为扭曲，市场结构不完善和市场失灵造成的外部效应，形成了与区位有关的银行优劣势，为了趋利避害，银行进行对外直接投资。

八、资源观的解释（Resource – Based View）

1959 年 Penrose 在《企业成长理论》中指出，企业是一个资源的集合体。1984 年 Wermerfelt 正式发表的《*A Resource – based View of the firm*》被视为企业资源观的正式提出，使得关于企业竞争优势的研究从企业外部转向企业内部。该理论认为，企业是一些独特的有形和无形资源的集合，每种资源都有不同的用途，企业的竞争优势来自企业所拥有的资源，外部市场机会对企业竞争优势产生一定影响，但并不是决定性因素。这里所指的资源（Resource）是指具有价值、可以利用的要素，这些资源是企业长期积累的结果。并非所有资源都可以成为企业的竞争优势，能为企业带来竞争优势的资源必须具有价值性、稀缺性、不可模仿性和不可替代性四个特征。这些资源可以是企业的技术能力、制造能力、市场营销资源等。资源的差异性、企业利用资源的方式，企业配置、开发、保护、使用和整合资源的能力才是企业竞争优势的真正来源。运用资源的能力应该是公司所特有的，并随着时间发展不断积累的能力。

银行自身的资源优势是其不断发展的根本原因，如果东道国的资源能够帮助银行更好地利用和提升其内部资源优势，银行就会选择跨国投资，以便将其内部资源和外部资源相互结合，继续提升培养其竞争优势。跨国银行的内部资源决定了它利用外部资源的机会，其不断扩大的经营区域和业务范围是其不断利用外部资源开发提升其内部资源的过程。

九、外国直接投资动因的实证研究

尽管大多数理论认为银行产品的差异化程度和先进技术产生的所有权优势是影响银行对外投资的重要因素，但由于难以获得衡量上述因素的数据，大多数实证研究主要集中在区位因素方面。

Goldberg and Saunders（1981）检验了影响美国外资银行规模的因素，Goldberg and Grosse（1994）调查了影响外资银行规模的因素及外资银行在美国的空间分布状况，Esperance J. P. and Gulamhussen M. A. （2002）用53个国家连续8年的数据进行分析，调查了母国因素与美国外资银行规模之间的关系。实证表明，东道国银行业的市场机会、东道国和母国的贸易情况、东道国经济和金融自由化程度对外资规模有明显影响。

Tschoegl（1982）分析了日本外资银行的所有权优势与其规模之间的关系，Yamori（1998）研究了日本银行对外投资的区位选择问题，发现东道国人均 GDP 水平是影响日本银行对外区位选择的重要因素。

Buch (2000) 也发现外资银行规模与东道国 GDP 水平存在正相关关系。Claessens and Demirguc - kunt and Huiainga (2001) 用80 个国家 1988—1995 年外资银行的数据分析，发现税率低、人均收入高的东道国对外资银行有较大吸引力。

Grosse and Goldberg (1991) 发现外资银行进入美国最重要的决定因素是非银行部门的 FDI 和两国之间的进出口贸易额。Miller and Parkhe (1998) 研究了 20 世纪 90 年代末美国银行对外扩张的决定因素，结论和上述结果一致。Yamori 研究了日本银行对外直接投资情况，得出了与 Goldberg 较为一致的观点。Focarelli and Pozzolo (2000) 应用 OECD 国家的 260 家银行的数据进行研究，发现银行 FDI 选址和两国间双边贸易和非银行业的 FDI 之间存在正相关关系。Buch and Coldr (2001) 对德国外资银行的研究发现，绝大多数在德国的外资企业金融业务仍然由本国银行提供，而且本国银行与外资银行在定价方式方面存在显著差异。

Focarelli and Pozzolo (2000) 用回归分析发现，母国管制会降低本国银行海外投资的概率，使银行难以获得自己的比较优势。Frankel and Morgan (1992) 发现不同国家间的管制差异会降低银行跨国经营成本，增强银行竞争力。

关于投资引致论，Goldberg and Saunders (1981) 的实证研究也支持了追随客户假说，外国银行在美国的数量与该国同美国的贸易额之间有显著的相关性。Kindleberger (1983) 和 Levine (1996) 的研究认为，跨国银行与跨国公司之间存在着互动的关系，跨国公司同时具有追随者和领导者的双重功能。

但研究还是很难确定非金融部门的 FDI 与金融部门 FDI 的因果关系。正相关关系并不能说明外资银行只对其母国客户提供服务。Seth and Nolle and Mohanty (1998) 指出了追随客户的缺陷，他们调查了在美国外资银行主要的贷款趋势，发现 1982—1991 年期间，来自日本、加拿大、新西兰和英国的外资银行的贷款并没有完全流向母国企业，适用性要小于预期。

这一理论在发展中国家适用性更为有限。获得东道国市场是外资进入的主要原因，由于东道国本土银行竞争力较差，外资银行有可能大量赢利，在这个意义上，银行业外资可能会先于外资企业进入，并为非金融部门外资提供帮助和服务。

第二节 银行业外资进入方式及绩效研究

银行业外资可以采取跨国并购（Cross-Border M&A）或新建方式（Green Field）进入发展中的东道国，因而学者们研究了影响银行业外资进入东道国的方式及其影响。

一、影响进入方式选择的因素

Buch（2003）建立了一个外资进入的理论框架，讨论了信息成本、监管障碍对银行跨境经营的影响，实证分析发现较大的信息成本阻碍了外资的进入。Lehner（2008）比较了外资使用境外借贷、新建和并购方式，发现外资倾向于在较不发达国家通过跨境借贷和并购方式进入，而新建方式在较发达的东道国中比较流行；进入较小东道国时倾向于并购方式，进入较大东道国时倾向于新建方式。Andreas（2009）分析研究了124个零售银行通过并购，新建和合资方式进入东道国的三种途径，发现银行采用不同进入方式进入不同国家。影响其进入决策的因素有：东道国当地监管政策，东道国和母国间的资源差异，管理者的控制欲望等，而不是外资银行的规模。

Meng－Fen Hsieh and Chung－Hua Shen（2008）通过对1996—2005年7041个进入亚洲和拉丁美洲外资银行的调研，总结了影响银行进入决策的四个因素。发现银行规模越大、银行利息越大，银行越倾向于采取高控制的进入方式。在亚洲由于文化差距，银行倾向于建立控制权较低的进入方式以避免不确定性，但这些影响因素在拉丁美洲并不适用。

Aneta Hryckiewicz、Oskar Kowalewski（2010）检验了自危机发生后影响银行业外资进入方式选择的因素，发现当东道国经济出现扭曲但母国经济发展较好时，外资倾向于采取并购方式进入，此时，外资银行可以以较低价格购买东道国资产，当本国货币有升值趋势时，亦倾向于采取并购方式进入。

Jonathan Fiechter（2010）研究了影响外资银行以分行或子行方式进入的影响因素，认为如果外资比较注重东道国的零售市场，则多采用子行方式进入，或外资比较注重全球资本的流动性和管理可控性，则倾向于采取分行方式进入。

二、进入方式对东道国银行绩效的影响

Claey（2006）检验了外资进入方式对本土信贷市场尤其是对国内市场利率和当地贷款的影响，检验结果表明，新建方式带来了新的竞争降低了国内银行利率。Van Tassel（2007）研究了影响外资银行进入方式决策的因素及其对东道国的影响。结果显示，外资喜欢通过并购而不是新建方式进入东道国，以获得目标银行的信息优势；另一方面，当外资通过获得较高股权的并购方式进入后会改善银行贷款分配情况。Sophie Claeys and Christa Hainz（2007）利用1995—2003年10个东欧国家的资料，研究了不同进入方式对东道国贷款利率的影响。相对而言，国内银行都拥有他们客户的私人信息，而外资银行却拥有较好的监控技能。研究结果证实以新建方式进入的外资会带来较强的竞争压力，导致国内银行利率较低。

Lehner and Schnitzer（2008）发现绿地新建银行强化了市场竞争，导致银行利率下降，市场份额降低，减少了企业创新动机。Vo Thi and Vencep-pa（2008）研究了捷克、匈牙利和波兰三国的外资银行，利用随机前沿分析测量银行的成本效率，发现并购进入的银行的效率要高于新建方式进入的银行，但并购银行和国内银行的成本效率没有明显区别。并购刚刚发生后银行效率较低，但大约4年半以后，效率便开始提升。

第三节
银行业外资对东道国银行业的影响

外资对东道国银行业效率的影响是学者一直关注的问题，大量国内外学者的研究表明，外资银行进入能有效提升东道国银行业效率。但对发达国家和发展中国家的实证研究结果并不相同。

一、发达国家银行业外资对东道国银行业效率的影响

Berger（2000）分析了1993—1998年间法国、德国、西班牙、英国、美国等国的外资银行与东道国国内银行的经营成本和效率，发现外资银行的竞争力较差，获利能力低于本土银行。

Chang and Hasan and Hunter（1998）、Peek and Rosengren and Kasirye（1999）等人研究了发达国家外资银行的效率，结果表明，由于发达国家国内银行体系比较成熟，在发达国家的市场上，外资银行效率往往低于（如美国）或相当于东道国（例如一些欧洲国家，以欧洲国家为代表）的国内银行效率。

二、发展中国家银行业外资对东道国银行业效率的影响

Classens and Glaessner（1998）对韩国、新加坡、泰国等8个亚洲国家和地区的研究表明，银行业开放度与东道国银行效率水平呈显著正相关。发展中国家的外资银行效率明显高于当地银行的效率，进入动因、相对效率、竞争程度和监管制度的差异导致了外资银行在发达国家和发展中国家市场上呈现不同的表现。

Claessens and Demitguc - Kunt and Huizinga（2001）对外资银行引发的效率和竞争问题进行了广泛研究。他们研究了包括OECD国家和发展中国家在内的80个国家7900家银行1988—1995年的银行数据，实证结果表明，外资银行的进入加剧了东道国银行业的竞争，造成本土银行利润率下

降，非利息收入下降，但同时亦提高了本土银行的经营效率，造成其经营成本降低。

Hermes and Lensink（2004）以 48 个国家 982 家银行 1990—1996 年的数据为基础，研究银行业外资对国内银行的短期影响，实证结果表明，东道国经济金融发展水平决定了外资对国内银行业的影响程度：在经济发展水平较低的国家，外资进入会导致国内本土银行成本上升和收入增加，但成本上升幅度大于收入上升幅度；在经济发展水平较高的国家，外资进入会导致本土银行的经营成本和收入水平的下降。总体情况说明，外资进入提高了银行经营成本。

Barajas and Salazar and Steiner（2000）比较了 1985—1998 年哥伦比亚外资银行和国内银行的效率，发现外资银行进入后提高了哥伦比亚本土银行贷款质量，引发银行业结构和管制政策变化。但竞争加剧迫使国内银行增加投资造成经营成本上升。

Robert Lensink and Ilko Naaborg（2007）利用 Bankscope 在 1998—2001 年间对 73 个国家 511 家银行的所有权情况进行了分析，并采用 GMM 方法进行回归分析，发现全球范围内，外资银行的进入对东道国本土银行绩效有着负面影响。Robert Lensink and Ilko Naaborg（2008）接着用中东欧国家 216 家银行的数据分析外资对本土银行绩效的影响，发现外资所有权和本土银行利息收入、利润率成反比，但外资的进入降低了本土银行的经营费用。

Hidenobu Okada and Suvadee Rungsomboon（2007）利用泰国 1990—2002 年间 17 个泰国银行的数据研究了影响泰国本土银行绩效的因素，面板实证结果表明，外资进入提高了本土银行经营费用，降低了利润，并增加了国内银行的利差，外资在短期内的竞争效应给本土银行带来了负面影响。

Bettina Hagmaye et.（2006）研究土耳其和其他希望加入欧盟国家的外资银行，文章讨论了这些国家银行业改革，外资进入方式，并利用合资理论讨论了效率提升问题。土耳其在早期改革中过度依赖少数股权外资银行和制造业与银行业联合垄断，而少数股权外资银行的进入并没有对土耳其经济改革做出实质贡献。

Rasoul Rezvanian et.（2008）研究了印度 1998—2003 年之间印度外资银行、私有银行和公开上市银行的绩效，发现外资银行效率明显高于其他类型的银行，为了促进印度银行业的发展，监管当局应采取措施便利外资进入，推动外资并购，以促进印度银行业的增长和效率的提高。

Alexei Karas et.（2010）利用俄罗斯 2002 年以前和 2006 年以后的数据研究了俄罗斯银行效率和银行所有权的关系，发现在俄罗斯的外资银行经营效率高于国内私营银行，但国内私营银行的效率未必高于国有银行，因此，如果俄罗斯能够更加开放市场允许外资进入，银行系统的效率可以得到更好地提高。

国内学者同样对发展中国家银行业外资进行了研究。庄起善（2005）的实证检验表明，进入中东欧国家的外资银行确实提高了东道国银行的银行效率，但提高幅度取决于中东欧国家各自经济发展水平和银行业发展程度。张荔、张蓉（2006）对 17 个新兴经济体的实证研究表明，外资银行的进入对东道国效率产生了正溢出效应，但这种效应依赖于竞争环境、金融发展程度和金融监管水平等。

三、外资对我国银行业绩效的影响

国内外学者对于外资的进入对中国银行业绩效的影响也有很多研究。

来自 IMF 的专家 Richard Podpiera and Lamin Leigh（2007）研究了中国银行业的战略投资者现象，他们认为大部分发展中国家允许外资采用绿地新建和多数股权并购方式进入，战略投资者是中国引入外资的特有现象，并对中国银行业有较好的影响，建议应进一步扩大开放，为外资提供更多的机会，以提高中国银行业的市场竞争程度和经营效率。

Hsiu - Ling Wu et. al.（2007）利用 1996—2004 年中国 14 家商业银行数据分析外资进入对中国商业银行绩效（ROAA）的影响，数据的面板和时间序列的实证结果表明，引资银行的 ROAA 的平均值低于无外资进入银行的 ROAA 平均值，外资的进入对中国商业银行的运营业绩没有影响。

Xiaochi Lin and Yi Zhang（2008）利用中国 1997—2004 年的数据研究

所有权对银行绩效的影响，发现四大国有商业银行的利润率较低，且效率较低，资产质量亦低于其他类型的银行。上市银行和吸引外资银行在上市前或引资前都有着较好的经营业绩，但上市和引资并没有对其绩效有明显改变。

Berger（2008）通过分析38家1994—2003年中国银行的数据，研究了中国的银行所有权和绩效的变化。研究结果发现，四大国有商业银行的效率是最低的，外资银行最有效率，少数股权投资者极大地提高了引资银行的效率，分析了战略投资者提高引资银行效率的几种途径，包括技术转让、鼓励或帮助银行上市，提供有效的管理控制技能，组成财团获得中资银行主要控制权等，认为中国应该进一步开放市场，允许外资控股，减少对银行业外资的限制，以便进一步提高中国银行业的效率。

Chunxia Jiang and Shujie Yao（2008）利用SFA技术研究了1995—2008年中国银行的改革和效率提升，发现股份制银行和城市商业银行的绩效要高于国有商业银行，发现国际银行资本在投资时会选择绩效较好的银行进行投资，有明显的“摘樱桃”效应，外资的参与在较长时期内对利润效率有负面影响，但公司上市在短期内提高了银行利润。并认为，虽然外资股权和公司上市对银行改革的成效没有达到预期效果，但亦是银行业改革中不可缺少的手段，银行的公司治理结构和运营改变将是一个长期复杂的过程。

James Laurenceson and Fengming Qin（2008）研究了少数股权投资对中国商业银行成本效率的影响。文章用DEA方法计算了商业银行2001—2006年间的成本效率变化，再利用tobit实证分析外资进入对银行成本效率的影响，结果表明，外资进入对成本效率有正向显著影响，银行规模和银行上市对其成本效率提高亦有较明显影响。

Shujie Yao（2008）研究了中国的所有权改革，外资竞争和中国商业银行的效率，研究了中国银行改革滞后的原因，认为中国银行业被国有资本控制，享受极大的垄断权力。而股份制银行没有充分发挥其所有制优势，无法发挥其规模和范围经济。

Chung - hua Shen 等（2009）采用两种不同的方法研究了战略投资者进

入对银行绩效的影响。行业层面上利用引资银行数或银行总数表示外资进入程度，发现外资的进入提高了引资银行的利润率但没有降低成本，但对微观银行个体的分析，却发现外资的进入没有改变银行的利润率和成本，因此，认为中国银行业的开放政策是可行的，但对于引资银行一定要深入研究其绩效改进的真实原因，而不是盲目的出让更多股权。

Charles C. L. Kwong and Wai - chung Lo（2009）回顾了中国入世后银行业的改革成效，认为中国银行业改革取得了重大成效，将来的改革方向是政府逐步从银行运营中退出，没有银行所有权的深度改革，银行公司治理能力和赢利能力的提升将不可能完全实现，需要建立一个高效率的金融市场以提高资金的利用效率。

陈奉先、涂万春（2008）利用中国 24 家银行 1999—2006 年数据进行检验，发现外资银行机构数量的增加和持股比重的上升都刺激中国银行业效率的改进，后者的影响更大一些，但不同类型的银行对外资银行进入的反应存在差异。杜群阳、朱佳钰（2010）的实证结果表明，外资银行进入显著提高了国内商业银行的净利息收入率和税前利润率，外资银行的份额作用大于外资银行数量及增长率。

四、银行业外资对东道国经济增长的影响

金融领域中，金融结构与金融发展对经济增长的影响是学术研究的最重要的问题之一。

Ronald. I Mackinon and Edward. S shaw 分别提出了金融压制理论（Financial Restrain Theory）和金融深化理论（Financial Deepening Theory），对发展中国家金融与经济的辩证关系提出了开创性研究。理论的主要观点认为：①发展中国家存在金融压制，金融体系与经济发展之间可能存在促进关系，也可能存在相互制约关系，健全的金融体系可以有效地引导资金进入生产性投资，促进经济发展；经济增长也通过国民收入的提高增加对金融服务需求的增长，刺激金融业发展。然而，大多数发展中国家的金融体系和经济发展之间存在着一种相互制约的关系，造成这种制约的原因在于政府当局过分干预和管制的政策所致，使得利率和汇率扭曲，信

贷资源配置效率低下。因此，应该全面推行金融自由化，取消政府对金融市场的干预。

Bolet. et. al.（2003）认为在中东欧国家中，外资银行可以代替东道国本土银行提供贷款的原因是外资银行有其母公司的扶持，可以在东道国提供更多贷款，从而增加国内投资水平，促进经济增长。

IMF（2004）分析了1980—2000年间发展中国家高速经济增长和其金融开放的关系，发现中国和印度是两个典型的例子，它们的金融开放程度并不高，但经济却可以高速增长，约旦和秘鲁相对开放了资本流动管制，但在从封闭走向开放的过程中经济出现了负增长。虽然理论上金融全球化可以通过各种渠道促进经济增长，但还没有稳定的实证成果证明它的成立。有一些文章发现金融一体化对增长发生积极作用，但大多数文章则发现没有影响或是有矛盾的结果。这也就意味着即使金融全球化对经济增长有积极影响，这种影响既不会稳定，也不会很强烈。IMF认为，实证结果的不确定性，可能一方面是由于理论探讨的是长期影响，但大多数理论并没有考虑经济体制、国家治理水平等因素，但这些因素是影响实践结果的重要因素。为了获得经济可持续发展的潜力，融入全球经济，对发展中国家来讲，可能是唯一的选择，关键问题是如何管理全球化带来的风险。在条件并不成熟的情况下对外开放，短期内可能会导致国内宏观经济发展的不稳定。与国际贸易相比，沿着金融渠道传递的经济冲击速度更快，效果也更为严重。

Papi and Revoltella（2003）试图解释关于各种实证结果中关于银行所有权和银行效率之间的矛盾，他们认为只有外资进入达到一定程度，即达到“门槛效应”时，才可以发挥积极作用促进银行效率的提高和经济增长。

Markus（2006）分析了1996—2003年间银行业外资进入对中东欧国家微观经济的影响，外资提高了整个经济的金融业效率，甚至可以说，在某种程度上，银行业外资引起了经济的有效性提高，从而促进了经济发展。

Markus Eller and Peter Haiss（2006）利用中东欧11个国家1996—2003年之间的数据，利用外资-增长理论和金融增长理论分析了中东欧地区金融改革如何通过改进效率促进国家经济增长。发现银行业外资对经济增长的影响呈现“驼峰效应”，如果人力资源充足的话，适度的金融业外资会促进经济增长，高于一定门槛后，外资对当地资本的挤出效应会降低经济增长速度，发展中国家银行业外资的质量和数量会影响东道国的经济增长。

林毅夫、孙希芳（2008）利用省际面板数据检验中国银行业结构和经济增长的关系，结果发现，随着银行业改革开放的进行，中小金融机构市场份额的上升对经济增长有显著的正向影响，而银行业规模和经济增长具有显著负相关关系，他们认为，中国银行体系低效率不是来源于国有银行的贷款倾向，而是来源于不合理的银行业规模结构，四大银行在为中小企业提供融资方面缺乏优势。

Linda Goldberg（2008）回顾了银行资本全球化过程和其对宏观经济的影响，包括国际银行业在经济全球化和经济危机全球传递中的作用，及在各国经济增长中的作用，讨论了银行业外资在东道国利用外资，技术转移，生产效率提高和工资提高中的作用，最后，讨论了银行国际化对东道国金融监管的提高作用。

第三章

银行业外资在中国的发展现状

20 世纪 80 年代末开始的中国银行业对外开放，经历了逐步开放的发展历程，外国资本逐步进入中国银行业，与中资银行开展业务合作和市场竞争，形成了目前较为稳定的开放局面。中国银行业的对外开放和银行业外资的进入，是经济全球化发展的必然结果，是外资全球逐利的需要，也是我国银行业改革的需要。

第一节 外资进入动因

银行业外资在 20 世纪 70 年代开始进入发展中国家金融市场，于 80 年代开始逐步进入中国银行业市场。

一、经济全球化进程为外资银行全球扩张提供了发展契机

经济全球化使得跨国商品、服务贸易和国际资本流动的规模不断增加，信息革命的发展和技术的广泛传播，使得世界各国经济相互依赖性增强，制造业跨国公司遍布全球的生产网络，使得各国经济紧密联系在一起，跨国公司生产地点向发展中国家的转移加速了经济一体化发展，也加速了跨国银行在发展中国家的发展。

20 世纪 60 年代，在美国银行业的带领下，跨国银行开始了“二战”后第一次国际扩张，主要投资国集中在日本和欧洲发达国家，这些发达国家既是银行资本输出国，也是银行资本主要流入国。80 年代起，资金逐渐流向亚太、南美和中东欧地区。20 世纪 90 年代跨国银行掀起的国际并购浪潮，使得全球银行数量大幅减少，并诞生了一批规模庞大的跨国银行，随着发达国家市场空间的饱和，跨国银行开始将发展空间转入更具发展潜力的新兴国家市场。

（一）技术革命加快银行国际化进程

信息革命的发展使得原来不可贸易的产品和服务具有可贸易性，使得原来由于地理距离而不可能发生的交易成为可能，交易成本大幅减少，提高了信息密集型服务的可贸易程度。金融服务的可贸易性意味着跨国公司可以充分实现国内外生产要素的调动和重组，进一步建立或扩大其所有权优势和竞争优势。

技术进步为国际银行全球化管理提供了技术保障，使得跨国银行全球经营成为可能；不断改进更新的技术水平，提高了经济统计模型分析能力，金融衍生产品的创新提高了银行风险管理能力，跨国银行可以更好地预测宏观经济形势发展，更加科学地评估东道国客户信用程度以减少违约风险，抵消其跨国经营成本，以其所具有的技术优势和资金成本优势克服其东道国经营劣势。

（二）服务贸易自由化进程加快

鉴于金融业对一国国民经济发展的重要性，大部分发展中国家的金融市场处于封闭状态。WTO《国际服务贸易总协定》中服务业开放是发展中国家在全球贸易自由化谈判中不得不做出的让步，但仍意味着 WTO 各成员国服务贸易自由化进程的不断加快。越来越多的双边贸易协定和区域性贸易协定中也加速了金融服务贸易的开放度，发展中国家对国内金融服务市场开放和外资准入做出承诺，这些承诺为跨国银行进入发展中国家提供了政府制度保障。

（三）东道国政府经济发展的需要

20 世纪 80 年代末，发展中国家政治经济形势发生了巨大变化，为了保持经济增长和维护银行业的稳定，不得不放松对外资的管制。百废待兴的中东欧国家通过吸引大量外资进入银行业以维护其经济正常运行，实现经济转轨目标，跨国银行通过并购大量进入这些国家，到21世纪初银行业外资已获得该地区本土银行资产的77%。

20世纪90年代中期到末期，追随着进入拉美国家的制造业、采掘业跨国公司客户，银行业外资开始进入拉美国家。拉美金融危机的爆发使得拉美国家不得不求助国际资本帮助其恢复本土金融体系正常运行，提高金融体系运行效率，使外资在拉美国家银行业所占比例迅速上升，90年代末外资股权在拉美国家的银行资产的比例上升到34%。

90年代末的亚洲金融危机也迫使许多亚洲国家开放金融市场，我国1978年改革开放政策的实施，为银行业外资进入打开了通道。

发展中国家金融市场的开放和东道国银行业的相对弱势为跨国银行提供了充足的发展空间。

二、跨国银行全球化战略

各国市场的逐步开放为跨国银行国际化运营提供了发展空间，银行对利润、市场份额和竞争力的追逐成为其国际扩张的主要动力。跨国银行或是通过绿地新建、收购国外银行股权，形成业务联盟或战略合作，达到进入国外市场获取经营利润的目的；或是通过股权经营和股本增值实现投资收益。2008年对34个在欧洲比较活跃的欧洲银行的调研表明，寻求市场、高额利润和追随客户是跨国银行扩张的主要因素，而实现规模经济和范围经济效益则为次要因素。

（一）跟随客户战略（Follow The Customer Strategy）

“跟随客户”战略被视为银行进行跨国投资的最重要原因之一。Goldberg and Saunders（1980，1994）是最早研究银行国际化扩张中“跟随客户”战略的学者，他们研究了美国银行在英国的投资和国外银行在美国的投资，发现外资银行在东道国投资和母国和东道国的贸易量及对外直接投资额成正比。外资银行进入东道国的主要目的是跟随母国客户，在东道国设立分支机构继续为母国客户服务。随后，Miller and Pakhe（1998）、

Nobuyoshi Yamori（1998）等众多学者分别对美国、日本、德国和 OECD 国家的银行投资动因进行研究，得到了和 Goldberg 类似的结论。

产生追随效应的原因主要包括：首先，由于东道国银行无法为海外客户提供相同质量的服务，生产者服务的无形性、易逝性、异质性和生产消费即时性使得跨国银行必须追随其客户进行海外投资；其次，成为跨国银行维持客户的重要手段，尤其当海外银行的金融服务质量高于母国服务质量时，跨国银行失去与老客户业务联系的可能性增加，追随客户可以进一步巩固原有客户关系，同时为跨国银行和跨国公司实现增值；再次，对母国客户的追随服务亦是跨国银行垄断优势之一，跨国银行将其在母国的客户服务关系提供给海外分支机构，使其分支机构拥有了东道国本土银行所没有的竞争优势；最后，跨国公司全球扩张和并购增加了对巨额融资的需求，但发展中东道国银行无法满足这些巨额融资需求，即使是跨国银行，也需要在全球范围内安排筹资活动以保证跨国公司扩张需要。因此，跨国公司的全球化经营必然会带动跨国银行的全球布局。

然而，另一些学者的研究则指出，银行业外资对非银行业外资的追随，并不是影响其投资决策的最显著因素。一些其他因素，例如东道国利润机会等，可能有更为显著的影响。Clarke（2002）甚至认为，两者之间的正相关关系不能说明两者的因果关系，也不能支持追随客户战略的假说。

“追随客户”是银行国际化扩张早期动机之一，但随着时间的推移它的重要性不断下降，许多跨国银行的东道国分支机构并不仅仅是为本国客户提供服务，在逐步了解适应东道国的市场经营环境后，市场规模较大的东道国本土客户成为跨国银行的主要服务对象和主要利润来源。

（二）获取东道国市场份额和经营利润

随着跨国银行对东道国经营环境的日益了解和熟悉，跨国银行开始将重心转移到开拓东道国本土客户，获取东道国市场份额的战略决策上。

全球利润最大化是银行业外资海外扩张的最根本原因，因此，从东道国获取的利润量的大小是影响跨国银行投资决策最重要的因素之一。发达国家较为成熟的市场运营机制和较大的竞争压力，使得跨国银行无法获取超额垄断利润，而新兴发展中国家潜在的经济发展规模和发展相对滞后的银行业为跨国银行带来了相对丰厚的利润。

Buch（2000）等人的研究证明，东道国人均 GDP 和银行业外资高度正相关，Focarelli and Pozzolo（2000）发现东道国经济预期增长率是影响银行业 FDI 的重要因素。Claessens（2001）发现，利润最高、税负最低和人均收入最高国家吸引的银行业 FDI 最多。外资银行看重的不仅是目前的获利能力，还包括将来的市场潜力。

（三）跟随行业领导者（Follow The Leader Strategy）

Vernon 在研究产品生产周期时发现，处于不同发展阶段的公司会采取不同的经营战略，处于行业成熟期的公司会尽量与其竞争对手行为保持一致，采取跟随行业领导者战略，一个公司在某个国家的投资行为会很快被其竞争对手模仿，出现投资跟随和产业集聚行为。

当某个跨国银行跟随客户或开拓市场进入其他国家市场后，同一行业的其他竞争对手为了维持竞争力量的均衡，也会效仿其海外投资行为，进行防御性海外投资。同时，从海外扩张中获益的跨国银行起到一个很好的示范作用，吸引更多银行进行海外扩张，区位选择上会出现产业集群现象并表现出很强的路径依赖性。

（四）获取资源优势（Resource-Seeking Strategy）

跨国银行全球扩张的一个重要原因是获取其成长发展过程中所需的生产要素。对于跨国银行来讲，充分利用东道国基础设施、人力资源、税收优惠、专业资源等是银行获得竞争优势的重要来源。

20 世纪 70 年代初，邓宁的“折衷理论”认为跨国银行具有的“所有权优势”是其进行海外投资的重要原因，但近年来的实践表明，跨国银行的海外投资，部分原因是利用其原来具有的所有权优势进行海外竞争，但更多跨国银行的海外投资是为了获取资源，如获得更多客户，获得较大市场实现其规模经济效益，或维持其原有优势，或建立新的竞争优势。许多跨国银行选择在美国设立分支机构，美国被视为银行新产品的实验室，在此获得的竞争优势可以应用于相对落后的东道国和其他国家分支机构。

从资源观角度讲，跨国银行竞争优势的构筑不仅需要其原有的内部资源，还要关注企业外部资源的可获得性，实现外部资源与内部资源的有效整合，海外机构可以帮助母公司及时捕捉世界范围内的新信息，在对新信息的收集整理加工基础上，开发出符合母公司战略要求的新技术和新产品，构筑公司可持续发展竞争优势，并在全球范围内有效利用。

（五）提高国际竞争力

提高国际竞争力越来越成为跨国银行全球扩张的重要原因。首先，通过全球扩张可以充分利用全球化国际网络提高银行声誉。由于服务生产和消费的同时性和客户与银行间的信息不对称，客户只能凭借银行规模、声誉判断银行的服务质量。因此，跨国银行需要通过多种手段提高其公司声誉增强其获利能力。其次，通过全球化扩张获取核心竞争力。核心竞争力可以是企业的专门知识、专有技术、管理技术和为顾客提供定制化服务的能力。全球化扩张可以从利益相关者和新的经营环境获得新知识，全球化过程也是跨国银行全球学习的过程。最后，全球化扩张可以分散风险，银行可以被视为按照现代资产组合理论，利用存款提取和贷款扩张的低相关性实现最优资产组合搭配的风险管理人，股权投资在地理上的分散，及在经济结构完全不同国家和地区的投资可以在一定程度上分散风险，降低经营成本，提高国际竞争力。

三、中国银行业改革的需要

允许外资进入是中国银行业对外开放和我国经济改革的重要组成部分，是中国经济融入世界经济的客观要求，亦是推动中国银行业改革和提高银行整体竞争力的重要手段。

第二节
中国银行业的对外开放

回顾历史，早在150多年前就有银行业外资进入中国，但大多数外资在解放初期就退出了中国市场，汇丰、东亚等银行业务也只是局限于香港地区，直到 20 世纪 70 年代末，银行业外资才重新进入我国内陆地区。

从 20 世纪 80 年代初至今，中国银行业对外开放历程可以大致分为四个阶段。

第一阶段为 1980—1993 年，银行业对外开放起步阶段。

20 世纪 80 年代初，在积极引入非金融业外资进入我国的同时，银行业也逐步开启了对外开放的大门，1980 年日本输出入银行的北京代表处成为改革开放后在我国建立的第一个外资银行机构，1981 年的南洋商业银行深圳分行成为第一个在我国正式运营的外资银行机构。1983 年我国颁布了第一部关于银行业外资的法律文件《关于侨资、外资金融机构在中国设立常驻机构的管理办法》，1985 年颁布了《中华人民共和国经济特区外资银行、中外合资银行管理条例》，这些条例为银行业外资的进入和国内经营提供了一定的法律保障。

这段时期的银行业对外开放，一方面是为了吸引更多外汇资金流入，另一方面，希望外资银行分支机构的建立可以为其他外资企业提供良好的金融服务，创造良好的投资环境，吸引更多外资进入我国。

与西方国家银行相比，我国银行业长期处于计划经济体制中，竞争能力较弱。为了维护银行业的稳定，我国在对外开放方面采取了逐步开放策略，管制程度明显高于对其他行业外资的管制。1982—1989 年间，我国首先允许外资银行在经济特区设立营业性金融机构，从事外汇金融业务，然后逐步将其经营地域扩大到沿海城市，1990 年允许外资银行在上海设立营业性金融机构，1992 年允许其进入大连、天津、青岛、南京、宁波、福州和广州 7 个沿海城市和中心城市。1993 年底，跨国银行在中国 13 个城市建立 76 家营业机构，资产总额达到 89 亿元。大部分外资银行来自中国香港，少数来自欧美与日本，主要为跨国公司提供外汇贷款业务、国际结算、票据贴现、外汇信托、保管业务等外汇业务。

第二阶段为 1994—2001 年，银行业对外开放初步发展阶段。

从 1994 年至 2001 年我国入世之前，中国对外开放的格局基本形成，对外贸易迅速发展，外商直接投资数量急剧上升，良好的经济发展前景吸引了大批银行业外资进入。

在此期间，我国为银行业外资提供了更为宽松的准入政策。首先，逐渐增加了允许外资进入的城市，1994 年 7 月，允许外资在石家庄等 11 个内陆城市设立营业性机构，1995 年允许外资进入北京建立经营机构，鼓励跨国银行向中西部地区发展；其次，颁布一系列管理法规，1994 年出台了《中华人民共和国外资金融机构管理条例》，规范了外资银行在华经营的市场准入条件和监管标准，外资银行在华经营进入法制化、规范化发展轨道；最后，允许部分跨国银行分支机构经营人民币业务。1996 年我国颁布了《上海浦东外资金融机构经营人民币业务试点暂行管理办法》，并在年底批准汇丰银行浦东分行等 9 家外资银行在上海浦东试点经营人民币业务，服务对象仅限外资企业和外国居民。1997 年 7 月，试点范围扩展到上海浦东和深圳特区的邻近省区，1998 年 8 月允许外资银行在深圳经营人民币业务。1997 年，亚洲金融危机爆发，来自亚洲的跨国银行由于母行经营战略调整和母行经营困难，在华投资速度明显变慢，一些日资和韩资银行不得不退出中国市场。到 2001 年底，银行业外资在我国建立 159 家分行，213 家代表处。此时的银行业外资只能在指定地区从事允许的经营业务，引资数量在我国引资总额中只占极小比例，在我国银行业资产中所占比重也较小，对我国银行业整体发展没有明显促进作用。

第三阶段为 2001—2006 年，银行业对外开放迅速发展阶段。

我国于 2001 年 12 月 11 日加入世界贸易组织，按照我国入世承诺，我国将在地域、客户及营业许可方面取消对跨国银行的市场准入限制，在 2006 年 12 月 11 日之前实现对跨国银行的全面国民待遇，开放对所有客户的外汇业务，扩大人民币业务地域，扩大人民币业务客户对象，取消非审慎性业务限制等，并公布了银行业对外开放时间表。

在此期间，为了更好地实现我国的入世承诺，强化国有商业银行竞争力，我国对银行业进行了一系列改革，重新调整银行业管理体制，设立中国银行业监督管理委员会以进一步完善对银行的监管。并开始对国有银行进行改制上市。

自 2001 年 12 月起，跨国银行分支机构可以向中国公司和个人提供外币服务，2002 年，我国监管机构出台一系列政策法规，指导和监督跨国银行在华设立金融机构、参股中资金融机构等行为。修订了《中华人民共和国外资金融机构管理条例》，开放深圳、上海、大连、天津、广州、青岛、珠海、南京、武汉、济南、福州、成都和重庆等城市，跨国银行分支机构可以在这些城市内从事人民币业务。2003 年年底跨国银行分支机构可以向中国公司提供人民币服务，除了限制经营人民币零售业务之外，其他经营业务限制基本取消。2004—2005 年间，昆明、北京、厦门、沈阳、西安、汕头、宁波、哈尔滨、长春、兰州、银川、南宁 12 个城市向跨国银行分支机构开放人民币零售业务。2003 年开始，部分跨国银行、跨国保险公司、主权基金等通过签订战略合作协议，以战略投资者身份持有少数股权的方式参股我国四大商业银行、股份制银行和部分城市商业银行，承诺为中资银行提供资金、技术和管理经验，共同开发国内业务。

2006 年 11 月，我国颁布了《中华人民共和国外资银行管理条例》及《中华人民共和国外资银行管理条例实施细则》，全面取消跨国银行分支机构经营人民币业务的地域和客户限制。

这一时期的银行业外资比较活跃，不仅通过设立经营机构进入银行市场，而且采用多种方式进入我国其他金融行业。2002 年 10 月，汇丰银行参股中国平安保险公司，德意志银行收购我国提供住房抵押贷款服务公司并进入我国住房按揭市场；2003 年，花旗银行、汇丰银行、渣打银行和瑞士银行取得境外机构投资者资格，进入我国证券市场。2004 年初上海浦发银行与花旗银行合作发行双币信用卡，外资银行正式进入我国信用卡市场。这段期间的银行业外资，无论是以战略投资者方式进入，还是以分支机构方式进入，都与中资银行发生了密切业务联系，给中资银行带来了新的竞争压力和经营理念，我国银行业竞争和业务经营出现了新局面。

第四阶段为 2007 年至今，银行业外资全面进入中国市场。

2006 年入世过渡期结束后，根据我国的入世承诺，银行业外资全面进入中国市场，并在中国取得了较好的经营业绩。

2007 年末由美国次贷危机形成的全球金融危机，使得我国在全面开放伊始，就面临着防范金融危机蔓延的重任，跨国银行也不得不将重心放在防范母行破产，而不是业务扩展方面。2008 年银行业外资出现了部分撤离现象。还没有完全开放的金融体系，严格管制的资本流动和汇率浮动，充足的外汇储备使得我国在此次金融危机中幸免于难，国内经济仍保持良好发展势头。境内银行业外资并没有出现大量的资本外逃和撤回，许多跨国银行反而继续在中国市场上进行扩张。

第三节
银行业外资在我国的发展特点

总的来讲，银行业外资在中国的发展基本保持平稳发展势头，经营业绩好于中资银行，但市场份额一直保持在较低比例。

一、经营机构数量迅速增加

跨国银行可以以代表处、新建分行、新建子行、合资银行等方式进入东道国。大部分跨国银行首先以代表处方式进入东道国，在熟悉东道国市场经营环境后，再将代表处升级为分支机构。20 世纪 90 年代中期，大量跨国银行开始进入我国银行业市场，代表处数量激增，1997 年达到高峰，共有 534 家外资银行代表处。随着我国放宽对外资银行经营业务和经营区域的限制，许多跨国银行选择将代表处升级为分行或子行，代表处数量开始减少。2006 年 11 月 11 日，我国颁布了《中华人民共和国外资银行管理条例》，鼓励跨国银行将组织模式由分行转变为子行，子行可以享受完全的国民待遇，在银行业务方面有更高参与度。受此监管条件的影响，大部分跨国银行倾向于转制为独资法人银行。

到 2011 年底，共有 45 个国家和地区的 181 家银行在华设立 209 家代表处，14 个国家和地区的银行在华设立 37 家外商独资银行（下设 245 家分行）、2 家合资银行（下设 7 家分行，1 家附属机构）、1 家外商独资财务公司。另有 26 个国家和地区的 77 家外国银行在华设立 94 家分行（见表

3－1）。其中，45家外国银行分行、35家外资法人银行获准经营人民币业务，25家外资法人银行、25家跨国银行分行获准从事金融衍生产品交易业务，5家外资法人银行获准发行人民币金融债。

截至2010年底，14个国家和地区在华设立的40家外资法人机构，其资产总额1.52万亿元，占外资银行资产总额的87.40%，外资法人银行金融机构已成为在华外资银行的主要存在形式。③

表3－1　2003—2011年中国外资银行及其分支机构数量

项目＼年份	2003	2004	2005	2006	2007	2008	2009	2010	2011
代表处	216	233	238	242	242	237	229	216	209
法人机构总行	—	—	—	14	29	32	37	40	40
法人机构分行和附属机构	—	—	—	98	125	163	206	230	253
外国银行分行	156	167	184	200	117	116	95	90	94
营业性机构数*	192	211	254	312	271	311	338	360	387
参股中资银行数	5	6	7	6	5	6	0	—	—

*注：营业性机构数不包括代表处

资料来源：根据历年中国金融年鉴和银监会报告整理

二、资产份额所占比重较低

由于我国对银行业开放一直持有较为谨慎的态度，银行业外资在我国银行业市场所占份额并不高。2001年以来，银行业外资的资产份额一直保持着增长趋势，2005—2007年间增速较快，2008年的金融危机使得发达国家的跨国银行经营业绩严重受挫，无力继续扩大投资，银行业外资在我国的资产比重也相应下降。

截至2010年底，在华外资银行营业性机构资产总额（含外资法人银行和外国银行分行）1.7423万亿元，同比增长29.13%，在银行业金融机构总资产中占比1.85%。到2011年底，在华外资银行营业性机构资产总额2.15万亿元，同比增长23.6%。④

③《2010年中国银监会年度报告》。

④《2010年中国银监会年度报告》《2011年中国银监会年度报告》。

表 3-2　2003—2011 年银行业金融机构总资产情况　　单位：亿元

项目＼年份	2003	2004	2005	2006	2007	2008	2009	2010	2011
银行业金融机构	276584	315990	374697	439500	531160	631515	795146	953053	1132873
国有商业银行	160512	179817	210050	242364	280071	318358	400890	468943	536336
股份制商业银行	29599	36476.0	44654.9	54445.9	72742	88337	118181	149037	183794
城市商业银行	14622	17056	20367	25938	33405	41320	56800	78526	99845
外资银行	4160	5823	7155	9279	12525	13448	13492	17423	21535
战略投资者金额	21.52	194.51	957.61	416.12	133.83	800.08	14.35	—	—
外资银行占金融机构总资产比例＊	1.50 (1.51)	1.84 (1.91)	1.91 (2.17)	2.11 (2.21)	2.38 (2.38)	2.16 (2.26)	1.71 (1.71)	1.83 (—)	1.90 (—)

＊注：2003—2006 年为境内合计，2007—2010 年为法人合计，括号内为包括战略投资者投资金额的银行业外资所占比例

资料来源：《2009 年中国银监会年度报告》《2011 年中国银监会年度报告》

三、经营状况良好

2003 年以来，外资银行机构在中国的经营状况良好，一直处于赢利状况，利润率呈增长趋势。2009 年受金融危机影响，跨国银行分支机构的资产增速和负债规模增速下降，使得其利润率首次出现同比减少，但仍处于赢利状态。战略投资者亦从其投资中获得巨额利润。

到 2010 年末，跨国银行分支机构的各项存款余额 1.06 万亿元，增长 43.99%；各项贷款余额 9137 亿元，增长 26.26%；流动性比率 61.49%；实现税后利润 77.85 亿元；不良贷款率 0.53%；资本充足率 18.98%，核心资本充足率 18.56%。在华外资银行营业性机构主要指标均高于监管要求。[⑤] 2011 年末，外资银行各项存款余额 1.32 万亿元，增长 25.27%；各

⑤ 《2010 年中国银监会年度报告》。

项贷款余额9785亿元，增长7.10%；流动性比例69.53%；实现税后利润167.3亿元；不良贷款率0.41%；外资法人银行资本充足率18.83%，核心资本充足率18.38%。在华外资银行营业性机构主要指标均高于监管要求，基本面健康。

表3-3　2003—2010年外资银行资产负债表　　单位：亿元

项目＼年份	2003	2004	2005	2006	项目＼年份	2003	2004	2005	2006
国外资产	1103.50	1486.25	1500.79	1693.39	国外负债	1620.80	2737.14	3048.91	3288.85
储备资产	171.00	244.56	364.89	388.27	对非金融机构负债	906.70	1264.14	1695.52	2440.46
准备金	170.60	243.95	363.61	386.58	活期存款	189.30	305.30	469.86	639.41
库存现金	0.40	0.61	1.28	1.69	定期存款	199.10	251.88	421.03	801.42
中央银行债券	0.00	0.00	0.00	0.00	储蓄存款	0.30	0.29	0.40	7.49
对政府债权	51.90	98.03	101.82	252.12	外币存款	518.00	706.67	804.23	992.14
对非金融机构债权	1476.20	2558.58	3301.36	4279.74	对特定存款机构负债	2.60	3.70	1.60	1280.70
对特定存款机构债权	30.90	72.33	118.39	1343.94	对其他金融机构负债	30.10	27.21	42.50	107.21
对其他金融机构债权	0.00	0.14	3.00	4.91	债券	4.70	11.64	21.12	12.17
对其他居民债权	0.00	0.00	0.00	19.97	实收资本	354.60	471.97	579.43	658.33
其他资产	496.90	700.06	962.56	212.11	其他负债	411.00	644.15	963.82	406.32
总资产	3330.50	5159.95	6352.90	8194.04	总负债	3330.50	5159.95	6352.90	8194.04
项目＼年份	2007	2008	2009	2010	项目＼年份	2007	2008	2009	2010
国外资产	1378.37	1719.39	1482.98	1280.40	国外负债	3846.78	3265.65	2754.65	3341.70
储备资产	1098.28	1309.60	1415.13	2023.70	对非金融机构负债	3900.15	5335.11	6687.64	9677.70
准备金	1094.04	1302.32	1407.66	2014.60	活期存款	1186.22	1348.67	1856.39	2272.80
库存现金	4.24	7.28	7.47	9.10	定期存款	1317.77	2071.78	2855.35	4962.50
中央银行债券	0.00	0.00	0.00	0.00	储蓄存款	155.88	381.18	420.36	573.50
对政府债权	618.13	885.15	1217.27	1004.50	不纳入广义货币的存款	1240.28	1533.48	1555.54	1868.90
对非金融机构债权	6234.98	6617.08	6332.13	8236.30	对其他存款机构负债	2203.97	1905.87	1279.09	1212.90

续表

项目 \ 年份	2007	2008	2009	2010	项目 \ 年份	2007	2008	2009	2010
对其他存款机构债权	2090.68	1886.74	2214.18	3630.10	对其他金融机构负债	292.76	420.32	412.65	531.50
对其他金融机构债权	37.14	65.84	87.80	245.00	债券	1.67	0.00	0.00	0.00
对其他居民债权	108.65	152.87	301.75	409.00	实收资本	1077.20	1209.56	1425.83	1515.20
其他资产	824.43	1102.50	1299.63	2187.30	其他负债	1068.13	1568.66	1790.91	2737.20
总资产	12390.66	13739.17	14350.78	19016.20	总负债	12390.66	13739.17	14350.78	19016.20

资料来源：2004—2011 年的《中国金融年鉴》

表 3-4　2003—2011 年 银行业金融机构税后利润情况 *　　单位：亿元

项目 \ 年份	2003	2004	2005	2006	2007	2008	2009	2010	2011
银行业金融机构	322.8	1035.0	2532.6	3379.2	4467.3	5833.6	6684.2	8990.9	12518.7
国有商业银行	-31.9	459.0	1506.7	1974.9	2466.0	3542.2	4001.2	5151.2	6646.6
股份制商业银行	146.5	175.9	289.0	434.2	564.4	841.4	925.0	1358.0	2005.0
城市商业银行	54.2	87.4	120.7	180.9	248.1	407.9	496.5	769.8	1080.9
外资银行	16.6	23.5	36.6	57.7	60.8	119.2	64.5	77.8	167.3
外资银行占金融机构总利润比（%）	5.14	2.27	1.45	1.71	1.36	2.04	0.96	0.86	1.34

*注：银监会统计指标调整，2003—2006 年为税前利润，2007—2010 年为税后利润

资料来源：根据历年中国银监会报告整理

四、资产质量较好

凭借其丰富的经营经验、贷款技术和较为谨慎的经营行为，跨国银行分支机构一直保持着较低的不良贷款率。

表 3-5　2005—2011 年银行不良贷款率

年份 \ 项目	整体	国有商业银行	股份制银行	城市商业银行	外资
2005	8.61	10.49	4.22	7.73	1.05
2006	7.51	9.22	2.81	4.78	0.78
2007	6.72	8.05	2.15	3.04	0.46

续表

年份 \ 项目	整体	国有商业银行	股份制银行	城市商业银行	外资
2008	—	2.81	1.51	2.33	0.83
2009	—	1.80	0.95	1.30	0.85
2010	1.10	1.30	0.70	0.90	0.53
2011	1.00	1.10	0.60	0.80	0.41

资料来源：历年中国金融年鉴和中国银监会年报

五、积极拓展相关领域的金融业务

大多数跨国银行具有混业经营经验，利用其丰富的混业经营能力进入与银行业相关的领域，提高在中国金融市场的市场占有率，成为其在中国市场获得并保持其垄断优势的重要战略之一。

首先，外资通过参股信托公司，可以相对迅速地进入我国金融市场。根据我国目前规定，信托公司在对保险、证券经纪、资产管理等领域进行投资时，其所面临的监管门槛比其他金融机构要低得多，且信托公司还可以提供资产管理、间接融资等企业银行业务。2008 年，4 家跨国银行参股了我国占有较大市场份额的 4 家信托公司，参股比例都在 20% 左右。

其次，外资通过参股证券公司，借道进入中国证券市场，推广其金融产品。虽然外资银行不能参与中资企业 IPO 项目，但通过参股可以充分利用国内合作伙伴的市场和客户资源推广其金融产品。中国瑞银集团 2005 年收购北京证券 20% 的股份，成为首家直接入股中国证券公司的海外银行。德意志银行和山西证券建立中德证券有限责任公司，澳大利亚麦格理集团和光大银行建立两大基金并参股华澳信托，纽约梅隆银行与中国西部证券股份有限公司共同组建资产管理公司。

最后，外资积极参与中国银行间市场、债券市场等金融市场。2009 年 1 月，中国银监会允许各外资法人行投资中国企业债券市场。2009 年 6 月，渣打银行（中国）启动了在中国发行总值 35 亿元人民币的金融债券。2009 年，汇丰银行（中国）、渣打银行（中国）、加拿大丰业银行广州银行和澳新银行集团上海分行成为上海黄金交易所会员单位。

| 第四章 |

银行业外资进入方式和区域选择

银行业外资进入东道国的组织方式通常包括代表处、分行、子行和合资银行四种方式。在我国，除了上述几种进入方式，外资还可以以战略投资者身份进入。

代表处（Representative Offices），跨国银行海外扩张最简单、最初级的海外组织方式。代表处不具备法人资格，不能从事银行业务经营，其主要职能是收集东道国相关商业信息，供总部决策参考。

分行（Branch），跨国银行海外扩张的主要组织形式之一，外资控制水平较高，它是母行在东道国的分支机构，以母行资产和声誉为后盾向东道国顾客提供银行服务，并由母行对其经营后果承担连带责任。

子行（Subsidiary），法人外资银行，跨国银行海外扩张的另一种重要组织形式，它是按东道国法律注册并受东道国法律约束的独立法人，享受东道国提供的国民待遇并接受东道国监管。母行根据其投资额承担相应权利与义务，对子行的控制能力低于对分行的控制。

合资银行（Joint Ventures），国内银行与国外银行各自出资组建的银行。

战略投资者（Strategic Investor），是我国利用外资的一种特殊形式，它是指以资本合作为基础，通过长期持股寻求战略合作关系的投资者，按照我国银监会规定，可以成为中资银行境外战略投资者的条件为：①战略投资者持股比例原则上不低于5%；②从交割之日起，战略投资者股权持有期至少在3年以上；③战略投资者原则上应当向银行派出董事，鼓励投资者派出高级管理人才传授管理经验；④战略投资者应有成熟的金融业管理经验技术和良好的合作意愿；⑤战略投资者投资的国有商业银行不宜超过两家，且单个境外金融机构向中资金融机构投资入股比例不得超过20%，多家外资共同持股比例不得超过25%。有境外战略投资者进入的中资银行仍被视为中国本土商业银行。

第一节 银行业外资进入方式选择的理论分析

外资进入方式体现了外资在东道国的经营战略，它通常是东道国政策和外资经营战略博弈的结果。本节首先分析影响外资进入方式决策的影响因素，在此基础上，分析了在“软信息”较为缺乏的情形下外资在绿地新建和战略投资者两者之间的选择，及选择绿地新建后，在子行和分行之间的选择。

一、影响外资进入方式决策的因素

总的来讲，银行业外资的进入决策取决于东道国的引资政策、跨国银行自身的能力和战略需求。

（一）东道国经济和政策因素

首先，东道国的经济水平、市场发展潜力和行业发展水平将影响外资的进入方式决策。一个具有良好的整体经济发展潜力、较好的银行业发展环境的东道国为外资提供了较好的发展空间，发展中东道国银行业的市场集中度、本土从业者技术水平、区位分布、竞争程度、平均利润率水平会影响银行业外资的竞争策略，从而决定其组织方式。

其次，外资进入方式取决于东道国政府政策，东道国的引资目的决定了其对外资进入方式的政策导向。如果东道国政府希望从与外资合作中获得更多技术溢出和管理效应，同时减少外资对产业的控制，政府政策应倾向于建立合资方式，而不是独资方式。如果东道国希望外资进入创造更多的就业机会，减少对本土企业的并购威胁，则政策导向应偏向于新建，而不是并购。如果东道国希望对银行业外资进行更好的监管，政策导向可能会偏向于鼓励外资建立子行，而不是分行。

（二）跨国银行自身特点

首先，跨国银行所有权优势决定其进入方式，跨国银行需要选择可以充分发挥其所有权优势的运营方式以获得市场份额。如果跨国银行擅长中小企业融资，则偏向于采用更好接近于中小企业的进入方式。如果跨国银行资产专用性高，银行可能会选择独资方式尽可能地保护所有权优势。如果外资所有权优势需要与东道国特定优势互补才可以发挥其功效，外资会选择合资方式。

其次，跨国银行在东道国的战略目标市场定位决定其进入方式。如果只是以短期获利为目的，可能会选择投资时间短变现易的投资方式。如果以获取东道国市场为目标，则会选择控制程度较高、更为本土化的经营方式。以获取东道国市场为目标的外资银行会注重与当地企业的互动和联系，在为当地企业提供服务的过程中赢得银行声誉，获得本土企业和消费者的认可。

最后，跨国银行自身成长历史、管理经验、跨国经营能力、对经营环境熟悉程度等亦会影响其进入方式。如果跨国银行整体战略倾向于集中式管理，可能会选择分行方式；如果跨国银行倾向于分散化决策，可能会选择子行方式。如果外资对东道国市场环境较为熟悉，为了减少合资带来的决策妥协，会倾向于选择独资方式；如果由于文化差异、地理距离等导致外资对东道国环境较为陌生，经营行为存在较大不确定性，外资可能会选择合资方式。

二、绿地新建与战略投资者

跨国银行通常可以通过三种方式为东道国提供金融服务：跨境借贷、绿地新建和跨国并购。跨境借贷（Cross – Border Loan）是指资金通过银行间借贷的形式进入另一国，这只涉及资金的流动，属于国际间接投资。绿地新建（Green - Field）和跨国并购（Cross - Border Merger and Acquisition）是国际直接投资的两种进入方式，其中绿地新建是指跨国公司在东道国建立新的分支机构，进行跨国经营；跨国并购则是指跨国公司通过兼并或收购东道国已经存在的企业进入东道国，获取或利用被并购企业的相关资源进行跨国经营。

Buch（2003）建立理论模型分析了银行业外资进入方式，发现东道国的信息不透明影响了外资进入方式的选择。Buch and Lipponer（2007）实证分析了跨国银行在跨境借贷和直接投资两者之间的决策，他们发现东道国市场越大，跨国银行越倾向于通过 FDI 方式进入。Van Tassel and Vishwasrao（2007）等学者建立模型分析比较了并购和新建方式，发现跨国银行一般倾向于并购而不是新建，效率最高的银行倾向于并购，而效率较低的银行倾向于新建。Maria Lehner（2009）的研究发现，跨国银行提供金融服务的方式与其生产效率密切相关，低效率的银行选择在国内发展，效率稍高的银行进行跨国借贷，当效率较高的跨国银行在东道国的收益可以弥补绿地新建的巨大的前期成本时，银行将选择绿地新建，只有效率最高的银行，才会选择并购方式进入东道国。这与 Helpman and Melitz and Yeaple（2003）关于企业生产效率差异决定企业是选择出口还是对外直接投资的结论十分相似。

银行需要根据相关信息做出贷款决策。其所依据的信息可以分为两大类：硬信息（Hard Information）和软信息（Soft Information）。所谓硬信息，是指财务报表、资产抵押品质量和数量以及信用得分等，这些信息易于编码、量化和传递，具有非人格化的特征，在贷款决策中可以很方便地生产和传递。所谓软信息，是指通过长期接触和多种渠道积累所获得的，关于借款企业及其业主的相关信息，如企业经营状况、企业行为、企业文化、企业信誉、企业经营管理者性格、与供应商及客户的关系、社会形象等，这些信息不能按标准化办法收集和处理，无法通过书面方式在借款人与银行之间、在银行内部准确传递，对于中小企业来讲，通常缺乏足够的抵押品及经过审计的财务报表等硬信息，但软信息可以弥补硬信息的不足，甚至更能真实地反映企业的价值。

和发展中东道国本土银行相比，来自发达国家的跨国银行通常具有较好的贷款监控技术和较低的融资成本，可以根据客户的“硬信息”进行较为科学的风险管理，这是其最大的所有权优势。当跨国银行选择以跨国借贷或新建方式进入时将面临着一个重大缺陷，即无法得到东道国客户的“软信息”，从而降低了其贷款监控能力。与财务指标等“硬信息”相比，“软信息”需要通过与客户长时间接触才能获得，本土银行可以凭借以往借贷关系获得看不见的“软信息”，而通过绿地新建进入的跨国银行却无法获得这些信息。

外资可以在我国建立子行或分行进行独立运营，这是典型的绿地新建方式；也可以对中资银行进行少数股权投资。在我国信息透明度不高、投资风险较大的情况下，外资将如何选择？⑥

本书以 Maria Lehner（2009）的模型为基础，构建以下模型。

模型基本假设：假定有两个市场 A 和 B，A 为跨国银行母行所在地，B 为东道国。B 国内有 M 个客户，每个客户拥有好的投资项目的概率为 γ ，此时客户的赢利为大于 0，客户拥有坏的投资项目的概率为 $1-\gamma$ ，此时客户的赢利为 0。

A 国跨国银行和 B 本土国银行的经营各有所长。

（1）A 国跨国银行的再融资成本为 i_A ，B 国银行再融资成本为 i_B ，由于跨国银行拥有较多的融资途径，所以 $i_A < i_B$ 。

（2）B 国银行由于长期与客户接触，可以更好地获得客户的“软信息”，具有一定的贷款监控能力，概率为 δ_B ，也就是说，还有 $1-\delta_B$ 的概率无法发现该项目是好项目还是无法识别的坏项目。假定其贷款监控成本为 0。

（3）A 国的跨国银行具有较好的贷款监控和风险管理技术，其原有监控能力为 δ_A ，且大于 B 国银行的监控能力 $\delta_A > \delta_B$ 。但由于对东道国客户“软信息”的缺失，监控能力有所下降，其在东道国的监控能力变为 $\mu\delta_A$ ，

⑥ 外资还可以通过建立合资银行的方式进入我国。但由于我国将合资银行视为外资银行，给予众多经营区域和经营业务范围的限制，因此我国合资银行一直没有得到发展。最高峰时期全国亦只有七家，随后部分银行转制为独资外资银行，或全资中资银行。目前只有两家合资银行在运营。合资方式已不是目前外资进入中国的主要方式，因此本书不再将其视为研究对象。

其中 $0 < \mu < 1$。

(4) 跨国银行可以选择以战略投资者身份或新建方式进入东道国，以新建方式进入时，其新建成本为 F_{GR}，以战略投资者方式进入的成本为 F_{MI}，且 $F_{GR} > F_{MI}$，战略投资者只有期初投资 F_{MI}，一定期限后，投资者可以在市场上出售股份撤回投资。

当跨国银行决定以新建方式进入时，其利润函数为：

$$\pi_{GR} = [\gamma(i^r - i_A) - (1-\gamma)(1-\mu\delta_A)(1+i_A)]\varphi_A - F_{GR} \tag{式 4-1}$$

其中 i^r 表示投资收益率；$\gamma(i^r - i_A)$ 表示银行从好的投资项目中得到的收益，正常情况下 $i^r > i_A$；$(1-\gamma)(1-\mu\delta_A)(1+i_A)$ 表示银行无法监控到的那些坏项目的融资成本，要从其收入中减掉；φ_A 表示外资银行在东道国的市场份额。

当跨国银行以战略投资者方式进入时，投资者只有期初投入，被投资银行仍为中资银行，仍将利用其对原有客户信息进行贷款决策，其融资渠道亦主要来源于东道国内，因此其融资成本为 i_B。对于战略投资者来讲，其利润主要来源于根据其投资份额 η 所获取的被投资银行的利润分成，以其利润函数为：

$$\pi_{MI} = [\gamma(i^r - i_B) - (1-\gamma)(1-\delta_B)(1+i_B)]\varphi_B\eta - F_{MI} \tag{式 4-2}$$

其中 η 是战略投资者在 B 国银行中所占股份。

比较这两种进入方式的收益：

$$\begin{aligned}\pi_{GR} - \pi_{MI} = {} & \gamma[(i^r - i_A)\varphi_A - (i^r - i_B)\varphi_B\eta] + \\ & (1-\gamma)[(1-\delta_B)(1+i_B)\varphi_B\eta - (1-\mu\delta_A) \\ & (1+i_A)\varphi_A] + (F_{MI} - F_{GR})\end{aligned} \tag{式 4-3}$$

公式 (4-3) 亦可以写为：

$$\begin{aligned}\pi_{GR} - \pi_{MI} = {} & \gamma i^r(\varphi_A - \eta\varphi_B) + \gamma(i_B\varphi_B\eta - i_A\varphi_A) + \\ & (1-\gamma)[(1-\delta_B)(1+i_B)\varphi_B\eta - (1-\mu\delta_A) \\ & (1+i_A)\varphi_A] + (F_{MI} - F_{GR})\end{aligned} \tag{式 4-4}$$

对式 (4-4) 进行如下讨论：

(1) 因为 $i_A < i_B$，将（式 4－4）中的 i_B 换成 i_A，则

$$原式 < \gamma(\varphi_A - \eta\varphi_B)(i^r - i_A) + (1-\gamma)(1+i_A)$$
$$[(1-\delta_B)\eta\varphi_B - (1-\mu\delta_A)\varphi_A] + (F_{MI} - F_{GR}) \qquad (式 4-5)$$

当 $\varphi_A < \eta\varphi_B$，即绿地新建外资银行的市场份额小于战略投资者利用被投资银行获得市场份额时，且当 $(1-\delta_B)\eta\varphi_B < (1-\mu\delta_A)\varphi_A$ 时，

可以推出 $\frac{1-\delta_B}{1-\mu\delta_A} < \frac{\varphi_A}{\eta\varphi_B} < 1$，

即 $\frac{\delta_B}{\mu\delta_A} > 1$，也就是说，当 $\delta_B > \mu\delta_A$ 时，（式 4－5）<0，则原式(4－4)亦小于零。

该结论说明：当绿地新建外资银行规模较小，在东道国市场份额较少时，且外资对东道国客户“软信息”的缺乏使得 μ 较小，从而使得外资对东道国贷款的监控能力 $\mu\delta_A$ 小于东道国本土银行的监控能力 δ_B 时，以战略投资者方式进入的外资获益较多。

该结论可以继续讨论如下：

第一，当外资认为在东道国经营风险较大，不确定因素较多，客户“软信息”的缺乏导致 μ 变小，此时外资倾向于采取战略投资者方式进入，逐渐熟悉市场，为进一步投资决策做准备。当外资银行通过战略投资者方式对东道国客户了解并使其 μ 变大，战略投资者亦可能进行绿地新建。

第二，在确定投资额下，若以新建方式无法获得较大市场份额，则战略投资者将会选择获得东道国市场份额较大银行的较小股权 $\eta\varphi_B$，以获利为主；或是选择东道国市场份额较小银行的较多股份，或为获利或为获得目标银行经营控制权、目标银行的市场份额和客户为主。

第三，如果东道国市场银行业增长空间较小，战略投资者可以通过目标银行更为便利地获得市场份额。

(2) 因为 $i_A < i_B$，将（式 4－4）中的 i_A 换成 i_B，则

$$原式 > \gamma(\varphi_A - \eta\varphi_B)(i^r - i_B) + (1-\gamma)(1+i_B)[(1-\delta_B)\eta\varphi_B$$
$$-(1-\mu\delta_A)\varphi_A] + (F_{MI} - F_{GR}) \qquad (式 4-6)$$

当 $\varphi_A > \eta\varphi_B$，即绿地新建外资银行的市场份额大于战略投资者利用目标银行获得的市场份额时，且当 $(1-\delta_B)\eta\varphi_B > (1-\mu\delta_A)\varphi_A$ 时，

可以推出 $\frac{1-\delta_B}{1-\mu\delta_A} > \frac{\varphi_A}{\eta\varphi_B} > 1$，

即 $\frac{\delta_B}{\mu\delta_A} < 1$，也就是说，当 $\delta_B < \mu\delta_A$ 时，（式4－6）的前两项之和可以弥补当初绿地新建的高投资时，（式4－6）大于零，原式亦大于零，绿地新建收益大于战略投资者收益。

该结论说明：与战略投资者进入相比，绿地新建的外资银行可以占有较大市场份额时，且外资可以得到较多东道国客户“软信息”时则 μ 较大，外资对东道国贷款的监控能力 $\mu\delta_A$ 大于东道国本土银行的监控能力 δ_B 时，以绿地新建方式进入获利较多。

当外资银行自身的一些特点、跨国经营经验或是某种特定渠道可以帮助其获悉更多的东道国客户“软信息”，如外资银行在东道国有较长经营历史，较为了解东道国客户特点、丰富的跨国经验可以弥补“软信息”的缺陷、母国与东道国文化差异较小等，都可以使 μ 变大，增强外资银行对贷款的监控能力，此时，外资倾向于绿地新建。

该结论可以继续讨论如下：

第一，市场份额的大小，不仅仅是指在东道国市场的整体份额，也可以指在特定市场中的市场份额。如果外资银行在东道国的客户主要来自母国或是其他发达国家的跨国公司，则外资银行无疑会占据较大市场份额，且可以得到更多的客户“软信息”，因此，以跨国公司为服务对象的银行业外资倾向于以绿地新建方式进入。

第二，一般来讲，绿地新建外资银行在进入初期时的市场份额较小，如果东道国具有较大的市场发展空间，随着对东道国客户的了解，绿地新建银行有较大概率获得较多市场份额，与战略投资者方式相比，无须受到目标银行发展规模的约束，因此，外资倾向于以绿地新建方式进入大国。

总结两种情形的讨论，可以发现，或当外资主要以母国或其他发达国家的跨国公司为其服务客户、当外资对东道国经营客户和经营特点较为了解、或当外资希望在市场发展空间较大的东道国获得更多市场份额时，通常会选择以绿地新建方式进入。当外资认为东道国经营风险较大、信息透明度较差，战略投资者则是其最佳的灵活的经营方式——如果在东道国运营较为顺利，可以获得更多客户信息和跨国经营经验，投资者可以加大投资获取对目标银行的控制经营权，利用目标银行的经营网络进行市场扩张，或者转为绿地新建；如果在东道国运营不顺利，资本锁定期后则可以撤出投资，重新寻找市场机会。

三、子行和分行

子行和分行是跨国银行以绿地新建方式进入东道国最重要的两种选择，它们处于跨国银行组织管理控制程度的两个极端。

子行的管理是典型的分权管理模式（Decentralized Management Mode）。这种模式下，每个业务单元均需自行融资，自行采取措施应对风险并自行承担错误决策后果，总部没有义务在其经营困难时提供资金援助。但总部仍会进行技术转移，提供产品设计和运营技术，以提高其经营业绩和风险管理水平。

分行的管理是中央集权管理模式（Centralized Management Mode）。这种模式下，各分支机构的融资、资产分配、流动性管理、风险管理均由总部统一管理以保证集团总体利益最大化，由融资成本较小地区的机构负责筹集资金，由总部负责资金的全球统一调拨，对个别遭受冲击的分支机构也由总部负责提供援助。

大多数跨国银行集团有着极其复杂的组织方式，在不同地区使用不同进入方式。HSBC 银行应该是近似子行结构，同时也在一些国家建立分行，BBVA 在拉美有子行，但也通过分行进入美国，渣打银行等批发性银行通常会以分行方式进入东道国。尽管各东道国的准入条件并不相同，但大部分银行会选择子行形式，在 65% 的拉美国家外资银行和 82% 的东欧国家外资银行选择以子行形式进入东道国。

子行和分行的选择是多种因素综合决策，表 4 - 1 列出了子行和分行的主要特点。

表 4－1 跨国银行子行和分行的主要特点

组织形式 经营特点	子行	分行
经营费用	东道国对子行有较高的资本和储备要求，要求有较大当地固定资产投资。要求其拥有较为充足的资本流动性以维持其经营自足性。初期投入高于分行。	总行提供担保，众多分支机构通过全球网络接受总部管理。分行结构下的整体经营管理费用要低于子行结构。
资金流动性	1. 子行的独立融资和管理体制以及东道国法律规定使得总部不能实现资金任意调拨，许多东道国限制了子行和母行及其他分支机构间资金调拨限额，资金流动受到限制。母行无法利用子行筹资，子行亦须承担较高独立融资成本。 2. 子行防火墙可能保护其自身利益，但也减少了母行的援助程度。	1. 母行有较大灵活性应对紧急情况以维持集团总的资本结构和流动性。部分经营网络的损失可以由其他网络的收益抵消。 2. 集中化管理、便利全球资金调拨，可以及时从风险高的地区撤资，亦可以及时进行救援。
银行业务特点	全球零售银行，以当地融资为主，全球资金调拨重要性较小。较为关注当地零售贷款信用风险，需要更多参与当地市场经营。可以得到东道国存款保险制度的保障和较低风险暴露。	1. 批发业务为主的银行，中央集权制可以灵活管理全球流动性，亦通过内部结算减少流动性风险。 2. 全能银行，分行为跨国内部融资提供便利，提高了对跨国公司的全球服务能力。
经营空间	1. 子行在东道国有更多发展空间，较大业务经营范围，可以从事零售业务。 2. 更为关注东道国市场，以市场渗透为投资目的，在预期收入较高的东道国建立子行。 3. 母国在东道国投资较多，以子行方式进入，为客户提供全面服务。	分行不能和其他法人机构进行平等竞争，以分行形式进入在某种程度上表明母行并不很看重东道国市场机会。
信誉风险	1. 理论上，母行对子行救援以其出资额为限。 2. 实践中，除非援助行动危及整个集团利益，母行通常为了维护其声誉被迫向子行提供援助。	1. 为了维护母行声誉，母行必须采取措施应对分行危机。 2. 在分行遭遇极端情况，如东道国发生内乱，母行也可以放弃对分行的救援。
东道国管制措施	子行必须接受东道国监管。	1. 较易规避东道国监管。 2. 在较高税率和对外资流动管制较少的东道国建立分行。 3. 在限制外资银行业务经营范围和建立子行条件较高的国家建立分行。

续表

经营特点＼组织形式	子行	分行
规避东道国经营风险	东道国有较大运营风险时，采取子行形式，减少子行对母行的负面影响。	母行承担分行在东道国所有经营风险。
当地金融市场发展水平	东道国金融市场发展水平高，当地筹资容易，倾向于建立子行。	在经济发展水平较低，金融发展程度较低国家建立分行。

资料来源：笔者自行整理

四、东道国政策

对东道国政府主管当局来讲，不同的跨国银行组织形式意味着监管方式的不同和对本土银行体系稳定性影响程度的不同。外资的组织形式会影响东道国市场的竞争结构，影响国内银行的竞争能力和市场份额，从而影响东道国金融服务的质量和价格。例如，在东道国具有密集网络的外资子行可以直接和本土商业银行进行零售业竞争，而分行的竞争只是集中于批发市场。实践中，各发展中国家的准入政策差别较大，许多亚洲国家只允许外资银行通过分行形式进入，南非、中欧、拉美国家则是两种方式皆可，最终的进入方式则取决于跨国银行自身决策。

（一）以子行进入

从加强银行监管角度讲，子行更有利于东道国进行有效规制和监管，防范金融风险。子行运营完全受东道国法律约束，监管当局通过资本充足率规定、损失拨备覆盖率、大额授信及跨国资金流动监控等措施隔离风险，最大限度地维护本国金融体系稳定，保护本国存款人利益。

子行可以保证国内银行和外资母行之间的资产负债的清晰划分，减少母国风险对其分支机构的传染，避免母行转移东道国境内子行资产。子行有自己的董事会和管理层，更好地实现公司治理，可以根据东道国实际情况做出决策，减少总部对其决策的干扰，更好地为东道国服务。

但建立子行意味着并不是随时可以得到母行援助，在阿根廷金融危机和马来西亚金融危机时期，许多跨国银行母国放弃了对其子行的支持。而在母行经营失败时，对子行的影响和对分行的影响几乎是一样的，作为子行的最大投资者，总部的失败也会迫使其国外分支机构遭受清算。

子行的负面影响是，如果外资银行成为本土法人机构后，可能会出现对本土银行体系的垄断，当他们在东道国市场占有较大市场份额后，会出现对本土银行的并购。当母国发生危机时，他们会减少在东道国的运营甚至撤出东道国。但东道国可以通过限制外资银行分行或子行的经营规模，使得其无法控制国内金融体系。反复衡量其利弊，尤其是金融危机时期外资银行的表现，相对来讲，子公司的组织方式对东道国来讲较为妥当。印度自2005年以来，虽希望外资银行转为子行，但没有一家银行进行转制。印度规定，如果外资分行经营规模达到一定程度，包括表外资产的所有资产达到银行业总资产的0.25%时，则要强制转制为子行。

（二）以分行进入

跨国银行以分行进入无法获得国民待遇，无法从事零售业务，使得跨国银行无法控制东道国的某个细分市场，从而可以实现东道国对本土银行的保护。但由于监管当局无法获得外资银行的真实信息，无法对外资银行进行有效的规范和监督，一旦出现危机事件，无法及时采取措施应对，给东道国银行体系带来重大威胁。同时，按照许多国家法律规定，如果银行发生危机，其注册地存款人获得优先清偿，此时在跨国银行东道国分行的存款者得不到优先偿付，使得东道国储户的合法权益无法得到保护。虽然母国监管当局负责监管其银行国外分支机构，并有义务进行援助，但前几年冰岛银行发生危机后，虽然冰岛监管当局有义务为其银行国外分行提供存款保险，但事实上冰岛政府根本没有财政能力进行救援。

（三）以战略投资者身份进入

以“引资、引智、引制”为目的引入战略投资者，希望借助其提供的技术、经验、声誉帮助中资银行实现公司改制、上市等一系列目的，在允许其入股的前提下规定了投资最高限额，希望在不影响银行所有权控制的前提下获得国外技术和资金支持。

第二节
银行业外资在我国的进入方式

鉴于我国对银行业外资的严格管制，大部分跨国银行都采用了首先设立办事处以熟悉了解市场，随着我国政策变化和经营需要，再逐步将办事处升级为分行或子行。

2002—2003 年，为了更好地完成国有商业银行改制，完善其法人治理体系，实现海外上市，我国开始在国有商业银行改制过程中引入战略投资者，随后越来越多的银行业外资以战略投资者身份进入我国股份制银行和城市商业银行。到 2009 年底，我国已有 31 家中资银行与境外金融机构签订战略引资协议，入股金额超过 329.9 亿美元。

2006 年 12 月 11 日，我国实现入世承诺，取消外资银行经营人民币的地域和客户限制，取消其在华经营审慎性限制。出于风险防范的考虑，我国鼓励经营规模较大的外资银行注册为本土法人银行，注册为法人的外资银行在注册资本、分支机构建立、营运资金要求和监管标准，完全与中资银行相同，除了无法获得金融债券、政府债券的代理发行、兑付和承销权之外，其他业务可以和中资银行进行平等竞争。

表 4－2　外资法人银行和跨国银行分行的区别

	外资法人银行	跨国银行分行
准入要求	必须为商业银行，在我国已设立办事处，时间不少于两年。	
股东资金	前一年年末总资产不少于 100 亿美元。	前一年年末总资产不少于 200 亿美元。
注册资本	10 亿元人民币或等值的自由兑换货币。	无
营运资金	总行拨付不少于 1 亿元人民币或等值的自由兑换货币，每新增分行必拨资 1000 万人民币。	总行拨付不少于 2 亿元人民币或等值的自由兑换货币，必须划定营运资本 30% 作为法定储备。

续表

	外资法人银行	跨国银行分行
业务范围	获得银监会批准后可以向居民提供人民币业务。	获银监会批准，除吸收境内居民每笔100万人民币以上定期存款外，不得向中国居民提供人民币服务。
存贷比	到2011年12月31日，存贷比必须要低于75%。	无限制。
	其余业务范围相同。	

资料来源：《银监会规定》

一、法人外资银行

如果外资战略目标是获得东道国市场份额，将会以子行方式进入，虽然前期投入较大，但较大的经营范围和东道国零售市场的巨大收益将会补偿其前期投入。而我国鼓励外资以法人子行方式进入也恰好符合了外资的战略需求。目前，我国银行业外资主要以法人银行的形式存在，2010年底，法人外资银行资产占我国银行业外资总额的83%。

注册为法人银行的外资，一部分是进入中国时间较长，对中国市场较为熟悉，在消费者信贷和零售业务上具有竞争优势，并以获取我国市场份额为主要目标的实力较为雄厚的跨国银行，如花旗、渣打、东亚、东京三菱、德意志银行等。另一部分则是由于地缘关系，对中国市场较为熟悉，主要以追随其国内客户为目标的来自亚洲的外资银行，如来自韩国和日本的银行。目前我国40家外资法人机构中，有21家在上海注册。截至2010年末，上海外资法人银行资产总额、存款和贷款分别达到人民币12678.33亿元、8636.98亿元和6478.97亿元，同比分别增长31%、42%和28%，占中国内地外资法人银行的市场份额分别是83%、85%、82%。⑦

这些法人外资银行充分利用法人机构带来的优势，尽可能地发挥其原有竞争优势来实现在东道国的地区扩张和业务扩张，并获得较好收益。一些大型银行，如东亚银行、花旗银行、星展银行、恒生银行、汇丰银行和渣打银行等法人外资银行将发展银行零售业务作为其战略重点，通过不断

⑦ 《上海金融年鉴2010》。

加强分支网络建设，不断扩大客户基础来获得市场份额，预计到2014年，这六家银行的分行和支行在我国将超过500家。来自欧美的法人外资银行主要精力集中于企业批发贷款和投资银行业务。规模较小的法人外资银行则集中在一些专业市场，例如理财业务、贸易融资等。

法人外资银行将其中国法人身份和外资背景充分结合，积极参与中国银行的新兴业务领域，如跨境贸易人民币结算业务、基准利率市场建设等，以获得先入优势和发言权。2009年，渣打（中国）、汇丰（中国）、东亚（中国）、恒生（中国）积极参与跨境贸易人民币结算业务，担任中国试点企业结算行和境外银行中国境内代理行的角色。2009年末，渣打（中国）成为首家为境外企业开设境内人民币结算账户的商业银行。2009年，汇丰（中国）和渣打（中国）成为Shibor报价团成员，花旗（中国）、德意志（中国）和三菱东京日联银行（中国）成为Shibor场外报价行。

经过漫长的渗透期，早期进入中国的外资法人机构已在某些领域内实现了垄断经营。2009年末，上海资产规模排名前四位的汇丰银行、渣打银行、东亚银行和花旗银行的资产总额、各项贷款、各项存款和税后利润在20家外资法人银行的占比分别是55.06%、51.6%、62.22%和60.65%。而2010年的中国业务排名更是突出了这些外资银行的竞争优势。

表4-3　2010年外资银行在中国的业务排名

	第一名	第二名	第三名
品牌知名度	汇丰银行	渣打银行	花旗银行
现金管理	花旗银行	汇丰银行	渣打银行
公司融资	汇丰银行	高盛公司	花旗银行
公司贷款	汇丰银行	渣打银行	花旗银行
信用卡	东亚银行	汇丰银行	渣打/花旗银行
债务资本市场	汇丰银行	花旗银行	高盛公司
衍生品	汇丰银行	花旗银行	德意志银行
股权资本市场	高盛公司	摩根大通银行	瑞士联合银行
外币兑换	汇丰银行	花旗银行	渣打银行

续表

	第一名	第二名	第三名
投资银行/并购	高盛公司	摩根士丹利	摩根大通银行
私人银行	瑞士联合银行	汇丰银行	花旗银行
项目融资	汇丰银行	渣打银行	花旗银行
零售银行	汇丰银行	渣打银行	东亚银行
贸易融资	汇丰银行	渣打银行	花旗银行

资料来源：毕马威报告《外资银行在中国 2010》

二、跨国银行分行

那些进入我国市场时间较短，对中国市场不太熟悉，或是没有能力，或是暂无打算渗透中国零售市场的跨国银行，基本使用分行形式进入中国，主要从事批发业务，以保证其整体经营的灵活性。大多数跨国银行的分行设立在上海、北京、广州和深圳等经济发达地区和对周边辐射力较强的城市。

即使是在中国已注册了法人机构的跨国银行依然在我国保留分行机构，如花旗银行上海分行、渣打银行上海分行等，以保证母行对全球分支机构的战略调控性和资本调拨的灵活性。

跨国银行分行也充分参与到中国银行业务的各个领域。到 2009 年底，银行间人民币外汇市场共有外资会员 111 家，占市场会员总数的 40%。跨国银行分支机构是中国外币衍生产品市场的主要参与者。

另一个引人注目的现象是，许多以战略投资者身份进入的外资银行在中国只建立了分行，而不是子行。以战略投资者身份进入的外资银行有 20 多家，其中只有花旗银行、汇丰银行、德意志银行、渣打银行、恒生银行、韩亚银行六家银行在中国注册了子公司，其余所有银行都只是以分行方式进入。在某种程度上，“分行 + 战略投资者”成为外资进入我国的有效方式。既可以保持母行全球战略的统一性，通过分行为母国客户服务，也可以通过控股的方式借助中资银行进入中国市场。

三、以战略投资者身份进入的银行业外资

相对子行和分行来讲，战略投资者提供了相对灵活的进入方式。借助少数股权投资，战略投资者可以逐步了解东道国市场的经营特点，获取客户关系，培养良好声誉，为将来更好地进入东道国市场建立良好的基础，还可以利用被投资银行拓展中国市场。如利用中资银行的营销渠道进入市场，利用其控股的中资银行进行再投资，避开相关政策限制以进一步获取市场份额等。

根据战略投资者的投资目的，笔者将其分为三大类：第一类是以国际金融公司为代表的国际组织机构，其投资主要以促进中小企业发展为目标，盈利动机较低；第二类是以获利为主的投资者，通过短期持有股权以获得股价的增值收益；第三类则是以市场占有为投资目的的投资者，借助中资银行实现其战略布局。

（一）国际金融公司的战略投资

作为世界银行的下属子公司，国际金融公司（IFC）在我国引进战略投资者过程中起着非常重要的作用，它成功地引导了中资银行和跨国银行的合作。

20 世纪 90 年代中期，我国政府逐步开放银行业市场，但要求外资银行持股不得超过 25%，许多外国投资者认为，在中资银行透明度较低的情况下，少数股权只能给其投资带来较大风险，并不愿意与中资银行合作。此时，IFC 决定选择几个中资银行并与之合作，成为其少数股权持有者，为这些银行提供技术支持和人员培训，并为其他跨国银行进入中国市场提供一些经验。IFC 的合作目标主要是一些中小规模的城市商业银行，这些银行的主要任务是为城市中小企业提供信贷服务，通过投资这类银行，IFC 不仅促进了城市商业银行发展，而且为私营中小企业的发展创造了良好的发展环境。

1999 年 IFC 首次与上海银行合作，这是我国允许的第一个拥有本土银行股权的外国金融机构，2001 年 IFC 获得南京城市商业银行 15% 的股权。2001—2005 年期间，IFC 又为西安商业银行和北京银行提供了技术支持。

IFC 在我国的实践帮助中国监管层熟悉了外资拥有银行少数股权的运行方式和监管方式，并以此为基础建立了相关的管理规定。

当 IFC 扶持中小银行发展战略得以成功实施时，它开始逐渐进入其他银行。1995 年民生银行成立，IFC 成为民生银行第一个国际合作伙伴，并为其提供 IAS 审计培训和信贷人员培训。2003 年，当民生银行考虑在国外上市时，IFC 成为其股权持有者，同年，IFC 和香港恒生银行、新加坡 GIC 同时成为兴业银行的战略合作伙伴。2004 年，IFC 将其目光转向农村金融。2006 年，IFC 和荷兰合作银行联合参股杭州联合商业银行，这是外资首次参股我国农村合作金融机构，希望能将在城市商业银行参股的成功经验复制到农村金融合作中去。截至 2007 年 3 月底，IFC 已经对我国七家银行进行了 2.13 亿美元的股权投资。为了保证 IFC 对这些银行的影响力，IFC 均要求拥有在每个银行董事会中指定董事的权力，并招聘有经验的国际银行家作为其董事参与银行决策。

表 4 - 4　IFC 参股中资银行的情况

银行	投资年份	金额（万美元）	追加投资	所占股权比例
上海银行	1999	2176.40	2851	7%
南京城市银行	2002	2646.10	—	15%
民生银行	2003	2350.00	280	1.1%
兴业银行	2003	5218.00	—	4%
西安银行	2004	324.70	—	12.5%
北京银行	2005	5900.30	—	5%
杭州联合商业银行	2006	1090.00	—	5%

资料来源：IFC

（二）以短期获利为目标的战略投资者

在我国引进的银行业外资中，部分资金持有者主要以获利为目的，严格地讲，并不能视为战略投资者。这些投资者具有以下特点：

第一，自身主营业务不是银行借贷。部分以获利为目标的战略投资者并不从事传统意义上银行借贷业务，主要以资本投资方式在全球获益。例如：新加坡主权基金淡马锡本身只是一个基金机构并没有经营实体；国际投行高盛公司的主营业务也并不是银行借贷，但其对工商银行的投资，一方面可以帮助其从工商银行上市获利，另一方面通过帮助工商银行重新设计组织架构获取了国内银行运营特点和经营经验，强化了其引导外资进入中国的竞争优势，获得更多外资客户青睐。

第二，以上市公司和四大国有商业银行为主要投资目标。为了保证一定的获利水平，投资者凭借其自身声誉主要以上市公司和四大国有商业银行为其投资目标。根据2003年我国政策规定，国有中资银行上市前必须引入一至两家国外战略投资者，这些上市银行凭借其较大的市场份额和国家的隐形担保可以获得较高利润率，投资风险极低，战略投资者不仅通过目标企业上市获得巨额初始溢价，而且随着目标企业经营效率的提高获得股票价格上升带来的溢价，并根据市场股票价格选择最佳出售时机。

第三，通过股权出售获得巨额利益。2007年以来，部分战略投资者开始出售其持有的股权，并通过股票市场的低买高卖，获得投资利益。淡马锡入股中国建设银行时的股价为0.94港元/股，2007年末抛售时，股价为7.09港元/股，交易赢利超过17亿港元。同样是淡马锡入股中国银行时，股价为2.95港元/股，2007年末抛售时，股价为4.09港元/股，获利12.33亿港元。

表4-5　淡马锡公司在中国银行业的投资

投资银行	投资时间	股权比例	出售及获利
中国建设银行	2005年7月	6.04%股权，14.66亿美元。	2007年12月抛售获利17亿港元，2009年再次低价买入。2010年11月持建设银行5.65%股权。
中国银行	2005年8月	以15.25亿美元获5%股权，后增资到31亿美元10%股权，104.7亿股。	2007年12月以4.09元全部出售，获利12.33亿港元。
民生银行	2004年11月	以8.9亿元（1.06亿美元）获4.55%股权。	2007—2008年全部抛售。

资料来源：笔者自行整理

再以美国对建设银行的投资为例，2005 年 6 月，美银从中央汇金买入建行 174.8 亿股，每股 1.065 港元，共投资 25 亿美元。2005 年 10 月建行港股上市后，美银先后以每股 2.42 港元及 2.80 港元的价格购入建行 H 股 60 亿股及 195.8 亿股，持股比例达到约 19.14%。2008 年金融危机爆发后，自 2009 年起美银开始减持建行股份，先后共获利近 100 亿美元。

（三）以获取东道国市场为目标的战略投资者

对这些跨国银行来讲，通过战略投资者进入我国市场，实现在我国的战略布局是其最重要的投资目标，引资银行经营效率和短期投资回报并不是重要因素。

这一类投资者主要包括来自亚洲的汇丰银行、恒生银行、渣打银行、东亚银行，来自美国的花旗银行等大型跨国银行，它们具有丰富的跨国经营经验，在成为战略投资者之前已经通过其他方式进入中国，并积累了一定的在华经营经验。在其以获取市场为目标的战略布局中，它们一方面在中国建立独资法人银行，以法人独资银行分行方式在国内扩张，另一方面选择股份制银行和城市商业银行作为其投资目标，恒生银行获得兴业银行 16% 的股权，渣打银行获得 19.9% 的渤海银行股权，德意志银行获得 14.4% 的华夏银行股权，东亚银行获得 15% 的深发展银行股权，较早进入我国的外资主要投资对象是股份制银行，而稍晚进入银行业的外资则关注城市商业银行。

国有银行的国家控股性质短时间内无法改变，外资有限股权只能带来股价溢价，不可能影响或控制四大银行经营行为，无法实现其战略意图。相比之下，股份制银行遍布全国的网点和城市商业银行的地区影响力可以帮助投资者进入更多市场区域，而且外资在股份制银行和城市商业银行中的影响会相对大一些，一旦将来国家放松投资股权限制或是出现意外情况时，外资可以趁势获得更多股权和控制权，花旗银行对广东发展银行的控制便是最典型的例子。由于中小城市银行股权比较分散，外资以 25% 的权重进入后，往往会成为中小城市商业银行的最大股东，从而实现了对中资银行的控制。

对于看重市场的投资者来讲，入股中资银行不仅仅是获得对投资目标的控制，更为重要的是，通过中资银行的再投资会逐渐渗透到更多中资企业，逐渐形成金字塔式股权结构。以汇丰银行为例，汇丰投资交行，交行投资常熟农商行、投资咸丰村镇银行；法国巴黎银行2005年成为南京银行的第二大股东，随后南京银行成为山东日照商业银行第一大股东。同时，随着双方的合作了解，外资和其合作伙伴开始合资进入其他相关领域，如2010年西班牙对外银行与中信银行签订了合作协议，建立汽车金融公司和开展私人银行业务。

对于进入中国时间较长的外资银行来讲，三种进入方式的同时使用已帮助其在中国形成较好战略布局。

表4-6　汇丰银行在中国的投资分布

<table>
<tr><th>进入方式</th><th>投资时间</th><th>地点</th><th>分支机构分布/合作内容</th></tr>
<tr><td>子行</td><td>2007年</td><td>总部在上海</td><td>24间分行，北京、长沙、成都、重庆、大连、东莞、广州、杭州、合肥、昆明、南京、宁波、青岛、上海、沈阳、深圳、苏州、太原、天津、武汉、厦门、西安、济南和郑州，100多个网点。</td></tr>
<tr><td>分行</td><td>20世纪
90年代初</td><td>上海/深圳</td><td>主要从事外汇批发业务。</td></tr>
<tr><td rowspan="3">战略投资者</td><td>2001年1月</td><td>上海银行</td><td>8%股权，6300万美元，派驻1名董事，信用卡合作。</td></tr>
<tr><td>2005年3月</td><td>交通银行</td><td>19.9%股权，派出1名副行长，6名高级顾问，2个董事会席位；成立信用卡中心，汇丰向交行授予商标许可权，技术协助期3年。</td></tr>
<tr><td>2002年</td><td>平安保险</td><td>17.7%股权。</td></tr>
<tr><td>金字塔控股</td><td colspan="3">交通银行—常熟银行—咸丰城市银行</td></tr>
</table>

资料来源：笔者根据相关资料整理

表4-7　花旗银行在中国的战略布局

<table>
<tr><th>进入方式</th><th>投资时间</th><th>地点</th><th>区域/合作内容</th></tr>
<tr><td>子行</td><td>2007年</td><td>总部在上海</td><td>北京、上海、广州、深圳、天津、成都、杭州、大连、重庆、贵阳、南京、长沙和无锡拥有13家分行，45家零售银行网点。</td></tr>
<tr><td>分行</td><td>1991年</td><td>上海/深圳/北京等地</td><td>银行批发业务。</td></tr>
</table>

续表

进入方式	投资时间	地点	区域/合作内容
战略投资者	2002 年 8 月	上海浦东发展银行 14.7% 股权⑧	在信用卡业务、个人金融、风险管理、财务管理、IT 系统改造等方面提供技术支持。
	2006 年 11 月	广东发展银行 20% 股权	提供风险管理、内部审计控制领域、银行治理政策和程序、财务会计、报告控制职能、资产负债表管理等九个领域的支持。
投资银行	1982 年	北京/上海设立投资银行业务代表处	为中国企业提供包括并购、股权和债务产品组合等方面的咨询服务和联络服务。

资料来源：笔者根据相关资料整理

四、不同进入方式收益比较

自 2000 年初进入中国银行业以来，不论是法人外资银行还是战略投资者都取得了较好收益，法人外资银行在中国实现了快速扩张，但由于经营时间较短，就规模而言，规模最大的汇丰银行（中国）的资产总额也仅为 2056 亿元，仅与 2004 年刚刚成立的浙商银行规模相当。

图 4－1 描述了 2003—2010 年间中国外资银行总体利润变化情况，单位为亿元。

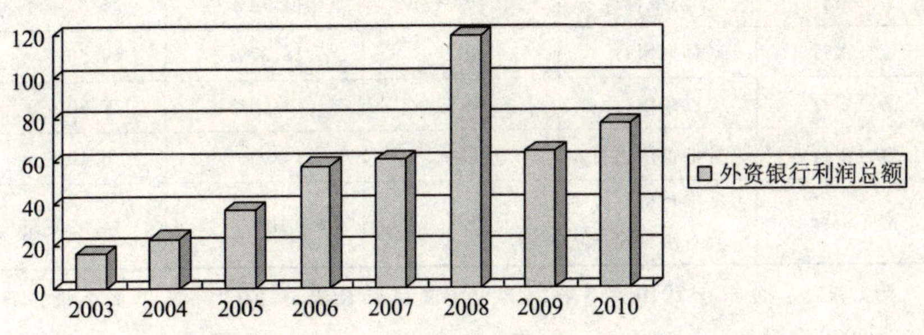

图 4－1　2003—2010 年中国外资银行利润情况

资料来源：历年《中国金融年鉴》

⑧ 花旗银行在不断进行战略调整，已于 2012 年 3 月出售所持有的上海浦东银行的全部股权。

对于战略投资者来讲，以获利为主的外资在出售股份后获得很高收益，除了前文提到的淡马锡和美国银行，新侨集团2004年以12.35亿元入股深圳发展银行，成为第一大股东。2009年转手时，账面资产高达159.45亿元，5年累计获利137亿元，收益翻了7倍。继续留守的外资亦是硕果累累，许多战略投资者成为我国股份制银行和城市商业银行的重要股东和控制者。

表4-8　战略投资者对中国部分商业银行的控股情况

中资银行	外资银行	股东排名	控制股份	股权价值
广东发展银行	花旗银行	第一	20%	85.76亿元
北京银行	ING bank	第一	20.10%	855.17亿元
华夏银行	德意志银行	第三	17.59%	1034.39亿元
恒丰银行	新加坡银行	第二	14.71%	22.50亿元
中信银行	西班牙银行	第三	15%	179.38亿元
上海农商行	澳新银行	第一	20%	464.51亿元
杭州银行	澳大利亚联邦银行	第一	20%	238.80亿元
重庆银行	大新银行	第二	20%	10.00亿元
齐鲁银行	澳大利亚联邦银行	第一	20%	56.30亿元
西安银行	加拿大丰业银行	第二	14.77%	6.60亿元
宁波银行	新侨银行等	第一	13.74%	21.82亿元
吉林银行	韩亚银行	第一	18.27%	19.50亿元
南京银行	巴黎银行	第二	12.68%	238.80亿元
烟台银行	香港恒生银行	第一	20%	6.10亿元
南充银行	德国投资开发有限公司	第一	10%	14.93亿元

数据来源：各银行2010年年报，其中华夏银行数据为2011年三季度季报，齐鲁银行为2009年数据

两组数据比较，可以发现外资从战略投资者的投资中的获益远高于以子行或分行方式的经营业绩。到目前为止，战略投资者成为国际银行资本从中国银行业获利的重要渠道。对于采取多种方式进入中国市场的跨国银行来讲，战略投资者带来的收入远高于其自营收入。汇丰银行2008年在中国的税

前利润是 16.05 亿美元，其中 80% 来自持股的中国金融机构的分红收入。

五、小结

总结跨国银行在我国的区域分布和进入方式，可以发现，不同的战略目标决定了外资的进入方式。

（1）如果外资较为注重短期利益，主要是利用战略投资者身份获取股权收益或股本出让利益，基本上不会采取子行形式进入我国市场。例如，不断出售建行股票的美国银行只在上海建立一个分行，没有建立法人子公司。

（2）对我国银行业市场不熟悉或无能力或无计划进入我国银行零售业市场的外资，大多采用分行形式，且分行主要分布在几大核心城市。

（3）对我国银行业市场较为熟悉，且以获取我国银行业市场份额为主要战略目标的外资，则采用了多种形式进入市场。①以法人银行方式进入零售业市场，并以法人分行形式在全国布局，逐步进入中西部的一些经济重镇。②在金融业外资集聚地保留分行形式，以保证全球资金调拨和经营调控的灵活性。③以战略投资者的身份进入股份制银行和城市商业银行，其投资目标是在某方面具有竞争优势的股份制银行或城市商行，借助引资银行的经营网络获取客户，铺设营销渠道。投资区域仍集中在东南部经济较为发达地区的城市商业银行。

就目前的总体收益来讲，以战略投资者身份进入的外资获利最多；以法人身份进入外资银行规模较小，虽然经营效率远高于中资银行，但投资收益率低于战略投资者收益率。

第三节
银行业外资的区位选择

外资的区位选择决策集中反映了其进入东道国的动机和发展战略，跨国银行会基于其长期的规划和适当的风险承受能力，充分利用竞争优势，结合东道国市场特点确定其投资地区。

一、影响外资区位决策的因素

（一）东道国市场发展前景和获利机会

从投资区域获利是跨国银行对外投资的根本目标，因此，外资较为关注东道国的经济发展前景、经济增长率，金融市场发展程度，银行部门规模，银行业集中度，银行系统经营效率，宏观经济政策等。Brealey and Kaplanis（1996），Buch（2000）等的研究表明，东道国人均GDP和该国银行业FDI呈正向关联。Claessens and Demirguc－Kunt and Huizinga（2000）关于外资银行进入的经典文献中，利用1988—1995年80个国家2300家银行的会计数据进行研究，发现银行业外资向那些获利丰厚，税负较低，人均收入较高的地区大举扩张。Focarelli and Pozzlo（2000）发现外资银行选择海外扩张地区时，最重要的考虑因素是东道国预期增长率，通货膨胀率较低、宏观经济稳定、金融市场比较发达的国家和地区可能实现经济较快增长，是银行业外资愿意进入地区。

（二）东道国对外开放度

回顾银行业外资跨国经营历程，可以发现，虽然投资区域的经济发展潜力是提供投资回报的最重要影响因素，但外资最初的跨国经营目的是继续为其老客户提供服务。东道国的对外开放程度、对外贸易量和吸引外资水平将决定其对跨国银行服务的需求。对外开放水平越高，对跨国银行服务的需求量越大，许多具有不可转移性和生产消费同时性的金融服务无法通过跨境交付方式实现，只能通过面对面的交流完成服务提供，跨国银行必须选择能够最大限度地接近或面对其服务对象的地区，外资集聚地区或金融业集聚地区是其首选之地。

Goldberg and Johnson（1990）发现东道国的非银行业外资和贸易额是影响银行业外资进入的重要因素。Yamori（1998）发现日本银行业FDI区位决策受其与东道国贸易额及非银行业外资的影响，Focarelli and Pozzlo（2005）对OECD国家260个大型银行的调研发现，银行选址和非银行业FDI数量之间存在着正相关，当然，它并不是决定银行选址的最重要因素。

Petra（2009）利用 CEE 国家 1997—2006 年 10 年的银行业外资数据，测量外资银行的进入是否会引发其他非银行业外资的进入和货物贸易的发展，其实证结果表明，银行业外资进入与非银行业外资进入存在明显的正相关关系，与货物贸易发展同样存在正相关关系，尤其是货物进口。

（三）外资集聚效应

Nachum and Keeble（2001）发表了《外部网络和地理集群作为跨国公司优势来源：对伦敦中心外国和当地服务企业的研究》，认为服务业跨国公司与其他公司形成的外部网络联系是其获得竞争优势的重要因素之一。如果某一区域的特定优势可以吸引跨国银行去利用这些优势，则这个优势对其他跨国银行也会产生同样的吸引力。

Nachum（2000）在《经济地理与跨国公司的区位选择：美国金融和专业服务国际直接投资研究》中对美国金融企业的实证研究表明，集聚经济和区位优势共同影响了银行区位选择。外资银行会选择某一具有区位优势的地区进行投资，外资企业间的互相联系，对客户的追随，对竞争对手的追随，对获利机会的追逐都将吸引更多的外资进入，使得该地区的区位优势进一步加强。Nachum 认为，东道国引资初期区位优势比集聚效应重要，但随着时间的推移和外资的积累，集群效应有增强趋势。

新经济地理学的发展使得研究集聚效应对产业结构和国际贸易的影响成为可能，产业集群可以使得在某个区域中较为集中的企业因知识溢出、专业化要素的可获得性以及产业间前后向联系而受益，对外资来讲，即使没有知识溢出、市场联系等集聚效应的存在，由于外资企业面临比东道国企业更大的不确定性，需要以跟随性投资降低风险，投资者有模仿或跟随其他企业，甚至是其竞争对手的投资区位倾向。

（四）东道国准入许可

OECD 和 UNCTAD 的研究表明，政府政策是银行业 FDI 重要的区位决定因素，由于银行业涉及国家经济安全，政府管制较严，政策性壁垒成为银行业外资的重要壁垒之一。首先，东道国对银行业经营限制会决定外资的区位选择，跨国银行更加愿意投资于对银行经营限制较少的国家，而在金融管制严的国家外资参与率和控制率较低。其次，东道国允许外资进入方式影响其区位决策，如果只允许外资以并购方式进入，外资只能根据其并购目标决定区位选择，新建方式进入则给予外资更多的选择权。最后，对于东道国国内的特定区域选择，一方面取决于该区域的经济前景，另一方面则取决于政府的准入政策。

（五）其他因素

外资的母国和东道国之间原有的政治经济关联、两国的语言相似度、文化相似度、法律相似度、银行监管结构相似度等都会影响银行业外资的区域选择。

在东道国市场竞争中，外资面临的最大劣势是缺乏对东道国市场的了解，因此，母国与东道国之间的地理距离和文化差异成为影响外资银行区位选择的重要因素之一。一些跨国银行的海外业务分布主要集中于某一地理区域或文化差异较小区域，例如西班牙银行主要集中在拉美、奥地利、比利时，荷兰和德国银行的扩张主要集中在中欧地区，澳大利亚和日本银行主要集中在亚洲地区。

二、银行业外资在我国的区域分布

我国银行业开放过程中的阶段性城市准入政策使得银行业外资大部分都集中在沿海和经济发达地区。2006 年年底，我国对银行业外资开放所有区域，外资银行才开始逐步进入我国中西部地区，截至 2010 年底，外资银行在我国 27 个省（区、市）45 个城市设立机构网点，较 2003 年初增加 25 个城市。银行业外资一方面继续深化沿海地区和中心城市的营销网络，一方面逐渐在我国开始布局。但其布局重点仍然是经济发达地区，即使是村镇银行也主要集中在发达地区。表 4－9 描述了绿地新建外资分支机构在中国的区域分布。

表 4－9　跨国银行子行和分行在中国的区域分布

区域＼年份	2000	2001	2002	2003	2004	2005	2006	2007	2008	2009	2010
上海	45	45	40	45	48	55	57	83	88	98	99
北京	18	19	19	22	24	25	27	32	35	43	44

续表

区域＼年份	2000	2001	2002	2003	2004	2005	2006	2007	2008	2009	2010
广州	15	15	15	15	16	18	19	18	22	19	24
深圳	24	23	19	19	20	22	22	23	24	21	25
厦门	10	10	9	9	9	9	9	10	20	12	12
天津	14	14	14	15	15	14	13	11	14	19	19
大连	10	10	8	8	8	8	7	6	8	8	8
青岛	3	3	3	4	4	5	7	8	8	7	8
珠海	3	3	3	3	4	4	4	3	4	5	5
汕头	3	3	3	3	4	4	4	3	2	1	1
南京	1	2	2	3	3	3	3	3	4	4	4
福州	2	2	2	2	3	4	4	3	3	3	3
武汉	2	2	2	2	2	2	2	2	3	3	3
成都	1	1	1	1	2	5	7	8	7	9	7
苏州	1	1	1	1	2	3	4	4	7	7	7
重庆	1	—	1	1	2	4	5	6	5	7	6
海口	2	2	1	1	1	1	1	1	1	1	1
西安	1	1	1	1	1	1	2	2	2	2	4
沈阳	—	—	—	—	1	2	3	1	3	4	4
杭州	—	—	—	—	1	2	3	4	5	5	5
昆明	—	1	1	1	1	1	1	1	2	2	2
烟台	—	—	—	—	—	—	2	2	3	4	4
无锡	—	—	—	—	—	—	2	2	2	3	2
蛇口	1	1	1	1	—	—	—	1	1	1	1
东莞	—	—	—	—	—	—	1	1	1	2	2
宁波	—	—	—	—	—	—	—	3	4	4	4
长沙	—	—	—	—	—	—	—	—	1	1	1
合肥	—	—	—	—	—	—	—	—	1	1	1
南宁	—	—	—	—	—	—	—	—	1	1	1
济南	—	—	—	—	—	—	—	—	—	1	1

续表

年份 区域	2000	2001	2002	2003	2004	2005	2006	2007	2008	2009	2010
南昌	—	—	—	—	—	—	—	—	—	1	1
哈尔滨	—	—	—	—	—	—	—	—	—	1	1
惠州	—	—	—	—	—	—	—	—	—	—	1
中山	—	—	—	—	—	—	—	—	—	—	1
总计	157	159	146	157	171	192	209	241	278	294	304

资料来源：根据历年《中国金融年鉴》和《中国人民银行季报》整理

注：《中国金融年鉴》只提供了到2006年止，跨国银行子行和分行在中国城市的分布状态，2007—2010年为笔者根据2008年第1期，2009年第1期，2010年第1期，2011年第1期的中国人民银行统计季报所列的外资银行分支机构数进行整理。由于统计季报只提供外资银行在各大城市的分行数，而不提供支行数，所以2007—2010年的数字小于中国银监会年报上提供的数字，中国银监会年报提供的分支机构数字包括外资银行在各大城市的子行分行数和支行数

（一）区域分布主要集中在经济发达地区

目前，大多数外资银行的分支机构主要集中在经济发达地区，即集中在以上海为中心的长三角地区，以深圳为中心的珠三角地区和以北京为中心的环渤海地区。2009年外资银行全国范围内新增营业机构40家，位于北京、上海和广州等城市的有15家，占比超过1/3。

上海凭借其良好的金融发展环境和国际金融中心的建设远景，成为外资银行首选之地。法人银行总行、分行、外国银行分行等各种类型的外资银行在上海集聚。在上海的外资银行主要包括三大类：第一类，在中国注册的法人外资银行，2009年末，上海共有法人外资银行20家，外资银行资产总额为人民币9700.23亿元，占全国外资银行资产总额的71.91%，占上海市所有商业银行资产总额的18.14%；2010年末上海共有法人外资银行21家，上海市外资银行的资产总额为人民币12678.33亿元，同比增长31%，占全国外资法人银行资产总额的83%[⑨]；第二类，外资银行分行，众多外国银行在中国的第一家分行都选择在上海，来自欧洲、美洲、

⑨《2010年上海银监局报告》。

日本、韩国和中国香港的资本均集聚于此；第三类，其他在中国城市注册的外资法人银行的分行。

作为我国政治经济中心的北京也成为外资银行聚集之地，根据北京银监局的公告，截至2011年9月末，北京市共有外资法人银行7家，外资银行分行41家，外资银行代表处70多家，资产合计3896亿元[10]。在京外资银行分行数已超过33家中资银行分行的数量。2005—2010年，北京市外资银行本外币存贷款分别增长8.98倍和2.33倍，年均增长58.4%和27.2%。外资银行人民币业务增速尤其迅猛。2005—2010年，北京市外资银行人民币存贷款分别增长25.2倍和18.3倍，年均增速分别为92.2%和80.8%，高于同期全市人民币存贷款年均增速[11]。

广东深圳作为我国经济改革的最早对外开放窗口，对外资具有强烈的吸引力，许多港资银行将其视为进入内地的根据地。根据中港2009年5月签署的《内地与香港关于建立更紧密经贸关系的安排》补充协议六，港资银行在广东省设立分行后，可以在广东省内其他地区直接设立“异地支行”，开设支行的资本金要求为1000万元，远远低于开设分行的最低营运资金，这一规定大大降低了港资银行的扩张成本，使得广东省再次成为港资银行的青睐之地。

跨国银行在东部沿海地区的天津、青岛、宁波、厦门等城市的支行网络建设也正在加速进行。

（二）部分外资表现出明显的客户追随现象

部分银行业外资表现出明显的追随客户现象，主要服务对象是来自本国或相似国家背景的外商投资企业。即使我国在2006年底兑现入世承诺，放宽外资银行业务经营范围后，上海的外资银行业务重点仍集中于具有相似文化背景的外资企业。来自日本和韩国的跨国银行总部设在北京和上海，分行主要设在青岛、烟台、沈阳、苏州等日资和韩资企业集中的区域。中国台湾彰化银行在中国的第一个代表处在江苏昆山，为当地聚集的600多家台资制造企业提供服务。

---

⑩ 世华财讯，http://biz.caixun.com/content/20111101/NE030skt.html 2011-11-09.

⑪ 中国银行业协会网站，http://www.china-cba.net/bencandy.php?fid=60&id=7755 2011-07-19.

盛维（2009）对上海金融保险服务业进行了问卷调查，希望获悉影响其区位选择的东道国因素，调查结果表明，金融保险服务业对政府政策服务和经济产业发展水平给予最高关注，其他较为关注的是人力资源。最关注的细分因素是东道国经济在全球的主导能力和便捷的航空服务，与计算机等其他行业相比，金融保险业跟踪客户的重要程度最高。

对上海外资银行的调研表明，外资银行主要服务客户仍是来自其母国的跨国公司。

表 4-10　上海外资银行的信贷行业特点

外资银行	调查年份	信贷行业特点
日本住友信托银行股份有限公司上海分行	2009	主要为日本在华的机械制造业、电子制造业的中小企业提供贷款服务
韩国企业银行上海分行	2009	韩国在华投资企业的中长期贸易融资为其业务重点
韩国友利银行上海分行	2009	韩国在华投资企业的中长期贸易融资为其业务重点
印度国家银行上海分行	2009	印度在华投资企业的贸易融资和普通贷款
澳新集团	2009	主要为企业提供贸易融资、供应链融资、衍生金融工具
比利时联合银行股份有限公司上海分行	2009	为中型中外资企业提供贸易融资、营运资本融资服务
德国北德意志银行上海分行	2009	为德国和北欧背景的外资企业、中资优质客户提供贸易融资等服务
意大利联合圣保银行	2009	提供意大利在华企业的贷款、融资业务
美国银行上海分行	2009	为欧美亚洲大型跨国公司提供贷款服务

资料来源：《2010 年上海金融年鉴》

（三）逐渐向二线城市和中西部发展

2001 年之前，我国对跨国银行国内分支机构设立采取城市准入制度，外资主要集中在东部沿海地区，仅在中西部地区一些较为发达城市出现了跨国银行的分支机构，武汉拥有 2 家，成都、昆明、重庆、西安仅有 1 家。2006 年年底入世过渡期结束，中西部地区外资银行分行数已达到 17 家，成都 7 家，重庆 5 家，西安 2 家，占全国分支机构总数的 10%。2010 年底，外资银行在东北和中西部地区增设 10 家分行，中西部 12 个省区实现了外资银行营业性机构的零突破。

和东部地区相比，我国中西部地区经济发展水平较低，当地中资银行经营管理水平和服务水平均落后于东部发达地区，为了鼓励西部经济发展，国家出台了一系列西部大开发战略，对外资提供了较东部地区更为优惠的政策。因此，跨国银行在中西部的投资不仅可以更充分地发挥其比较优势，获得更为优惠的待遇，更为重要的是，可以从西部开发对资金的大规模需求中获得更大市场份额和更长远的战略资源。但出于谨慎性考虑，目前外资仍只选择中西部地区重要战略城市和中心城市进行投资。

（四）开始进入我国基层金融市场

法人外资银行除了继续在沿海城市发展外，开始将发展方向转向中国的中小企业市场和农村金融市场。我国中小企业数量庞大，是中国市场经济的重要组成部分，有着对金融服务巨大的现实和潜在需求，如果能抢先进入该市场并获得优质客户，将为法人外资银行带来巨大的长期收益。

花旗银行（中国）2004年利用其在贸易融资方面的竞争优势，成立专门负责中小企业业务的商业银行部，开始为中小企业提供应收账款和应付账款融资产品以满足其营运资金需求。渣打银行（中国）专门成立中小企业理财部，建立多条贸易通道，为国内中小企业提供一系列供应链融资服务，提供一些无抵押小额贷款。帮助中小企业制定完善的融资方案，和西部城市一些政府联手共同解决中小企业融资难问题。2010年银监会印发《关于外资银行在所在城市辖区内外向型企业密集市县设立支行有关事项的通知》，允许外资银行在总行或其分行所在城市辖区内外向型企业密集市县设立支行，积极发挥外资银行在县级外向型经济发展中的作用，为外资进入中小企业市场提供了更多的发展空间。

花旗银行（中国）、新西兰银行（中国）开始与我国部分农村金融机构建立合作关系，涉足农村市场。渣打银行（中国）与当地机构合作为农民提供小额信贷，2008年其与中国扶贫基金会合作贷出2000万人民币贷款，在内蒙古成立村镇银行为当地农业和畜牧业的发展提供了资金。汇丰银行（中国）于2007年8月在湖北建立首家外资村镇银行，2009年继续在北京密云、广东恩平、重庆丰都和辽宁普兰店建立4家村镇银行，并在中国农村地区开设3家贷款公司，为外资银行进入我国村镇地区工商业市场奠定了基础。

第五章

银行业外资对中国商业银行的绩效影响

现代银行业在一国经济发展中占据重要地位。它是一国经济发展资金筹集分配的重要中介，降低了一国储蓄向投资转换的成本，降低了企业融资成本和交易成本，在无须增加储蓄率的前提下改善资金分配渠道，改变经济增长路径，最终影响经济增长率。一国金融体系经营效率的高低会影响一国经济增长。

银行业开放和外资的进入对东道国经济发展有着重要意义。一方面，国外资本进入为东道国带来额外建设资金，行业开放带来的激烈竞争提高了银行业经营效率，促进了东道国经济发展。另一方面，如果东道国银行业被外资控制，外资逐利性投资行为未必符合东道国经济发展最佳利益，可能对东道国经济发展造成负面影响。

银行业外资通过直接和间接两种渠道促进东道国经济增长。直接渠道表现为外资对银行业自身发展的影响。首先，外资进入改变了东道国银行业的经营环境，在增加整体银行业资金供给的同时，改变了行业竞争程度和竞争行为，加速了行业内人员流动和技术交流，迫使东道国监管部门提高其监管能力和政策透明度以健全东道国监管体系，为银行发展提供一个良好的经营环境。其次，外资进入改变了东道国本土银行的市场行为。东道国本土银行迫于外资带来的竞争压力，不得不改变其经营行为，通过加强投资，引入新设备和新技术，开发新产品等多种手段提高服务质量，通过完善内部管理水平，提高自身竞争力，以维持其市场份额和市场地位。

最后，随着银行业整体竞争环境的不断改善和自身竞争实力的不断提高，东道国银行业的整体效率得到提高，交易成本不断下降，实现了资金的有效分配，提高了银行业整体竞争力，促进了银行业发展。

间接渠道表现为其对东道国经济发展的其他效用，银行业外资进入后，外资逐利性使得资金流向国内投资回报率较高的客户和行业，改变了国内各行业的发展机会，使得具有更高生产效率的行业得以优先发展；它的进入改善了东道国投资发展环境，吸引更多外资进入，从而促进东道国经济增长。

由于我国银行业外资数量较少，其对国内经济增长的间接影响还难以发挥效用，因此，本书主要讨论银行业外资进入对我国银行业的影响。

在部分学者不断倡导国家对外开放，利用外资促进本土银行发展的同时，另一些学者则认为银行所有权和银行绩效并没有直接因果关系，在我国十几年的银行业改革中，银行业外资带来的技术溢出是否提高了我国本土银行绩效？不同外资进入方式带来的影响是否相同？这些正是本章的研究内容。

本章内容安排如下，首先综述银行所有权与银行绩效关系的研究成果，然后分析影响外资技术外溢因素，尤其是外资进入方式对技术外溢效果的影响，最后实证分析银行业外资对我国银行业绩效变化的影响。

第一节
银行所有权与银行绩效

现存文献中，关于所有权和银行业绩关系影响的研究可以分为两大类，一类主要揭示外资所有权和银行效率之间的关系，另一类则研究外资所有权和银行财务指标之间的关系。国外研究认为，发展中国家银行业效率低的一个重要原因是政府对银行所有权控制和对银行业务干涉扭曲了银行经营目标，因此，大多数发展中国家进行的国有银行金融改革，主要以产权改革和制度建设为手段，加强银行的公司治理能力，以提高银行自身效率为最终目标。Clarke（2005）甚至认为，政府应完全放弃对银行的控制权，让银行业自由竞争，包括外资银行在内的战略投资者可以获得银行产权并对银行业务进行监督管理。然而学者们的实证研究却没有完全支撑这些结论，实证结果也十分矛盾。部分学者的研究认为外资银行经营绩效高于本土银行，但另一些研究成果却发现，银行绩效和外资所有权之间没有必然联系。

一、外资银行经营绩效高于东道国本土银行

许多关于发展中国家银行业的研究表明，外资银行效率高于东道国私营银行，私营银行效率高于国有银行，外资进入明显改善了东道国本土银行的经营业绩。Demirguc - Kunt and Huizinga（1999）是较早研究外资所有权和银行绩效的学者，他们分析 1988—1995 年的跨国面板数据时发现，在发展中国家，外资拥有 50% 以上股权的银行要比本土银行有更好的经营绩效，但在发达国家却是相反。Demirguc - Kunt 认为，在发展中国家，发达国家外资银行可以利用其所拥有的技术优势取得较好绩效，但在发达国家，外资银行不再享有技术优势，反倒在企业信息获取方面有着不可逾越的障碍，因此经营绩效要低于本土银行。Hasan and Marton（2000）考察了匈牙利银行业的情况，发现外资股权占比越高，银行效率越高。Majnoni and Shankar and Vúrhegyi（2003）研究了 1994—2006 年匈牙利的外资银行业绩，发现外资银行可以持续获得高于本土银行的利润率，作者认为这种高利润率来源于外资银行在东道国的持续经营，同跨国并购相比，以新建方式进入的外资银行可以获得更高利润。Baudino and Cavigliaetc（2004）研究了 1993—2002 年进入中东欧国家的外资银行，发现其对东道国商业周期有明显影响，影响了金融领域的稳定性。Berger（2005）对 28 个来自不同地区的发展中国家银行业的研究表明，外资银行的获利能力最高，其次是私营银行，最后是国有银行；成本节约方面，私营银行高于外资银行，两者均高于国有银行。Engerer and Schrooten（2004）研究了 1995—2002 年 8 个中东欧国家的外资银行，发现外资进入完善了制度建设，减少了不良贷款率，但对东道国金融深度的影响及对私营企业信贷的影响并不确定。

Green and Murinde and Nikolov（2004）研究了1995—1999年来自中东欧9个国家的273家银行，结果表明，与本土银行相比，外资银行可以具有较高的利润率和税率，但在规模经济和范围经济效益方面没有大的区别。Bonin et. al.（2005）以中东欧国家银行做样本，发现外资银行最有效率，私营银行次之，最差的是国有银行。Yildirim and Philippato（2007）对转型国家的研究发现，外资银行在成本节约上具有最高效率，但获利低于东道国私营银行和国有银行。

二、所有权与银行绩效无必然联系

并不是所有研究都认为所有权结构是影响银行效率的最重要因素，Berger（2000）认为银行的经营绩效取决于银行对自身优势的发挥。Berger建立了本土优势假设（The Home Field Advantage Hypothesis）和全球优势假设（The General Global Advantage Hypothesis）两个假说用以说明不同所有权对银行业绩的影响。Berger认为，首先，本土优势会导致本土银行获得更多利润。与东道国本土银行相比，外资银行在提供相同金融服务时需要付出较高成本或获得较低收益。导致东道国本土银行获得本土优势的因素包括：较低代理成本、语言差异、文化差异、东道国政府监管结构等。其次，全球优势会帮助外资银行获得更多利润。根据跨国投资理论，外资银行必须具有一定竞争优势才能在东道国市场激烈的竞争中生存，而这些竞争优势是本土银行所不具备的，例如，外资银行所具有的高级技术，更有效率的组织管理结构、更积极主动的公司控制机制和高素质员工。Berger进一步将全球优势细化为整体模式和有限模式，整体模式认为所有外资银行都会在东道国获得较好的经营业绩，有限模式认为只有特定国家的外资银行在特定东道国才可以获利。Berger认为，本土银行和外资银行各有优势，并没有优劣之分，经营绩效的高低取决于银行发挥其优势的能力。

其他学者的研究表明外资所有权对银行绩效没有影响，本土银行和外资银行在获利能力方面没有明显区别。Goldberg and Dages and Kinney（2000）研究了阿根廷和墨西哥两国外资银行对提升本地银行体系健全性的作用，发现是银行体系的健全性，而不是其股权结构，是影响信贷增长和波动的重要因素。股权的作用在于，相对分散的股权有助于提高信贷稳定性。Claessens（2001）对80个国家1988—1995年期间的7500家银行进行了分析，发现外资进入对东道国的金融深度没有明显影响，对增加私人贷款无明显影响，但外资银行促进了东道国制度建设。Crystal and Dages and Goldberg（2002）的研究发现，阿根廷、智利和哥伦比亚外资银行的资本收益率并不高。Mian（2003）发现在贷款方面国内银行比外资银行的获利能力高，但国内私营银行在存款上有较高利息花费，提供银行服务方面有较低收益，总体而言，外资银行和内资银行在获利方面没有明显区别。Naaborg（2004）的研究发现，发展中国家和转型国家更偏向于本土优势，在1995—2000年之间，8个转型国家的外资银行资本收益率比东道国本土银行低，但两类银行经营费用占总资产比率几乎没什么差异。Bhaumik and Dimova（2004）考察了1995—2001年印度银行改革情况，发现2000年以后，竞争和紧张的预算约束使得印度国有银行、私有银行和外资银行之间的差距逐渐消失，所有权因素不是影响银行绩效的重要因素，国有银行不一定是低绩效银行。Bonin and Hasan and Wachtel（2005）研究了1996—2000年间11个转型国家中影响银行效率的因素，他们用资本收益率作为被解释变量测量银行绩效，发现没有明显证据证明外资银行比本土银行更有效率。Robert Lensink（2007）利用1998—2001年73个国家511家银行的数据，检验外资银行和本土银行所有权对税前利润和净利息收入的影响。结果表明，国外所有权对银行税前利润和净利息收入都是负面影响，而且国外所有权对银行绩效影响与东道国的人均收入无关，也就是说，外国股权较低的银行绩效较好，而外国股权较高的银行业绩较差。

Ilko Naaborg and Robert Lensink（2008）利用22个发展中国家和转型国家的外资银行和本土银行数据检验所有权结构对银行绩效的影响，研究发现，外资股权集中度对利息收入和利润都有明显的负面影响，外资股权份额越高，净利息收入越低，利润越低，办公费用也越低，但办公费用的降低不能补偿低收益。一个国家的人均GDP水平或银行业产业集中度并不影响外资股权与银行绩效的相关性，但外资股权比重较高的银行比外资股权比重较低银行的利润率较高。对于负相关，作者认为，一个原因可能是时间区间选择问题，随着时间推移和东道国经济发展，外资银行将失掉其全球优势，另一个原因可能是，母国和其东道国分支机构管理者之间存在着信息不对称，这种信息不对称导致母行只批准风险较低贷款计划，使得外资银行收益较低，或者可能是外资银行以市场扩张为目标，而放弃利润目标。

三、银行业外资对中资银行绩效的影响

中国学者就如何提高中资银行效率曾进行了激烈讨论。以周小川（2003）为代表的学者认为，中国国有商业银行存在所有者缺位问题，需要对其所有权进行改革，并改善国有商业银行的激励机制和监督机制，改善银行公司治理结构，才能解决国有银行低效率和不良贷款等问题。但以田国强（2003）为代表的学者认为，解决国有银行低效率问题的关键是改善银行外部环境，改变政府与企业的关系，实现银行市场的充分竞争，在长期充分竞争中生存下来的银行，无论所有权归属，都会建立与市场竞争相适应的公司治理机构，因此，所有权归属并不是问题的关键。

林毅夫（2003）认为，对于中国这样一个转型国家来讲，国有银行在整个中国宏观经济发展中承担着重要的功能和作用，与单纯提高银行效率相比，金融结构改变和银行金融功能的发挥更为重要，银行应具备的最基本金融功能是：有效动员和筹集资金；合理配置和引导资金；灵活调度和转化资金；分散风险，降低交易成本；实施宏观调控。金融机构的变化和金融工具创新都应该围绕着金融功能进行，机构创新和工具创新的最终目的是提高金融体系功能。

随着外资的引入，外资银行的运营效率及其对中国商业银行绩效的影响成为学术研究的焦点。Chen et. al.（2005）比较了1993—2002年中国四大银行和两个较小规模的股份制银行，发现四大国有银行和较小股份制银行比中等规模股份制银行具有更高的成本效率。Fu and Heffernan（2006）的研究表明，银行成本效率的提高只在银行改革的第一阶段出现。而Kumbhakar and Wang（2005）则发现，管制放松并没有显著提高银行效率。

叶欣（2006）利用我国14家银行1995—2004年间的数据研究外资银行的进入效应，结果表明，外资银行进入并没有打破中资银行低效均衡的状态，但随着中国银行市场竞争条件的改善，外部竞争对本国银行业效率提高的促进作用可能会逐步显现。陈奉先等（2008）利用我国24家银行1999—2006年数据进行检验，发现外资银行进入后，短期内导致东道国银行业利润水平下降，外资银行数量增加和资产份额增加均可以促进中国银行业效率的改变，但资产份额的影响力更大一些。黄中文、秦雯（2009）的研究发现，外资银行在非传统贷款业务领域的"示范效应"提高了中资银行非贷款收益率，外资银行的竞争和示范效应降低了国内银行费用率。

孙兆斌（2009）利用17家商业银行（包括5家国有银行，9家股份制银行和3家城市商业银行）2002—2008年的财务绩效指标和malquist全要素生产率指数分析了外资银行进入对中资银行效率改进的影响，发现引资银行的财务指标得到明显改善，但其全要素生产率还没有明显改进，开放重点应吸引更多外资银行进入中国市场，不需要担心战略投资者的撤资行为。

杜群阳、朱佳钰（2010）利用1998—2007年的数据，利用国内13个银行研究了外资对我国银行业的影响。结果表明，外资银行显著促进了国内商业银行净利息收入率、国内商业银行利润的提升，外资银行的份额作用强于外资银行数量及增长率。但作者认为，国内银行利润率上升和净利息收入率的上升主要来源于我国政府对国内银行强有力的政策支持，我国银行大部分收入来自利息收入，自1999年以来实施扩大存贷款利差政策使得银行从中获益匪浅。

第二节
外资技术溢出效应研究

外国直接投资的技术溢出效应（Spillover Effect）是指跨国公司在东道国的生产经营可以促进东道国本土企业生产经营效率的提高，这是东道国希望从外资得到的最大收益之一。关于FDI与技术溢出关系研究的文献很多，Markusen（1995）指出，无形的技术知识，通过技术秘密、营销技巧、管理技巧、出口联系、与顾客和供应商关系的协调以及声誉等方式传递给东道国，为东道国带来收益。

一、外资技术溢出途径

20世纪70年代，Caves较全面地把外资技术溢出的可能途径分为三类：第一，外资进入降低了进入壁垒较高行业的垄断性，改善了资源配置效率；第二，外资带来的竞争压力或示范效应推动了当地技术效率的提高；第三，内外资企业间的人员流动促进了企业间的技术流动。Levine（1998）认为，外资的进入通过两个渠道影响国内银行效率。第一个渠道是直接的技术转让，外资银行可以为本土银行直接带来新技术、管理技巧、培训项目等提高本土银行的效率。第二个渠道是间接的竞争效应，外资进入加剧国内市场竞争，促使本土银行不得不降低成本，提高利润，提高了银行的整体效率。

联合国贸易和发展会议（UNCTAD，2001）认为水平的技术外溢主要通过三种渠道进行：第一，竞争效应；第二，示范效应；第三，人员流动效应。竞争效应，是指外资进入打破了原有市场垄断，改变了市场竞争格局，东道国银行被迫进行技术革新，以提高劳动生产率，维持原有市场份额以应对市场竞争。示范效应，即非自愿技术扩散为本土企业提供了学习或模仿的机会。外资进入，无论是母行对东道国子行或分行提供的公司治理经验，还是分支机构自行引入的先进风险管理技术、信贷评估服务、业务流程再造、新产品等综合技术，在增强其自身竞争力的同时，也为本土银行模仿或学习先进技术提供了机会，人员流动效应，人力资源的流动是技术溢出的重要组成部分，雇员在企业间流动带动了技术和管理知识的传播，人员流动可以将其在外资企业获得的技术培训、技术秘密、管理经验等带到新企业，帮助新企业获得新型技术。

部分学者的研究将短期竞争效应从技术外溢效应中剥离出来，认为技术外溢对本土企业是正向效应，本土企业将从中获益甚多；而竞争效应则是负面效应，本土企业可能被迫采取措施应对外资的挑战。竞争效应和技术溢出效应之间或存在良性互动，或存在相互排斥。

除了通过上述方式获得技术外溢以外，东道国企业还可以从中外资合作中获取有偿技术转移。实际上，技术的无形性和所有人的保护措施使得通过模仿可获得的技术含量十分有限，难以获得核心技术。为了迅速获得关键技术，本土银行只能通过某种战略合作，成立合资银行，出让股权，签订业务合作协议等契约方式，以金钱、股权、市场、管理决策权等换取关键技术，外资通过当地人力资源开发和培训，派遣高级管理人员，关键设备和软件出售等方式提供技术。与第一类方式相比，第二类的技术溢出水平会较为明显。

二、影响技术外溢效应的因素

本土银行能否从外资技术溢出中获益，一方面取决于外资技术溢出效应的大小，另一方面取决于东道国银行吸收模仿能力、东道国金融体系发展程度、银行市场集中度、一国监管水平等诸多因素。

（一）东道国银行业整体技术水平和竞争激烈程度

东道国银行业整体技术水平在一定程度上决定了外资的技术转移水平，如果本土行业整体技术水平较高，外资企业不得不引入高水平技术以获得竞争优势。如果本土行业整体技术水平不高，本土企业实力弱，外资企业无须努力改进技术，仅凭自身中等技术甚至是即将淘汰技术就可获得竞争优势，本土行业自然无法获得更多技术外溢效应。

本土行业竞争程度也会影响外资转移技术水平。企业创新动力来自利益驱动和竞争压力。市场竞争越激烈，企业创新动力越大，转移技术的水平也越高，本土企业从竞争中获得技术溢出效应也越高。如果外资进入了竞争不充分行业，可能会凭借其技术手段轻易取得行业垄断，限制技术外溢，甚至限制约束本土企业的自主研发活动。Markusen（1995）认为，行业竞争结构是影响 FDI 溢出效应的关键因素，溢出效应随着东道国的竞争度提高而增强，竞争压力迫使本土企业更加努力去获得技术溢出，去学习和模仿外资行为。但当内外资竞争差距相差较大时，没有能力吸收学习新技术，本土企业在竞争压力下无法生存，甚至无法承担获得技术溢出的基本投入，只能退出市场，如果外资不断扩大，最终行业集中度再次提高，行业内无法实现充分竞争，竞争效应亦失效。

值得注意的是，外资进入可以提高东道国特定行业的整体技术水平，但行业整体技术水平的提高并不等于本土企业技术能力的提高，更不等于东道国自主创新能力的提高。一国经济增长最终需要的是本土企业的自主创新能力的提高。如果一个行业技术水平的提高对外资太过依赖，则不利于自主创新能力的培养。

（二）本土企业的自主创新能力和动力

外资技术外溢效果与本土企业的技术消化吸收能力、创新能力密切相关。本土企业的技术吸纳能力和创新动力来自市场竞争压力，也来自企业发展意愿，与企业人力资本水平和研发投入相关，企业自主创新能力越强，从技术外溢中获得的收益越大。

Cohen and Levinthal（1989）首次提出了吸收能力（Absorptive Capacity），它是指企业对于外部信息识别其价值，并吸收应用于商业终端的能力，是指企业具有认识、学习、掌握新知识、新技术的能力，并能将其纳入生产经营管理，有效应用新知识的能力。本土企业的研发可以提高企业对外来技术的吸收模仿能力，客观上增强外部技术的扩散能力。对于企业而言，是“企业的吸收能力”。赖明勇和包群（2003）将吸收能力划分为三类：第一类是基于技术能力的吸收能力，企业现有技术能力和研发投入对外资技术溢出效应起关键作用；第二类是基于人力资本的吸收能力，只有人力资本存量足够丰富时，东道国才能较好地吸收外资的技术溢出；第三类是扩展的吸收能力，包括金融市场效率，产业关联效应、经济开放度、知识产权保护等因素亦会影响企业的吸收能力。

技术差距理论（Technological Gap Theory）认为，技术落后国家对先进国家的技术模仿成本要远远小于技术创新成本，初始技术越落后，技术模仿回报越高。但如果技术差距过大，落后国家缺乏模仿和学习技术的能力，从而无法从技术转移中获益。发展中国家和发达国家的技术差距过大可能导致本土企业自身没有足够技术能力获取技术溢出正向效应。技术差距过大时，本土企业不得不寻找新的生存空间，通常情况下，外资企业占据高端市场，本土企业占据低端市场，形成了对本土企业的市场挤出，增加了技术外溢难度。因此，对于双方技术差距较小的行业，培育或创造一个有效的竞争环境，有利于技术外溢。对技术差距较大行业，应采取措施帮助本土企业成长，尽快缩小与外资企业的能力差距。当跨国银行技术外溢促进本土企业技术进步并缩小双方技术差距，为了维持其竞争优势，跨国银行不得不引进或开发更先进的技术，导致新一轮技术外溢，此时，跨国银行的技术投资和本土企业自主创新能力形成相互促进发展的螺旋式上升。

相对来讲，大企业具有更大的资金规模、市场份额和竞争能力，在外资进入后，可以凭借较强实力进行市场抗衡，有足够资金加大研发投资开发新产品，同时可能要付出更大的改革成本和时间。虽然小企业可能是被外资最先挤出市场的经营者，但由于小企业没有旧制度和原有技术约束，可以迅速实现业务转型，技术渗透也较为便捷，亦有可能成为竞争的幸存者。

（三）人力资本质量和流动

人力资本（Human Capital）是指人们在学校教育、培训、医疗保障、信息取得等方面投资形成的资本，它是对生产者进行培训教育、职业培训的支出，最终体现为蕴藏在劳动者身上的各种生产知识、劳动技能、管理技能和健康素质的存量总和。人力资本作为一个重要生产要素，是实物资本、劳动力和知识技术的结合，在参与生产过程中表现出不断积累和更新的特征，具有明显的规模经济效应。

作为知识和经验的重要学习者、创造者和传播者，人力资本是技术外溢的重要渠道。较高的人力资本质量意味着较强的创造能力和学习能力，人力资本在外资银行和东道国本土银行之间的流动是技术溢出重要传播渠道。跨国公司向东道国转移技术的水平受到当地熟练劳动力和管理人员可获得因素的制约，当劳动力素质与跨国公司需求相差太大就会阻碍技术溢出效应的发挥。

Borensztein and Gregorio and Lee（1995）构建了包含人力资本和 FDI 的内生增长模型，研究发达国家对 69 个发展中国家的技术溢出效应，发现

FDI 对东道国经济促进作用与东道国人力资本相关，FDI 流入并不直接导致技术外溢发生，只有当东道国人力资本临界值达到一定数值后才会发生实质性影响。王志鹏、李子奈(2004) 的研究同样发现，FDI 在我国的技术外溢具有明显的人力资本特征，必须跨越一定的人力资本门槛效应才能从 FDI 中获益。

Prasad et. al. (2004) 的研究则发现，外国直接投资对东道国经济增长的影响取决于发展中国家的人力资本水平及全要素生产力与资本输出国之间的差距。如果东道国的人力资本水平超出"阈值"，外国投资就可促进该国经济的增长，如果东道国生产力水平与资本输出国的技术差距较小，则可以减轻技术外溢的难度，技术外溢效果更为明显。

(四) 外资在东道国的市场份额和地理分布

技术溢出效应中的模仿作用是通过本土企业对跨国公司产品与技术的模仿实现的，竞争作用是通过跨国公司的技术水平影响了本土企业竞争状况而实现的。这两种技术溢出方式效应的大小与跨国公司在当地市场的份额和地理分布有关。如果外资市场份额过少，或其地理分布与本土企业处于隔绝状态，则无法对本土企业造成影响或威胁，技术溢出效应亦无法通过示范、竞争和人员流动传递给东道国企业。美国学者 Keller 的研究指出，技术溢出具有局部性，溢出效应随着地理距离递减。我国学者近一步通过研究验证了如果在人力资本水平较低的情况下，本土企业距离外资企业越近，业务联系越频繁，技术外溢效果越好。

第三节
银行业外资进入方式、技术外溢与银行绩效

对于跨国银行来讲，不同的进入方式意味着不同的企业控制权，控制权的大小会影响外资企业转移或使用新技术的意愿和能力。对于东道国来讲，银行业外资的进入方式与其技术外溢方式、东道国本土银行绩效提高有着密切关系。

一、进入方式与技术外溢水平

当跨国银行具有技术、知识、管理和营销技能方面的垄断优势时，倾向于绿地新建，如果技术扩散可能性较大时，跨国公司会尽量以独资或控股方式进入东道国，选择新建方式获得企业控制权减少技术泄露可能性。另一方面，由于企业愿意在跨国新建、独资控股企业中使用更多的先进技术，客观上增加技术溢出可能性。

但独资或控股方式并不意味着跨国公司将在东道国使用最先进的技术。作为垄断竞争市场的技术拥有者，跨国公司希望尽可能延长其技术生命周期，尽可能从其所拥有的技术中获得最大利益。因此，跨国公司在东道国使用的技术只是“适用的技术”，即与东道国经济发展水平、整体行业发展水平相适应，或稍高于整体行业技术水平的“适用技术”。即使外资企业技术水平不断提高，独资企业也会采取较为严格的管理措施，由外方人员掌握着技术核心，防止与技术相关的各种生产要素的流动，未必会对本土企业技术水平的提高起到促进作用。

如果跨国公司与东道国企业技术差距较大，技术扩散机会成本较低时，跨国公司会选择合资或少数股权方式。此时，外资无法获得企业控制权，亦不太可能提供最新技术，但东道国人员与外国同行的接触提供了更多的学习交流机会，本土合作伙伴可以学到许多缄默型技能，技术外泄可能性较大，因此，本土合资伙伴获得较高技术的可能性较小，但可以获得一些缄默型技术。

二、进入方式与技术外溢传递渠道

不同的进入方式决定了不同的技术外溢渠道。

绿地新建外资银行是一个独立实体，它通过市场竞争、示范效应和人员流动产生技术外溢效应。外资银行进入增加了行业内银行数目，新的外来竞争者采用更加先进的技术和产品争夺国内客户，强化了行业内竞争程度，本土银行不得不加大其技术投资，以获取先进技术，或改进其服务质量，提高生产效率以维持市场地位和市场份额；另一方面，本土银行可以通过模仿外资银行新产品进行创新，最后，经过外资银行培训的人员流动可以带动知识的传播。

合资和少数股权情况下的技术外溢渠道稍显复杂。首先，根据引资协定，外资必须提供特定的技术和管理经验的转让，派遣相关人员参与企业管理，对参股银行的人员提供培训，直接的技术转让、人员参与和人员培训带来了正向的技术外溢效应；其次，以少数股权进入的外资没有引起行业内银行数目的提高，但如果外资提高了参股银行生产经营效率，亦会加剧行业竞争程度，但行业内企业数量变化和企业生产效率提高带来的竞争后果有所不同；最后，银行间人员流动亦会带动知识传播。

三、进入方式与本土银行绩效

不同的进入方式对本土银行绩效影响不同。

以绿地新建方式进入的外资，短期之内可能会造成东道国本土银行经营成本的提高和经营业绩的下降。在市场集中度方面，绿地新建外资在进入初期，由于银行数目的增多和竞争的加剧，可能会改善市场集中度，改变市场竞争结构。而长期效应则有一定的不确定性，如果本土银行在与外资竞争中，无法获得技术外溢效应被迫退出市场，外资进入严重损害了本土银行利益，市场集中度将再度升高，外资可以获取垄断利润。如果本土银行通过竞争、模仿和人员流动可以提高自身经营效率，外资进入提高了本土银行的经营绩效，这是东道国引资的最佳结果。

以少数股权进入的外资在短期之内可以带来被参股银行经营业绩的上升，参股银行绩效的改进形成了对无外资参股银行的竞争压力和示范作用，长期竞争的结果可能会导致银行业整体效率的提高，或者导致无外资参股银行竞争实力的下降。少数股权进入的外资虽然无法改变市场银行数目，但参股银行效率的变化亦会影响银行市场结构。

学者们研究了银行业外资不同进入方式对本土银行绩效的影响，Goldberg（2004）在他的文章中研究了金融业 FDI 的技术转移效用和提高劳动生产率的功能，认为在金融业 FDI 的研究中，学者们更多地使用了“效率提高（Efficiency Improvement）”而不是“劳动生产率提高（Productivity Improvement)”来表达 FDI 溢出效应。

Martinez Peria and Mody（2004）研究了并购和绿地新建对拉丁美洲国家银行的影响，研究结果表明新建方式进入的外资银行的利差明显低于并购银行。Claeys and Hainz（2006）、Van Tassel and Vishwasrao（2007）分析了不同的银行业外资进入方式对国内银行业的影响，其结果都表明绿地新建导致更多的竞争和较低的市场利率。Havrylchyk（2006）比较分析了进入波兰的外资银行与本土银行的绩效变化，发现外资子行和分行经营绩效远高于本土银行和并购进入的外资银行。Sengupta（2007）将东道国的信息优势和外资银行的再融资优势融入一个理论框架，找出外资银行的市场细分格局，他的分析指出，外资银行倾向于为大公司提供信贷，较强的法律保护可能克服外资银行的信息障碍，外资进入模式会影响信息在各大银行间的分享，并最终影响东道国银行业的竞争程度。Haas and Van Lelyveld（2010）等人研究了外资机构对东道国信贷的稳定性影响，发现以新建方式进入的外资在东道国危机时期保持了信贷稳定。

Maria Lehner（2008）建立模型分析了不同的外资进入方式短期内的技术溢出效应和竞争效应对东道国银行业的影响，他认为开放初期，并购进入给东道国银行业带来了中等程度的竞争，会改善贷款分配，而新建增加了竞争，导致贷款利率下降，市场份额下降，使得本土企业既没有资金，也没有动力进行创新。随着自由化进程的加深，东道国政府应当鼓励外资以绿地新建方式进入。对于一个银行业发展程度较低，金融产品差异化程度较小的东道国来讲，应倾向于允许外资以新建方式进入，而银行业发展程度较高的东道国，应倾向于允许外资以并购方式进入。作者认为，在开放初期应鼓励外资以新建方式进入，在银行业发展到一定程度时，可以鼓励外资以并购方式进入，到了开放后期国内银行业高度发达时，应再次鼓励外资以新建方式进入。毫无疑问，不断增加的竞争压力会提高东道国的福利水平，但两种进入方式对东道国的福利的影响是不确定的，主要取决于东道国金融产品差异化的程度。当竞争压力较小且银行数目减少时，溢出效应会提高东道国的经济福利，如果东道国银行业内具有较高的竞争压力，较低的溢出效应和不断增加的银行数量，为了增加东道国福利，应倾向于鼓励外资以新建方式进入。

Maria 模型的另一个惊人发现是，金融发展的溢出效应通常被高估，如果外资溢出效应越高，本土银行在资金有限、竞争加剧的情况下，未必会通过主动创新投资去获得技术，只需要借助外资溢出效应就可获得技术进步，未投入创新的资金可用于借贷获得利益，长此以往会使得本土银行自主创新能力降低，对东道国经济甚至产生负面影响。

Ngoc – Anh Vo Thi（2009）分析了分别以绿地新建和并购方式进入捷克、匈牙利和波兰三个国家的银行业外资对东道国本土银行的利润率、运营成本和经营成本的影响，结果表明，在银行业对外开放早期，绿地新建对本土银行绩效的提高起到了非常有限的作用，相比之下，并购进入的外资在本土银行绩效的提高上起到了非常重要的作用。但作者亦同时指出，文章研究对象中新建银行在其早期进入东道国时，其经营活动范围受到一定限制，溢出效应有限，而并购进入银行有更多的机会获得本土业务。

Igran Poghosyan and Arsen Poghosyan（2010）分析了在中东欧国家不同所有权银行的经营业绩，结果发现，绿地新建银行具有最高的成本效率，远高于被并购银行和本土银行，被并购银行在并购初期经营绩效下降，但随后几年内逐渐升高，但相对来讲，被并购银行市场影响力小于绿地新建银行和本土银行。

第四节
实证模型

目前关于我国银行外资对中国商业银行绩效影响的研究基本可以分为两大类：一类是将外资银行作为独立外生变量，将国有商业银行、股份制银行和城市商业银行视为同质企业，研究外资进入对其绩效的影响，另一大类则主要以获得国外战略投资者的银行为研究对象，研究战略投资者对引资银行绩效变化的作用。笔者认为这两种研究方法略有欠缺。

第一，引资银行市场地位不同，引资绩效不同。到 2010 年底，中国银行金融机构共有法人机构 3769 家，营业网点 19.6 万个，主要由几大类银行组成，包括 3 家政策性银行，5 家国有控股和国有商业银行，12 家全国性中小股份制商业银行，147 家城市商业银行，85 家农村商业银行，223 家农村合作银行，2646 家农村信用社，40 家外资法人机构等。虽然机构众多，但资产仍集中在少数银行手中，2010 年底，5 家大型商业银行资产占银行业机构总资产的 49.2%，股份制商业银行占比为 15.6%，城市商业银行占银行业总资产的 8.27%。银行市场地位不同，经营区域不同，经营实力不同，存在明显的异质性，影响其业绩的因素并不相同，国有商业银行利润获取可能更多地来自其对资源的垄断，股份商业银行的利润可能来自其业务创新和特定市场的开发，城市商业银行利润可能来自于当地政府的关联和所在区域的经济发展需求。位于不同区域的银行，面对外资进入带来的竞争效应并不相同，战略投资者的影响亦不相同，目前引入战略投资者的银行包括 4 家国有商业银行，10 家股份制银行和 20 多家城市商业银行，引资银行的特性，引资银行所在区域都会影响外资对其业绩的影响程度。

第二，短期之内外部竞争效应和内部技术溢出效应并存。由上文分析可知，短期之内外资进入方式不同，其技术溢出效应结果亦不同。对于引入战略投资者的银行来讲，外资对其绩效的影响是双重的。一方面，法人外资银行的建立和外国银行分行的进入增加了市场上银行的数量，提高了市场竞争程度，迫使中资银行不得不加强其资本投入，提高其经营绩效。另一方面，战略投资者的引入会为其带来先进管理经验和先进技术，改进其公司治理制度，通过合作引资银行可以得到更多的技术溢出效应。如果只是单纯考虑战略投资者对银行业绩的影响，就忽略了独立外资机构对其的影响。而对于这些银行来讲，到底是哪种引资方式对其绩效影响更为显著，正是本书试图找出的答案。

第三，样本银行只注重引入战略投资者的银行。大多数的研究只选择了引入战略投资者的银行为样本，而忽视了那些没有引入战略投资者的银行。实际上，许多没有引资的银行的经营业绩并不比引资银行差。对那些没有引入战略投资者的银行，则面对着双重竞争，不仅要面对以绿地新建方式进入的法人外资银行和国外分行，还要面对引入战略投资者的本土银行的竞争。同时，外资进入带来示范效应和人员流动效应会给所有的本土银行带来正向的溢出效应。

因此，本书在研究银行业外资对中资银行绩效的影响时，首先将银行分为两大类：第一大类是国有商业银行和股份制银行，5 家国有商业银行，12 家股份制银行中，这类银行经营时间较长，网点遍布全国各地，资产占我国银行总资产的 65.8%，其中有 11 家银行为上市公司，样本中多数银行已引入战略投资者。这些银行经营实力较强，业务较为广泛，是外资银行的主要竞争对手，其与银行业外资的竞争亦是全方位的。第二大类是城市商业银行，这些银行经营区域有限，主要以服务地区经济为主，成为外资参股的主要目标，亦成为外资在国内进行扩张的主要手段之一。样本中既包括外资参股的银行，也包括无外资参股的银行。

研究银行绩效的文章基本使用两种方法测度银行绩效。一种是利用 DEA 或 SFA 的方法估计收入效率、成本效率或 X 效率指标，另一种方法是利用财务指标进行研究。

数据包络分析法（DEA）是 Charnes（1987）提出的一种衡量全要素生产率变化的非参数估计方法，该方法得到了数学的严格证明，不仅对样本容量的要求较低，对生产函数也没有具体形式要求，避免了由于假定生产函数导致的误差。它的基本思路在于通过适当的线性规划方法得到样本中绩效最好的生产单位，以其投入产出水平作为潜在最大产出或最小投入水平，通过对比各单位的实际产出与潜在产出之间的距离确定各生产单位的生产率，找到最有效率的部门，及各部门间的差距。DEA 通过计算利润最大化确定利润效率，或是通过计算成本最小化确定成本效率。此时，DEA 下的银行综合效率等于银行在当前产出水平下的理想最低成本与实际成本之间的比率，但 DEA 方法无法直接观察各基础变量变化，因此，本书选用财务指标衡量银行绩效。

另一大类方法是利用财务对银行绩效（Performance）进行研究，通常采用的指标包括：资产收益率（ROA）、净资产收益率（ROE）、总资产收入率、利息收益率、非利息收益率、净利差、税前利润率、管理费用率、收入利润率等。这些会计指标被广泛用于衡量银行业绩，但也存在一定的局限性，会受到不同会计处理方法的影响。

为了加强对我国银行的监管，银监会在2002年底推出了CAMELS体系，从资本充足率、资产质量、管理能力、盈利能力、资产流动性、敏感性六个方面对银行业务活动进行监管。2010年初，在推进《巴塞尔协议》II、III同步实施中，银监会探索创立了一个全新的监管体系，新体系包含：资本充足性（Capital Adequacy）、贷款质量（Asset Quality）、大额风险集中度（Risk Concentration）、拨备覆盖（Provisioning Coverage）、附属机构（Affiliated Institutions）、流动性（Liquidity）、案件防控（Swindle Prevention control）七大项指标，其英文首字母结合为“CARPALS”，该监管指标体系又称为“腕骨监管指标体系”。新体系具体涵盖资本充足率、杠杆率、不良贷款率、不良贷款偏离度、单一客户集中度、不良贷款拨备覆盖率、贷款拨备比率（拨贷比）、附属机构资本回报率、母行负债依存度、流动性覆盖率、净稳定融资比率、存贷比、案件风险率等13项具体监管指标，成为银监会监管工具箱的主要内容。

本书根据银监会监管体系，从中选取几个指标作为衡量银行业绩的主要经济指标，实证公式如下：

$$P_{ij} = \sum \alpha_{ij}\text{Foreign}_{ij} + \sum \beta_{ij}X_{ij} + \sum \delta_{ij}Y_{ij} + \varepsilon_{ij}$$

其中，P_{ij} 表示银行绩效，Foreign_{ij}表示银行业外资，X_{ij} 表示样本银行的经营能力，Y_{ij} 表示宏观因素。

外资因素中，本书将绿地新建外资银行进入和战略投资者因素同时放入实证公式进行回归分析，试图找出到底是哪种外资进入方式对我国银行绩效的影响更为显著一些。外资的技术外溢渠道包括竞争效应、示范效应和人员流动效应。遗憾的是，由于时间和能力有限，目前文献中还没有找到好的代理变量明确区分竞争效应和示范效应，对于人员流动效应，本书试图采用历年外资银行人员占中国商业银行从业人员比例表示，由于外资机构较少，外资机构的员工人数在我国银行业从业人员中所占比例较小，2003年占比只有0.3%，2007年达到最高值为1.16%，而且数据只截止到2003年，无法再向前追溯，如此小的比例是无法通过人员流动实现技术外溢的，且由于目前外资银行的收入水平和福利水平明显高于中资银行，大部分具有丰富工作经验和客户资源的人力资源由中资银行流入外资，技术溢出效应很可能为负，因此，最终只能放弃了 HR 变量，本书所能得到的只是三种技术外溢渠道的综合性结果。本书使用外资银行在我国银行业资本中所占比重（LFA）和外资银行数（LFM）表示以绿地新建进入的银行外资规模，其回归系数表示其资产或数量的变化对中国商业银行绩效的影响。以战略投资者进入的外资分别用 FD、FS 表示外资进入程度，这些变量在实证中交替使用，试图找出效果最为显著的溢出效应。

各变量详述如下：

Classens（2001）的经典文章中分别研究了外资银行数量和资产的变化对东道国银行的绩效影响，并表明，数量变化带来了更为显著的影响。国内学者也采取了类似的研究方法，因此，本书分别使用两个变量测试绿地新建外资对国内银行绩效的影响。

（1）LFA：Foreign Bank Assets：以历年外资银行的资本总量表示绿地新建银行的资本规模。数据来源于各年的《中国金融年鉴》，并将其按当年汇率换算成人民币并取对数后进行回归。

（2）LFM：The Number of Foreign Bank：以历年进入我国的外资银行数量表示绿地新建银行业外资规模，该数据来源于各年的《中国金融年鉴》和历年的《中国银监会报告》，数据处理时对该值取对数后进行回归。

对于战略投资者，学者们争论的热点之一就是，战略投资者对引资银行业绩的影响是否与其所持股份有关，是否持有股份越多，引资银行的绩效改善越大。本书将战略投资者设为两个变量，一个是其投资股份，一个是 dummy 变量，分别代入公式，看到底哪个变量更为显著。

（3）FS（Foreign Shares）：对于引入战略投资者的银行，在其引资次年及以后各年，用其引资比例表示该银行引资程度。无外资进入时，标识为“0”。

（4）FD（Foreign Dummy）：对于引入战略投资者的银行，在其引资次年及外资存在的年份时 FD = 1，无战略投资者进入时表示为 FD = 0。

本书从五个方面度量了外资进入对本土银行的绩效 P_{ij} 的影响。

（一）利润率

利润率是衡量银行绩效的重要指标，它是银行资产管理能力、风险应对能力和竞争实力的综合反映。通常银行的盈利能力通过 ROAA 和 ROAE 指标反映。ROAA 反映了银行资产的获利能力，ROAE 则反映了资本的获利能力，然而 ROAE 忽视了高杠杆率带来的风险和由监管造成的融资杠杆的限制，数值可能会由于银行资本规模的不同，不能准确地反映获利能力，因此，ROAA 是最为适用的指标。NIM（Net Interest Margin）则从银行净利息收入角度反映了银行获利能力。由于我国银行仍集中于传统的借贷业务，所以 NIM 亦是一个较为适用的指标。

（二）成本

本土银行的经营成本随着外资进入的时间会发生一定的变化。外资进入初期，面对外资竞争，本土银行不得不提高其资本投入，购买先进设备，加强对员工的培训，甚至要扩充网点以维护其市场份额。随着本土银行竞争实力的加强，银行经营效率的提高，其成本投入比率亦会降低。本书使用 CI（Cost To Income Ratio）成本收入比，测度银行的经营效率，比率越高，意味着效率越低，对银行绩效有着负面影响。

（三）非利息收入/创新能力

非利息收入是指由非借贷行为引起的收益，包括投资银行收益和中间业务费用等。由于中资银行原来主要集中在传统借贷行为，非利息收入占其利润比例很小，而外资银行的竞争优势却主要集中于此，PWC 连续三年的报告表明，进入我国的银行业外资主要集中于这些新兴业务部门，包括信用卡、资金管理、证券交易、贸易融资等领域。外资在国内开展的新兴业务会通过竞争效应、示范效应和人员流动迫使中资银行进入这些新兴业务领域。本书用 OIA（Other Operating Income/Average Assets）表示各银行的创新能力。Binxu（2008）研究表明，外资进入和本土银行的非利息收入的增加呈显著正相关，银行业外资存在着溢出效应。

（四）资本充足性

充足的银行资本可以缓冲贷款损失带来的负面影响，保证银行资本流动性，保证银行正常运营。按照我国银监会规定，核心资本充足率不得低于 4%。本书使用 tier 1 capital 表示中资银行资本充足性。由于部分银行数据缺失，tier 1 capital 只能使用非平衡面板数据进行回归，有一定的效率损失。

（五）资产质量

银行资产主要由贷款、证券投资、现金和其他应收款组成，贷款是资产的最重要组成部分，也是创造银行利润的主要来源。银行的贷款损失、坏账损失率、不良贷款拨备覆盖率、贷款拨备比率（拨贷比）等比率可以用来测度银行资产质量。其中，NPL 即是直接表示各银行不良贷款率主要指标之一。本书使用 NPL 表示银行资产质量，该回归亦是非平衡面板数据回归。

此外，本书回归中使用的宏观因素包括：

PGDP：人均国内生产总值。一国银行机构业绩水平与国内整体经济发展水平密切相关，国内经济增长越快，银行盈利机会越多，其可以在获取较大利益的同时保持较低坏账率。本书使用人均 GDP 总值表示国家经济发展水平，取对数后进行回归。

INF：年通货膨胀率，以每年消费者价格指数增长率表示。通货膨胀率和银行收益之间的关系并不确定。一方面，高的通货膨胀率通常意味着较高利率和较高收入，可以提高银行收益。但另一方面，通货膨胀率可能会导致较高的违约率，如果银行没有正确预测通货膨胀对其业务的影响，利率变化无法适应通货膨胀率变化，可能会导致银行成本增幅大于利润增幅。

INTRATE：利率差，以样本期限间每年的一年存贷款利率差表示。对我国许多银行来讲，巨额利差收入是其巨额收入的主要来源。

以上数据均从 World Bank 数据库中得到。

影响银行经营业绩的因素不仅包括宏观因素，也包括银行自身的经营能力和经营水平，银行自身的经营能力和水平越强，其对外资技术溢出水平的影响越强。

本书可能使用的，表示银行经营能力的变量为：

LTA：总资产的自然对数。此为银行规模的代理变量，银行是需要实现规模经济的企业，企业规模越大，其生产成本越低。当然，许多生产效率高、规模较小的银行亦可获得较高利润。

EA：股权在总资产中的比例，银行拥有较高的 EA 比例，一方面意味着银行资本金来源充足，但同时也意味着银行经营策略有些过度谨慎，但较低的 EA 比率则意味着银行可能存在流动性不足问题，该比率主要测度银行止损能力。

NLA：贷款金额在总资产中的比率。高比率意味着银行可能会获得较多的利息收益。然而，高比率也会减少银行的流动性，增加了违约风险，因此，其对银行绩效的影响是不确定的。

NIM：净利差收入。

DL：Dummy 变量，当 DL =1 时，表示该银行为上市银行，DL =0 时，表示该银行为非上市银行。

DB：Dummy 变量，DB =1 时，表示该银行为四大国有商业银行，DB =0 时，表示该银行为股份制银行。

大部分数据来源于 Bankscope，这是世界上最完善的银行业数据库。如果该数据库的数据并不是很完善或存在可疑数据，作者将 Bankscope 的数据和中国金融年鉴的数据进行了核对比较。大部分银行采用了中国会计制度，只有上市银行的会计制度使用了国际会计标准。由于中国的会计制度是以国际会计标准为基础建立的，使用这两种会计制度的银行财务报表数字并没有实质性差异。

第五节
外资对国有银行和股份制银行绩效的影响

国有控股商业银行是我国整个金融体系的核心，在我国经济建设和金融体制改革中发挥着举足轻重的作用。五大国有商业银行在我国银行体系中所具有的战略地位是其他银行无法替代的，而其所占有的资源也是其他银行无法获取的。它们在我国银行业的批发零售市场上具有一定的垄断定价权，长期的专业化分工使得某些银行在某些领域具有其他机构不可比拟的优势，例如建行在大型项目上的优势，中行在外汇业务方面的优势；这些银行拥有的优质和高端用户是其利润的主要来源。在自主经营的同时仍要承担部分具有行政色彩的任务，由于其在经济发展中的重要作用，国有银行基本上属于“太大而不能倒”的银行。

股份制银行在我国银行业亦扮演着重要角色，其银行规模小于国有控股银行，也不具有垄断定价权，但其业务网点遍布全国重要城市，经营模式比较灵活自由，无须承担太多行政任务，凭借其灵活战略获得了较好的经营业绩，虽然这两类银行各具特色，但由于他们的经营环境、经营区域和所面临的银行业外资竞争环境是相似的，因此，本书将其放在一起进行实证分析。本书所分析的样本银行包括 1999—2010 年的五大国有商业银行，九个股份制银行的经营数据：中国工商银行、中国银行、中国建设银行、中国交通银行、中国农业银行，招商银行、光大银行、民生银行、华夏银行、中信银行、上海浦东银行、深圳发展银行、广东发展银行和兴业银行。由于恒丰银行、浙商银行和渤海银行经营时间较短，数据有所欠缺，将其从样本中去除。⑫

一、国有商业银行的战略投资者

国有商业银行的全国网点分布、在某些市场的特定竞争优势，长期拥有的优质高端客户、国家的隐形担保成为其应对银行业外资竞争的有力武器，也成为吸引战略投资者的重要因素。虽然对这些银行的投资不可能实现股权控制，但却可以成为熟悉中国银行市场、了解竞争对手、并从投资中获利的有力途径。

2000 年初，我国银行业开始国有商业银行股份制改革，工行、中行、建行、交行四家大型银行经过 3 年左右的时间，完成了股份制改造、引进境外战略投资者、海内外公开上市等重要改革事宜。

中国建设银行于 2004 年开始进行股份制改造，中央汇金投资公司成为第一大股东。2005 年 6—7 月，建行分别与美国银行、新加坡淡马锡公司签署了战略投资合作协议，美国银行承诺首期投资 25 亿美元购买 9% 的建行股份，在建行海外上市时再认购 5 亿美元股份，建行同意其将来可以增持股份到 19.9%。自 2005 年以来，美国银行在零售业务、信息技术、电子银行、全球资金服务等方面为建行提供协助，到 2010 年 4 月底，建设银

⑫ 由于中国农业银行情况比较特殊，因此，在图形比较中引入农业银行数据，但在回归分析时剔除了农业银行。

行与美国银行累计完成41个协助型项目、31个咨询型项目、233个经验分享项目，美国银行有超过1550名专家参加了战略协助，建行有43名中层管理人员赴美跟岗培训，近3900名员工接受了美国银行提供的各类培训。使得建行个人业务网点服务和销售流程全面优化，差别化服务水平明显提高，加快了中小企业产品和服务创新。[13] 淡马锡公司亦在财富管理、投资银行、风险管理等方面提供相关咨询和培训。

2004年中国银行开始公司改制，2005年8月开始引入苏格兰皇家银行、淡马锡、瑞银集团和亚洲开发银行等战略投资者，并根据各战略合作者的优势确定合作具体项目，与苏格兰皇家银行在信用卡、财富管理、公司业务、财产保险、风险管理、财务管理等方面进行合作，与亚洲开发银行、淡马锡在公司治理、机构重组、信息技术、国际结算、贸易融资、中小企业管理等方面进行合作。与瑞士银行在投资银行业务、市场风险管理、资产组合管理方面进行合作。

2005年中国工商银行股份有限公司成立，2006年工商银行和高盛集团、安联集团和美国运通公司签署了战略投资合作协议，在公司治理、风险管理、资金交易、银行保险、银行卡、投资银行业务等方面进行合作，并取得较好成效。高盛集团为工行公司治理提供咨询指导服务，协助工行开展风险战略研究、信用压力测试、市场风险价值计量、财务控制、客户风险管理等项目，在人民币衍生产品、外汇期权产品等金融产品创新方面展开合作。同时，工行与美国运通公司联手推出牡丹运通卡；与中德安联人寿保险公司开展银保代理方面合作，建立了网上保险、电话保险销售模式，构建多渠道保险销售网络，银保业务量大增。

交通银行引入汇丰银行投资后，于2005年以15.2倍市盈率，205倍的认购倍数在香港成功上市。双方的战略合作也全面展开，不断讨论战略合作发展方向和重大事项。汇丰派高级管理人才参与交行日常运作，先后提名五位董事任职，提高了公司管理层的决策科学性。在国际银团贷款、贸易融资、资本管理、债券基金、信用卡业务合作中成效卓著。

回顾这些事实，可以发现，战略投资者的进入帮助国有商业银行实现了

---

⑬ 2010年4月建行网站《银行战略合作的典范——中国建设银行与美国银行战略合作纪实》。

企业改制，并帮助其成功上市进入海外市场。业务实践中，投资者提供了较多技术、设备和管理经验，帮助其开发了众多新产品，进入新的业务领域。

表 5－1　国有商业银行与境外战略投资者的合作

中资银行	境外战略投资者	外资签约时间及股权比例	合作内容
中国建设银行	美国银行	2005 年 6 月投资 25 亿美元，获得 9.10% 股权，174.8 亿股，建行上市时增持到 19.90%，2008 年以来多次出售股份，目前持股仅 1%。	合作期不少于 7 年，15 名董事会获 1 个董事提名权，派遣 50 名咨询人员。在风险管理、公司治理、信用卡、个人银行、全球资金服务、信息技术等领域提供战略协助。美洲银行撤出其在中国内地的零售业务，保留公司业务，在中国仍可以开设分支机构。美洲银行拥有 5 年半期权。
	益嘉投资有限责任公司	2010 年入股，获得 0.34% 股权。	—
	新加坡淡马锡	2005 年 7 月投资 14.66 亿美元，获得 6.04% 股权，2010 年底全部出售。	获 1 个董事提名权，在公司治理、资金交易、中小企业和国际融资等领域提供协助。承诺在建行上市时再投资购入价值 10 亿美元的股票。
中国银行	新加坡淡马锡	2005 年 8 月投资 15.25 亿美元，获得 5% 股权，后增资到 31 亿美元，获 10% 股权，104.7 亿股。	提名 1 个董事，协助中国银行提升公司治理、发展人才资源和科技基础。（财务投资者）
	苏格兰皇家银行	2005 年 8 月投资 31 亿美元，获得 10% 股权，107.7 亿股。2010 年出现减持。	提名 1 个董事，在信用卡、理财、公司业务以及个人财产保险业务、公司治理、风险管理、财务管理、人力资源管理以及信息技术等营运基础设施领域合作。锁定投资三年。
	瑞士银行集团	2005 年 9 月，投资 5 亿美元，获得 1.66% 股权，3.38 亿股，2010 年出售股份。	—
	日本三菱东京日联银行股份有限公司。	2010 年入股，获得 0.19% 股权。	—
	亚洲开发银行	投资 7500 万美元，获得 0.24% 股权，5067 万股。	—

续表

中资银行	境外战略投资者	外资签约时间及股权比例	合作内容
中国工商银行	高盛集团	2006年4月，投资25.822亿美元，获得7%股权，164.76亿股。2010年减持。	提名1名董事，提供技术协助、咨询和员工培训，在资产管理、公司与投资银行、金融创新业务及不良贷款的处置等方面提供帮助。
	安联集团（保险）	投资10亿美金，获得2.36%股权，64.33亿股。	分享安联集团在保险、风险管理、资金管理等业务领域的专业知识和经验。
	美国运通（信用卡）	投资2亿美金，获得0.47%股权，12.76亿股。	在银行卡业务领域合作。
交通银行	中国香港汇丰银行	2005年3月，投资144.61亿人民币，获得19.90%股权。	派1名副行长6名高级顾问，2个董事会席位；成立信用卡中心，汇丰向交行授予商标许可权，技术协助期3年。

资料来源：笔者根据相关报纸杂志及公开资料整理，部分合作内容引自曾盈盈博士论文《中资银行引进境外战略投资者效果的实证研究》

二、股份制商业银行的战略投资者

1986年9月交通银行的建立标志着我国股份制商业银行的诞生，它的建立打破了国有银行的垄断局面，提高了金融市场资源配置效率。此后，我国陆续成立了十几家股份制商业银行，部分银行因为经营不善被并购或申请破产，交通银行因为国家持股较多，一般被视为五大国有商业银行之一。到2010年底，我国共有12家股份制银行，包括7家上市银行（招商银行、中信银行、民生银行、浦发银行、兴业银行、华夏银行、深圳发展银行）和五家非上市银行（光大银行、广东发展银行、浙商银行、恒丰银行和渤海银行）。

在二十几年的发展过程中，股份制商业银行凭借其灵活机制保持着快速发展，成为我国银行业中重要的组成部分。它的市场化经营程度较高，资产质量水平较高，整体不良贷款率较低。1998—2003年期间，股份制商业银行资产总额占比从1998年的6.03%上升到2003年的10.36%，总资产增长速度几乎是整个银行业平均增长速度的两倍。[14]

---

⑭ 卓尚进．股份制商业银行：加快改革，蓬勃发展［D］．金融时报，2008-11-29.

经过几年高速发展，股份制银行面临着资本紧张局面和战略转型的挑战，希望通过多种渠道获得更多资本和技术确保可持续发展和成功转型。虽然股份制银行拥有全国性牌照，但与国有银行相比，全国性扩张实力有限，与中小城市银行相比，与地区企业结合不是很紧密，无法得到来自地方政府的支持。因此，股份制银行需要在综合经营的前提下探索差异化、专业化经营的发展道路，不断寻找差异化服务，需要按照国际银行的标准和规范，对自身管理体制、风险控制、创新能力等方面进行改革，创造自身竞争优势以实现战略转型。从21世纪初起，股份制商业银行开始逐步引入战略投资者，以补充银行资本金、优化股权结构、提升银行股权价值，外资进入为股份制银行发展提供了新机会。

表5－2　股份制银行与境外战略投资者的合作

中资银行	境外战略投资者	外资签约时间及股权比例	合作内容
光大银行	亚洲开发银行	1996年入股，3.96%股权，1900万美元。1999年技术援助结束。	从贷款管理、财务管理和风险控制、国际业务操作和管理五大方面提出了改进完善意见。
上海浦东发展银行	花旗银行	2002年8月入股，6700万美元，4.62%股权。	提名1名董事，进入风险管理与关联交易控制委员会。信用卡业务方面进行合作，花旗在个人金融、风险管理、财务管理、IT系统改造、稽核及合规性管理和人力资源管理等领域提供技术支持与协助。
兴业银行	香港恒生银行	2003年，投资2.08亿美元，15.98%股权。	外资各获1个董事提名权，在风险管理、财务管理、零售业务等领域展开合作；兴业银行与恒生银行合作发行信用卡。
	IFC	4%股权，4.32亿元（5220万美元），5200万股。	
	新加坡淡马锡	5%股权，5.4亿元，15996万股。	
	新政泰达投资有限公司	3.83%股权。	
深圳发展银行	美国新侨投资集团	2005年9月，投资12.35亿元获得19.89%股权，2010年出售股权。	获8个董事会席位，在产品和服务、风险管理、财务管理、稽核及合规性管理、不良资产处置、人力资源管理、信息系统升级、组织结构和运营、引入具有国际经验和专长的高管人员等方面提供意见和建议。

续表

中资银行	境外战略投资者	外资签约时间及股权比例	合作内容
民生银行	新加坡淡马锡	2004 年 11 月，投资 8.9 亿元获得 4.55% 股权。	双方合作成立中小企业部，淡马锡负责安排民生银行管理人员的海外培训。 2007 年，所有外资撤出民生银行。
	国际金融公司	2004 年 7 月，投资 2350 万美元获得 1.22% 股权。	
	亚洲开发银行	投资 2.16 亿人民币获得 5% 股权，6600 万股。	提供中小企业融资技能援助和公司治理、经营风险、环境管理及反洗钱与反腐败方面的技术援助，并不是战略投资者。
渤海银行	中国香港渣打银行	2005 年 9 月，投资 1.23 亿美元获 19.99% 股权。	渣打银行派驻 3 名董事，成为渤海银行第二大股东。
华夏银行	德意志银行；德意志银行卢森堡股份有限公司；萨尔奥彭海姆股份有限合伙企业。	2005 年 11 月，三家外资共计投资获得 13.98% 股权，2009—2010 年德意志银行从另外两家获得股权转让，占股 17.12%。	获 2 个董事提名权，在资产负债管理、风险管理、中小企业金融服务、资金管理及资金产品研发、零售银行业务、基金业务、流程再造和科技管理等领域提供全面的技术支持协助，合作成立信用卡业务部门。
广东发展银行	花旗银行牵头财团	2006 年 11 月，投资 243 亿人民币（7.24 亿美元）获 20% 股权。IBM 投资 1.72 亿美元获 4.74% 股权。	获 6 个董事会席位，提供风险管理、内部审计和控制领域、银行的治理政策和程序、财务会计、报告和控制职能、资产负债表管理、人力资源管理、业务管理、信息技术和金融创新等 9 个领域的支持与协助。
中信银行	西班牙对外银行	2007 年入股，投资 48.85 亿元人民币获 4.83% 股权，2010 年增持，占股 15%。	—
	瑞穗实业银行	2009 年入股，投资 5100 万美元，占股 0.17%。	

续表

中资银行	境外战略投资者	外资签约时间及股权比例	合作内容
滨海银行	国际金融公司	2009年，投资4400万美元获10.63%股权。	为期三年的技术支援项目，针对信贷分析、财务报表重构、信贷审批流程框架、风险评级、内部控制制度、市场风险、资产负债管理与流动性风险、内部信贷审计、国际贸易融资等方面提供帮助。
恒丰银行	新加坡大华银行有限公司。	2008年入股，2010年增持，2010年底持股14.71%股权。	—

资料来源：笔者根据各银行年报、相关报纸杂志及公开资料整理，部分合作内容引自曾盈盈博士论文《中资银行引进境外战略投资者效果的实证研究》

三、外资对银行资产收益率的影响

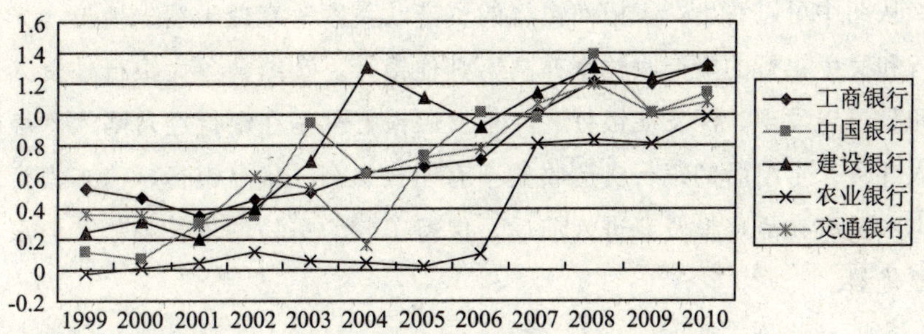

图5-1　国有商业银行的平均资本收益率（ROAA）

图5-1为五大国有商业银行从1999—2010年间平均资本收益率的变化。在我国经济快速发展过程中，各大银行的资本收益率都在不断提高，工商银行、建设银行、中国银行、交通银行在2003年实行旧账剥离股改上市后，资本收益率呈现快速增长势头，而中国农业银行的收益率远低于其他国有银行，直到在2007年公司上市后，收益率才有明显上升，但仍低于其他银行。

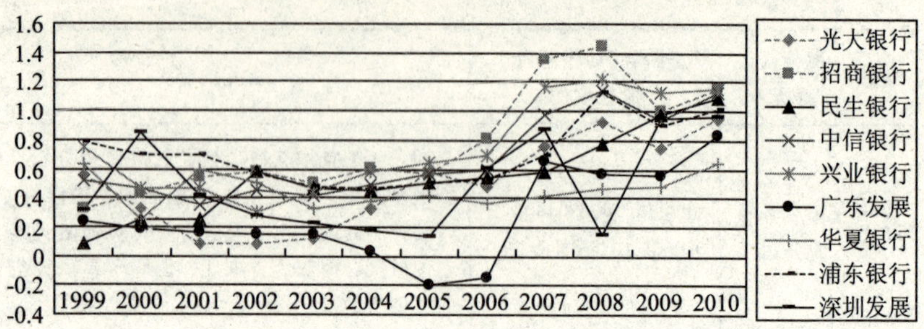

图 5－2　股份制银行平均资产收益率（ROAA）

图 5－2 是 1999—2010 年样本中股份制银行的平均资产收益率变化。与国有商业银行发展情况相似，除个别银行外，2003 年后各银行平均资产收益率呈稳步上升状态。这些股份制银行中，招商银行始终没有外资进入，光大银行和民生银行分别在 1996—1999 年、2004—2007 年间接受 IFC 和其他银行的技术和资本援助，其他银行则陆续有外资进入，并持续持股。

从图中可以看出：①招商银行的资产收益率一直处于领先地位，光大银行和民生银行的资产收益率亦高于其他银行。②结合各大银行外资入股时间，可以发现，深发展银行、广东发展银行都是在银行经营陷入困境时引入外资，重组后的银行资产收益率有明显提高。华夏银行、浦东银行的资本收益率在战略投资者进入前后，保持了较为平稳的增长趋势，但没有明显优势。

实证检验公式如下：

$$ROAA_{ij} = \sum \alpha_{ij}\text{Foreign}_{ij} + \sum \beta_{ij} X_{ij} + \sum \delta_{ij} Y_{ij} + \varepsilon_{ij}$$

其中，$ROAA_{ij}$ 表示银行资产收益率，Foreign_{ij} 表示银行业外资，X_{ij} 表示样本银行的经营能力，Y_{ij} 表示宏观因素，样本数据期间为 1999—2010 年。回归时，对表示外资进入的四个变量进行组合，分别代入公式。

表 5－3　国有商业银行和股份制商业银行变量的基本统计量分析

变量		均值	标准差	最小值	最大值	观察值
						$T = 12$ $n = 13$
LTA	overall	18.08269	1.35828	14.7	21	$N = 156$

续表

变量		均值	标准差	最小值	最大值	观察值
ROAA	overall	0. 627949	0. 355558	-0. 2	1. 45	$N=156$
CI	overall	45. 07096	10. 42808	29. 99	93. 98	$N=156$
NLA	overall	54. 47795	5. 972374	41. 97	68. 43	$N=156$
TIER1	overall	7. 112075	2. 5465	-1. 47	13. 14	$N=156$
EA	overall	4. 083526	2. 284424	-10. 77	9. 8	$N=156$
OIA	overall	0. 285321	0. 200053	-0. 07	1. 13	$N=156$
NPL	overall	6. 511103	7. 607966	0. 42	38. 15	$N=156$
INTRATE	overall	3. 3525	0. 2056449	3. 06	3. 6	$N=156$
INF	overall	1. 705	2. 216007	-1. 41	5. 86	$N=156$
LFA	overall	10. 80505	0. 618445	9. 890269	11. 67797	$N=156$
DL	overall	0. 532051	0. 500579	0	1	$N=156$
FD	overall	0. 326923	0. 4706	0	1	$N=156$
FS	overall	0. 048512	0. 080781	0	0. 25	$N=156$
LFM	overall	5. 430692	0. 251787	5. 170484	5. 886104	$N=156$
DB	overall	0. 307692	0. 463025	0	1	$N=156$
LPGDP	overall	9. 537902	0. 471965	8. 876056	10. 30868	$N=156$

面板数据的回归，通常采用 OLS 法、固定效应法（FE）和随机效应法（RE），根据 Hausman 检验结果判断哪种方法更为适用。在初步确定使用固定效应时，进一步对其残差进行截面异方差和组间相关性检验，如果残差存在异方差和相关性，采用广义最小二乘法（FGLS）并同时控制残差项的相关性和异方差后得到最终回归结果。

实证结果如下（见表 5 -4）⑮：

⑮ 笔者也曾将 NIM、OIA 作为银行特征变量代入公式进行实证分析，结果表明，NIM 和 OIA 对 ROAA 的影响为正向显著影响，其他变量的系数和显著性保持不变，因变量太多，故此处只报告没有包含 NIM 和 OIA 的检验结果。

表 5-4　外资对国有商业银行、股份制商业银行资本收益率（ROAA）的影响

	(1) RE ROAA	(2) FGLS ROAA	(3) FGLS ROAA	(4) RE ROAA
LTA	-0.0168 (-0.44)	0.0442*** (3.38)	0.0521*** (3.53)	-0.00961 (-0.25)
INF	0.0128 (1.36)	-0.00239* (-2.29)	-0.00167 (-1.79)	0.0128 (1.36)
INTRATE	-0.0412 (-0.30)	-0.211*** (-7.13)	-0.232*** (-8.98)	-0.0549 (-0.40)
LFA	—	0.0786*** (4.69)	0.0859*** (5.55)	—
LFM	0.806*** (3.64)	—	—	0.794*** (3.56)
FD	-0.0227 (-0.43)	0.0344*** (3.29)	—	—
FS	—	—	0.457*** (8.46)	0.0968 (0.31)
DL	0.202*** (3.97)	0.191*** (16.25)	0.195*** (17.00)	0.196*** (3.88)
DB	0.236* (2.22)	0.0991*** (4.43)	0.0787** (3.11)	0.217* (2.06)
LPGDP	-0.0114 (-0.07)	0.134** (3.11)	0.0754* (1.66)	-0.0445 (-0.27)
-CONS	-3.393** (-3.06)	-1.734*** (-6.78)	-1.334*** (-6.08)	-3.097** (-2.77)
N	156	156	156	156
R^2	0.5945	—	—	0.5978
WALD TEST	265.81 $P=0.0000$	27021.60 $P=0.0000$	38832.25 $P=0.0000$	263.09 $P=0.0000$
HAUSMAN	0.1311	—	—	0.0649

注：括号内为 t 值，* 表示 $p<0.05$，** 表示 $p<0.01$，*** 表示 $p<0.001$

从该回归结果（2）、（3）中可以看出，我国人均 GDP 值（LPGDP）、银行业的股份制改革和上市（DL）、银行自身规模（LTA）、战略投资者的引进（DF/DS）都对国有商业银行和股份制银行资本收益率增长产生正向的显著影响。而外资银行分支机构的进入（LFM/LFA）亦产生正向显著影响。

这些影响因素中，(2) 式中的 LPGDP 和 DL 影响系数较大，说明我国经济的高速发展为银行提供了极好的获利机会，银行的股份制改革和上市迫使银行建立一套较为完善的公司治理机构，提高其经营管理水平，以达到上市要求。而成为上市公司的银行得到更为广泛的融资机会，其经营管理亦受到股东监督，使得其银行业绩明显好于非上市银行。DB 系数的显著为正说明国有商业银行的资产收益率要好于股份制商业银行。

外资方面，战略投资者的引入提高了引资银行的资产收益率，这与前面对数据的描述基本相符，回归结果表明，战略投资者股份越大其对本土银行的影响越大。绿地新建外资银行的进入形成了“鲶鱼效应”，使中资银行意识到未来竞争的激烈程度，开始采取措施提高其自身的收益率，外资银行提供的优质金融服务和新的金融产品起到了示范作用，中资银行可以从中学到许多经营之道，提高了资产收益率。由于绿地新建外资银行所占的资产比例较小，还没有能力和中资银行形成竞争局面，竞争效应没有显现。

另一个值得注意的是，利差对中资银行资产收益率的影响为负。在本书的实证检验过程中发现，国家法定利差只对 NIM 有正向显著效应，但利差对银行的资产收益率影响并不显著，在其他回归中的结果也不显著。细究各大银行的 NIM 和 OIA，可以发现，许多国有大型银行和经营业绩较高的银行资产收益中，OIA 所占比重逐步上升。

四、外资对银行经营成本的影响

图 5－3 是 1999—2010 年国有商业银行成本收入比的变化。除农业银行外，其他四家银行的成本收入比都呈现稳定下降的趋势，2003 年股改上市对成本收入比没有明显改善，五家银行中，中国银行一直保持着相对较低的成本收入比。中国农业银行只有在 2007 年开始股份制改革后，成本收入比才有显著下降。

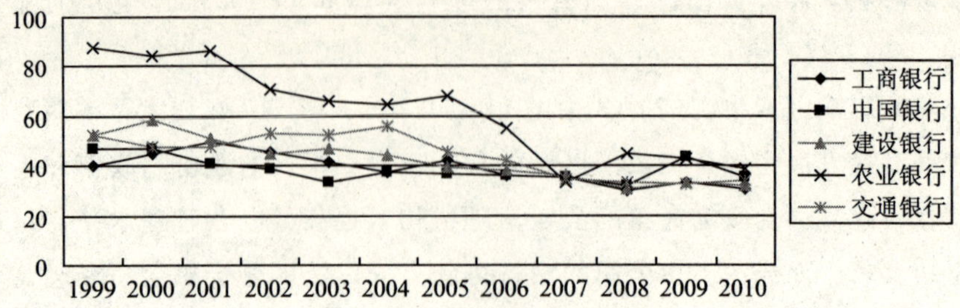

图 5－3　国有商业银行的成本收入比

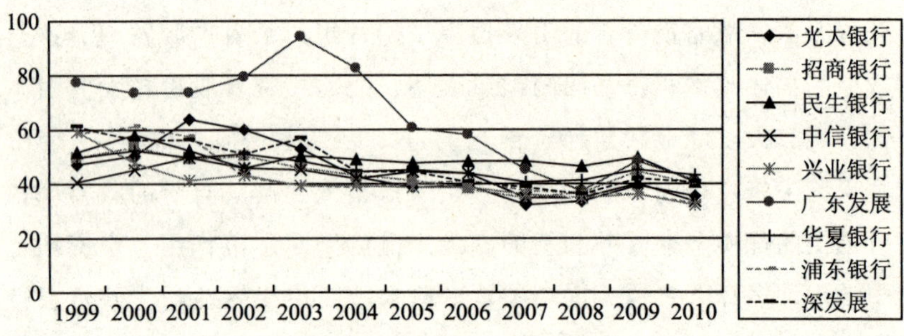

图 5－4　股份制银行的成本收入比

图 5－4 是 1999—2010 年股份制商业银行成本收入比的变化。大部分银行的成本收入比呈现稳定下降趋势。广东发展银行在 2002 年陷入经营困境，成本大幅上升，2003 年达到顶峰，2004 年引入战略投资者后，成本开始逐步下降，2007 年已基本达到股份制银行的平均水平。一直保持较低比率的是招商银行和浦东发展银行。有战略投资者进入的银行成本收入比没有显著低于招商银行、光大银行和民生银行的成本收入比。

实证公式如下：

$$CI_{ij} = \sum \alpha_{ij}\text{Foreign}_{ij} + \sum \beta_{ij}X_{ij} + \sum \delta_{ij}Y_{ij} + \varepsilon_{ij}$$

其中，CI_{ij} 表示银行成本收入比，Foreign_{ij} 表示银行业外资，X_{ij} 表示样本银行的经营能力，Y_{ij} 表示宏观因素。

表 5-5 外资对国有商业银行、股份制商业银行成本收入比的影响

	(1) FGLS CI	(2) FGLS CI	(3) RE CI	(4) RE CI
LTA	-2.079***	-2.224***	1.458	1.923
	(-8.95)	(-9.96)	(1.32)	(1.69)
INF	-0.460***	-0.486***	-0.624*	-0.534*
	(-5.60)	(-4.06)	(-2.19)	(-2.03)
INTRATE	-3.018**	-3.885	-0.642	-0.570
	(-2.61)	(-1.67)	(-0.12)	(-0.15)
LFM	3.938 (1.85)	—	—	8.623 (1.39)
LFA	—	0.136 (0.08)	-0.710 (-0.18)	—
FS	-13.18*** (-6.17)	-13.12*** (-6.06)	—	—
FD	—	—	-2.453 (-1.61)	-2.657 (-1.75)
DL	-2.222***	-2.140***	2.569	2.587
	(-6.55)	(-5.99)	(1.67)	(1.69)
DB	-1.634**	-1.315*	-8.175	-9.071*
	(-2.82)	(-2.36)	(-1.89)	(-2.08)
LPGDP	-8.595***	-6.765*	-13.20*	-19.36***
	(-5.28)	(-2.48)	(-1.96)	(-4.16)
-CONS	156.4***	164.2***	157.4***	153.2***
	(17.95)	(9.65)	(3.77)	(4.90)
N	156	156	156	156
R^2	—	—	0.3997	0.3950
WALD TEST	2903.92 $P=0.0000$	1875.79 $P=0.0000$	204.83 $P=0.0000$	209.69 $P=0.0000$
HAUSMAN	—	—	0.3979	0.3082

注：括号内为 t 值，* 表示 $p<0.05$，** 表示 $p<0.01$，*** 表示 $p<0.001$

从表 5-5 的（1）和（2）式可以看出，银行规模对其成本收入比有负面显著影响，银行业属于明显规模经济行业，较大的资产规模可以获取规模经济收益。宏观经济状况（LPGDP 和 INF）对其成本收入比有负向显著影响，国民经济的快速发展有利于降低银行成本，也可能意味着良好的经济发展形势提供了大量丰厚的收入，相对而言成本增长速度较慢占比较少，通货膨胀率的加剧降低了其运营成本。银行上市亦对其成本降低有负向显著影响，上市银行较为规范的运营机制降低了公司运营成本。DB系数的显著性表明，两类银行相比，国有商业银行有更好的成本收入比率，这与前面的图形描述基本相符。

外资方面，首先，以投资股份数表示战略投资者（FS）进入具有显著负向影响，战略投资者所提供的内部管理技术、银行内部公司治理结构的改善都降低了本土银行的成本收入比，但以Dummy变量表示的外资入股并没有显著影响。而绿地新建外资银行分支机构进入带来的竞争，迫使中资银行增加投资用于设备更新、人员培训，增加了中资银行成本收入比，但影响并不显著。

五、外资对银行创新能力的影响

对大多数国际大银行来讲，它的非利差收入、中间收入早已成为其收入的最重要来源，但对我国银行来讲，长期的封闭运行、研发技术水平的落后、银监会为保证银行效益一直维持的利差，使得我国银行提供着大量传统的同质信贷产品，利差收入一直是其收入的主要来源。虽然各大银行一直将实现战略转型视为发展方向，但直到2010年，利差收入仍是许多银行收入的最重要组成部分。

一旦监管当局放宽利差限制，各银行需要通过市场竞争确定利率，利差收入将大幅减少，各银行急需开发出更多金融产品与服务实现业务转型，找到更多收入来源。因此，在各家银行引入战略投资者的协议中，大多要求对方帮助其开发新的金融产品。

绿地新建外资银行进入后，会利用其在产品开发方面的竞争优势不断开发新的特色产品，为顾客提供更多高质量服务，借助其商标、商誉等非质量竞争手段、产品质量优势、良好售后服务等影响消费者的消费观念和消费偏好，培养一批品牌忠实者，不仅可以消除原有进入壁垒，而且还可以创建维护新的进入壁垒，形成并维护其在东道国金融创新产品市场的垄断地位。外资银行在我国一些新型业务中，如理财服务、个人贷款、中间业务、金融衍生产品方面占据优势。例如，外资银行利用自身海外优势，开展的代客境外理财的顾问服务，代理著名基金公司和保险公司的产品，满足客户多样化理财需要。外资银行的个人理财业务产品类型丰富，期限灵活，涉及多种币种的投资。2009 年结构类人民币理财产品筹集资金 294.4 亿元，外币理财产品筹集资金 60 亿元，占中国银行业外币理财产品资金总量的 9%。到 2010 年 9 月末，上海外资银行的衍生业务的市值总量已超过在沪中资银行。⑯

新建方式进入的外资为本土银行带来更多的竞争效应与示范效应。2000 年初南京一家外资企业因为外资银行可以提供“保理业务”，迅速还清中资银行贷款，将全部业务转移给外资银行，这一事件深深触动了中国银行企业。众多银行开始通过引入高级人才，与外资合作、组织结构调整等方式开始开发新的贸易融资产品。近年来，国有银行和股份制银行的保理业务已取得较好成绩，大约有 20 多家银行可以开展国际保理业务，中国保理业务量大增。

以战略投资者方式进入的外资，通过与中资银行合作联合开发新型业务产品，增加了中资银行的中间业务产品种类和金融产品数量，提高了中资银行的服务质量和非利息收入。例如，中国银行和苏格兰皇家银行合资成立私人银行，浦东银行和花旗银行合作开展双币信用卡业务，工商银行和安丰联合作开展银保代理等。

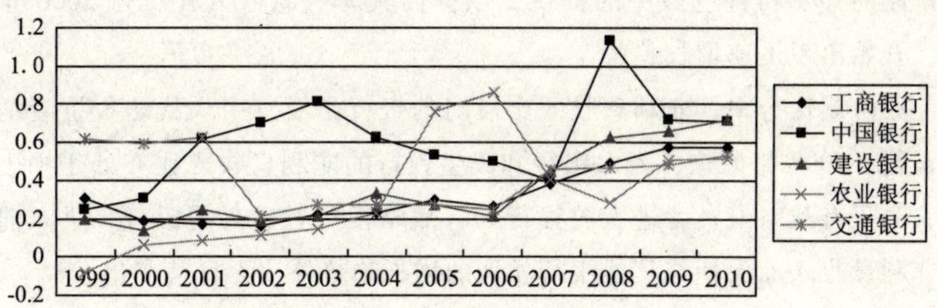

图 5-5　国有商业银行非利息收入比

图 5-5 表示的是 1999—2010 年国有商业银行非利息收入比的变化情

⑯ 《上海金融年鉴 2010》。

况。五大国有商业银行中，只有中国银行一直保持着较高的非利息收入比，这与其在外汇和国际业务方面具有专业化优势有着密切关联。而长期从事企业和建筑行业信贷的工商银行和建设银行只能维持着较低的非利息收入比。自2003年银行改制上市引入战略投资者后，工商银行和建设银行的非利息收入比开始逐步上升，从2006年起随着新的理财产品、个人业务产品、贸易融资产品的不断推出，非利息收入比开始明显上升。自2009年起五家银行保持着相近的非利息收入比。

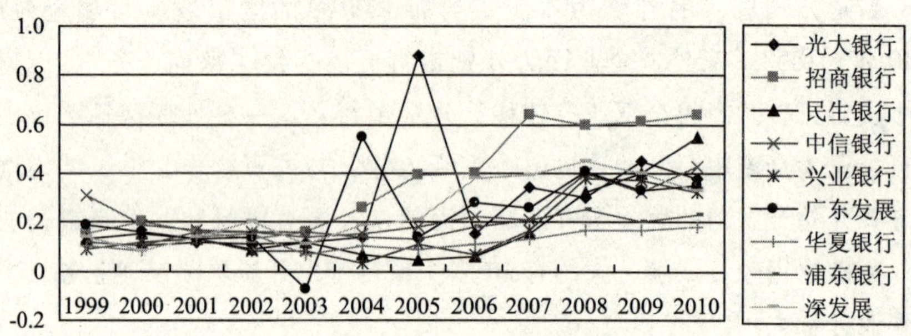

图5－6　股份制银行非利息收入比

图5－6表示的是1999—2010年间股份制商业银行非利息收入比的变化情况。2003年以前，所有银行基本保持着相似的非利息收入比，保持在较低水平。随着外资进入和经营理念的改变，越来越多的银行开始注重金融产品的开发和特色服务的提供，以提高其非利息收入比，自2006年以来，开始出现迅速增长趋势。

股份制银行中，非利息收入比最高的银行是没有引入战略投资者的招商银行。2007年以来，光大银行和民生银行的非利息收入比亦处于中上水平，高于有战略投资者进入的银行。有战略投资者进入的银行，进入前后的非利息收入除保持与其他银行相似的增长趋势外，无显著变化。

比较图5－5和图5－6，可以发现，相同年份下，国有商业银行的非利息收入比普遍高于股份制银行，国有商业银行的增长速度也明显高于股份制银行的平均水平。虽然股份制银行经营较为灵活，但大部分银行仍没有摆脱以利差收入为主的经营模式。金融产品的开发和应用需要大量的资金、技术和人员的投入，相对股份制银行来讲，国有商业银行在这几方面具有绝对优势，有较强实力开发新产品并进入新的经营业务范围。

实证分析结果：

实证公式如下：

$$OIA_{ij} = \sum \alpha_{ij} \text{Foreign}_{ij} + \sum \beta_{ij} X_{ij} + \sum \delta_{ij} Y_{ij} + \varepsilon_{ij}$$

其中，OIA_{ij} 表示银行非利息收入比，Foreign $_{ij}$ 表示银行业外资，X_{ij} 表示样本银行的经营能力，Y_{ij} 表示宏观因素。

表 5－6　外资对国有商业银行、股份制商业银行非利息收入比的影响

	(1) FGLS OIA	(2) RE OIA	(3) RE OIA	(4) RE OIA
LTA	0.0261*** (10.14)	－0.0175 (－0.71)	－0.0158 (－0.65)	－0.00661 (－0.27)
NLA	－0.00167*** (－5.21)	－0.00391 (－1.85)	－0.00385 (－1.87)	－0.00164 (－0.71)
INF	0.00315*** (7.42)	－0.00576 (－0.90)	－0.00550 (－0.86)	0.00378 (0.64)
INTRATE	－0.0882*** (－14.13)	－0.280* (－2.23)	－0.279* (－2.24)	－0.104 (－1.22)
LFM	0.423*** (21.21)	—	—	0.363* (2.28)
LFA	—	0.121 (1.38)	0.126 (1.44)	—
FS	－0.223*** (－6.56)	－0.212 (－1.05)	—	—
FD	—	—	－0.0567 (－1.67)	－0.0596 (－1.77)
DL	－0.0100* (－2.46)	－0.00338 (－0.10)	－0.000657 (－0.02)	0.000113 (0.00)
DB	0.153*** (24.07)	0.226** (2.77)	0.225** (2.88)	0.216** (2.79)
LPGDP	0.0724*** (5.34)	0.0232 (0.15)	0.0266 (0.18)	0.0207 (0.19)
- CONS	－1.439*** (－23.07)	0.178 (0.19)	0.0623 (0.07)	－1.376 (－1.90)
N	156	156	156	156
R^2	—	0.4717	0.4808	0.4972
WALD TEST	35434.05 $P=0.0000$	108.21 $P=0.000$	111.60 $P=0.0000$	117.01 $P=0.0000$
HAUSMAN	—	0.9978	0.9893	0.9932

注：括号内为 t 值，* 表示 $p<0.05$，** 表示 $p<0.01$，*** 表示 $p<0.001$

从（1）式可以看出，银行的非利息收入与其银行资产规模相关，但其他的回归结果并不支持该观点。银行的非利息收入与银行的净贷款率呈负相关，如果银行流动性充足，银行没有动力开展业务创新；银行的非利息收入与利差成反比，即利差越大，银行开发非利息收入的动力越小。经济发展规模（LPGDP）呈显著正向影响，经济发展规模越大，对金融新产品和服务的需求越大，这就为新产品开发提供了新的市场机会。DB 变量显著为正，说明国有商业银行的非利息收入比要大于股份制银行，与前面图形描述一致。

从（1）式和（4）式中可以看出，外资银行分支机构的进入对我国商业银行的非利息收入比有显著正向影响，外资银行提供的理财服务等中间业务产品，开拓了我国商业银行的视野，起到了示范效用，中资银行通过模仿开发一些新的金融产品，提高其非利息收入比，且外资银行机构数量效用明显大于外资银行资产效用。

然而回归结果却显示战略投资者的进入呈显著或不显著的负面影响。如前所述，股份制银行中，没有外资进入的招商银行、民生银行的非利息收入比远高于有外资进入的银行，中国银行较高的非利息收入来自于其专业优势，这些银行创新能力的高低与外资是否进入没有直接联系。另一方面也说明，虽然外资在产品创新方面具有较强实力，但有限的股权是无法激励其把最新技术转移给中资银行，培养一个潜在的竞争对手。虽然从长远来看，银行急需转型，但外资只需持股三年，三年之内让股权投资获得最大收益才是其利益所在，帮助中资银行开发新产品并不是其投资关键。

六、外资对银行核心资本充足率的影响

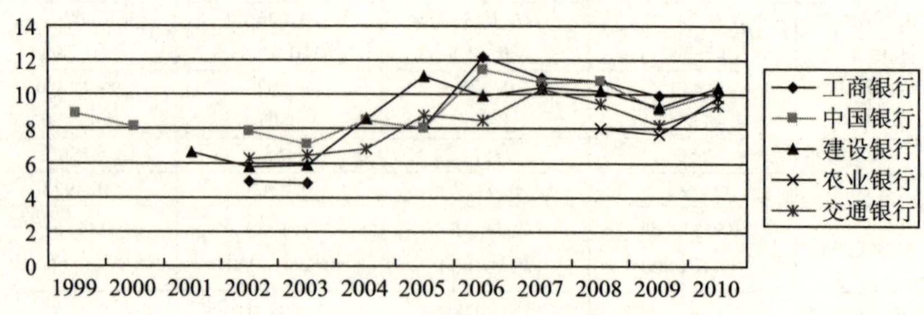

图 5－7　国有商业银行的核心资本充足比率

图 5－7 为 1999—2010 年国有商业银行的核心资本充足率（tier1）的变化情况。2003 年经过股份改革和上市后，各银行的核心资本充足率有了很大提高，满足了监管要求。由于股改和战略投资者的进入同时进行，很难分清促进核心资本充足率的改善的原因。

根据《巴塞尔协议》规定，商业银行必须达到的资本充足率指标是：包括核心资本和附属资本总额与风险加权资产总额的比率不得低于 8%，其中核心资本与风险加权资产总额的比率不低于 4%。根据中国银监会的最新要求，大型银行的最低资本充足率需提高到 11%，中小银行则为 10%。

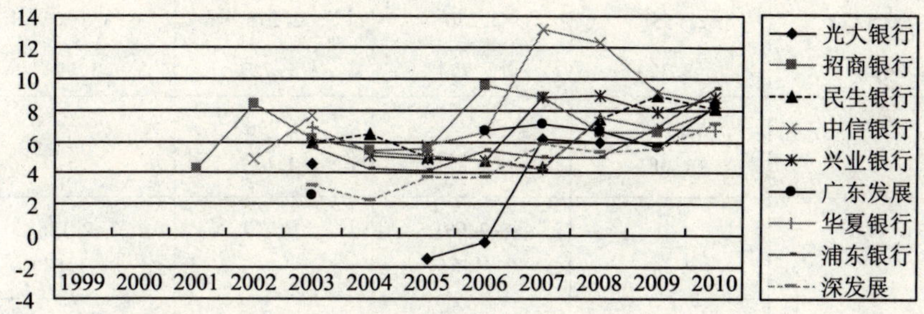

图 5－8　股份制银行的核心资本充足率

图 5－8 为 1999—2010 年股份制银行的核心资本充足率（tier1）的变化情况，与国有商业银行相比，其核心资本充足率的提升有一个较为漫长的过程，招商银行、民生银行、中信银行等经营业绩较好的银行，自 2007 年以来，核心资本充足率较高。有战略投资者进入的银行，引入投资前后其核心资本充足率没有发生明显改善。

实证公式如下：

$$TIER1_{ij} = \sum \alpha_{ij}\text{Foreign}_{ij} + \sum \beta_{ij}X_{ij} + \sum \delta_{ij}Y_{ij} + \varepsilon_{ij}$$

其中，$TIER1_{ij}$ 表示银行核心资本充足率，Foreign_{ij} 表示银行业外资，X_{ij} 表示样本银行的经营能力，Y_{ij} 表示宏观因素。

表 5-7 外资对国有商业银行、股份制商业银行核心资本充足率的影响

	(1) FE TIER1	(2) FE TIER1	(3) RE TIER1	(4) FE TIER1
LTA	0.671 (1.21)	1.017 (1.81)	0.991* (2.51)	1.024 (1.82)
EA	0.169* (2.30)	0.191* (2.56)	0.247*** (3.37)	0.185* (2.49)
INF	0.152* (2.07)	0.178* (2.03)	0.124 (1.52)	0.175* (1.99)
INTRATE	2.755* (2.32)	3.270 (1.95)	2.272 (1.72)	3.358* (1.99)
LFM	6.624* (2.38)	—	4.996 (1.62)	—
LFA	—	-2.091 (-1.51)	—	-2.186 (-1.57)
FD	-0.744 (-1.64)	-0.566 (-1.25)	—	—
FS	—	—	-0.247 (-0.10)	-3.273 (-1.21)
DL	2.269*** (4.30)	2.076*** (3.92)	1.227** (2.94)	2.079*** (3.92)
DB	0	0	0.816 (0.93)	0
LPGDP	-2.694 (-1.51)	3.699 (1.63)	-2.169 (-1.18)	3.866 (1.67)
-CONS	-26.94** (-3.07)	-37.82** (-2.84)	-27.64** (-2.91)	-38.81** (-2.86)
N	106	106	106	106
R^2	0.5679	0.5592	0.6217	0.5392

注：括号内为 t 值，* 表示 $p<0.05$，** 表示 $p<0.01$，*** 表示 $p<0.001$

实证结果表明，银行的核心资本充足率与该行的规模无关，与经济发展规模无关。对商业银行核心资本充足率有显著影响的是各银行杠杆比率（Equity/Assets），商业银行的资本金越多，其核心资本充足率越高，银行上市对其核心资本充足率有正向显著影响，一方面，国有商业银行股改上市前的大量资金注入，提高了其核心资本充足率，另一方面，公司上市为银行提供了新的融资渠道，规范了其公司管理，提高了其核心资本充足率。

绿地新建银行数量的增加表现出显著提高中资银行核心资本充足率的趋势，显示了竞争效应。战略投资者进入对国有商业银行和股份制银行的核心资本充足率的提高的影响并不显著。核心资本充足率提高取决于国家监管机构的强制要求，是银行生存发展的前提，是中资银行必须想方设法达到的监管要求。在无法获得控制权的情况下，战略投资者的投资对核心资本充足率的贡献只能是“锦上添花”，而不是“雪中送炭”。

七、外资对银行资产质量的影响

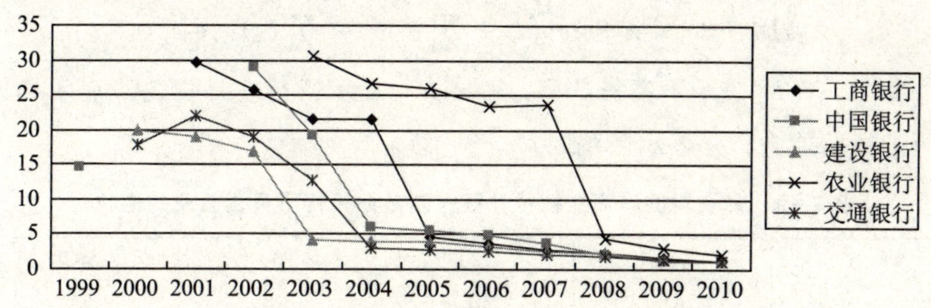

图 5-9　国有商业银行不良贷款率

图 5-9 是 1999—2010 年国有商业银行不良贷款率（ILGL，即 NPL）的变化。各银行的不良贷款率都在其进行股份制改革并上市的年份出现大幅下降。为了完成银行的股份制改革和上市，国家对国有商业银行的大量不良贷款进行剥离，并注入大量国家资金，使得国有商业银行的不良贷款率急速下降。中国农业银行的不良贷款率只有在 2007 年开始股份制改革后出现大幅下跌。

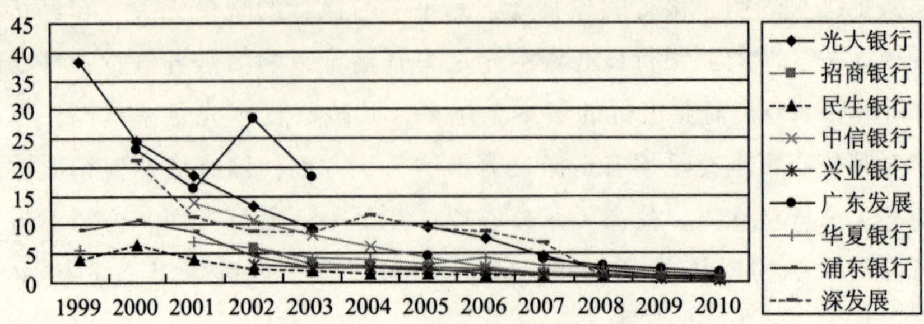

图 5-10　股份制银行的不良贷款率

图 5-10 是 1999—2010 年间股份制银行不良贷款率的变化。与国有银行相比，股份制银行一直保持着较低的不良贷款率，随着国内经济发展规模的不断扩大，其不良贷款率呈现明显的下降趋势，总体低于国有商业银行。招商银行、民生银行等没有战略投资者进入的银行的不良贷款率一直保持着较为平稳的下降趋势，与有外资进入银行的不良贷款率相比，无明显差异且处于相对较低水平。

实证公式如下：

$$NPL_{ij} = \sum \alpha_{ij}\text{Foreign}_{ij} + \sum \beta_{ij}X_{ij} + \sum \delta_{ij}Y_{ij} + \varepsilon_{ij}$$

其中，NPL_{ij} 表示不良贷款率，Foreign_{ij} 表示银行业外资，X_{ij} 表示样本银行的经营能力，Y_{ij} 表示宏观因素。

表 5-8　外资对国有商业银行、股份制商业银行不良贷款率的影响

	(1) RE NPL	(2) RE NPL	(3) RE NPL	(4) RE NPL
LTA	0.0240	0.108	0.958	0.884
	(0.02)	(0.10)	(0.95)	(0.89)
NLA	-0.0228	-0.0182	0.195*	0.191*
	(-0.27)	(-0.21)	(2.18)	(2.16)
INF	0.0122	0.0154	0.149	0.147
	(0.05)	(0.06)	(0.68)	(0.67)

续表

	(1) RE NPL	(2) RE NPL	(3) RE NPL	(4) RE NPL
INTRATE	5.278 (1.02)	4.996 (0.97)	2.600 (0.81)	2.807 (0.88)
LFA	-6.063 (-1.64)	-5.992 (-1.62)	—	—
LFM	—	—	29.62*** (4.67)	29.73*** (4.68)
FD	-0.146 (-0.11)	—	—	-0.248 (-0.20)
FS	—	2.184 (0.28)	1.471 (0.20)	—
DL	-2.360 (-1.84)	-2.421 (-1.89)	-2.689* (-2.25)	-2.666* (-2.24)
DB	3.005 (1.03)	2.796 (0.95)	2.188 (0.80)	2.376 (0.89)
LPGDP	-0.449 (-0.07)	-1.086 (-0.17)	-27.01*** (-6.19)	-26.56*** (-6.12)
-CONS	60.68 (1.55)	65.09 (1.66)	68.27* (2.53)	64.25* (2.37)
N	136	136	136	136
R^2	0.5468	0.5458	0.6004	0.6016
WALD TEST	164.55 $P = 0.000$	164.82 $P = 0.0000$	207.95 $P = 0.0000$	207.56 $P = 0.0000$
HAUSMAN	0.9327	0.9259	0.8902	0.8570

注：括号内为 t 值，* 表示 $p < 0.05$，** 表示 $p < 0.01$，*** 表示 $p < 0.001$

实证结果（3）和（4）表明，我国经济发展规模对银行不良贷款率有负面显著影响，经济发展速度快，企业经营状况好，违约率较低，不良贷款率呈现下降趋势。回顾银行业发展历程，可以发现，2001—2003 年国有资本不良贷款率大幅下降是国家进行的不良资产剥离导致的，而2008—2010年不良贷款率的大幅下降可能是由于国家救市的“天亿信贷”造成各银行贷款大幅增加，分母迅速增大，使得不良贷款率下降。公司上市对不良贷款率有显著负面影响，上市公司较好的公司治理水平、风险管理水平和贷款技术水平有效降低了其不良贷款率。

不良贷款率和银行规模呈现不显著的负向关系，说明规模较大的银行未必会有良好的不良贷款管理机制。这与我国2003年前银行经营情况非常相似，从图5-10可以看出，股份制银行一直保持着较低的不良贷款率，而国有商业银行却只有在2002年以后才得以维持较低的不良贷款率。

外资方面，战略投资者的进入与不良贷款率的变化关系不确定，但都没有显著影响。绿地新建外资银行分支机构的进入对中资银行不良贷款率有明显正向显著影响。这说明，外资银行进入带来的竞争效用对本土银行造成一定的潜在威胁，为了应对外资银行的竞争，不得不承担一些风险较大的贷款，使得不良贷款率出现上升趋势。

八、小结

回顾上述实证结果，可以发现：

第一，我国经济发展规模带来的巨大资金需求和利润回报以及银行上市是影响其绩效的最重要的因素。许多学者认为我国银行高利润大部分来自利息收入，但我国利差在近几年内保持相对平稳，且和国外发展中国家相比并不是很高，实证分析中亦证明，利息差并不是显著影响其绩效变化的重要因素。利息收入等于银行信贷量和利差之积，在利差保持相对稳定的情况下，利息收入主要来自信贷规模的扩张，而国内经济发展所创造的巨大资金需求成为银行信贷规模扩张的主要动力。

第二，股份制银行中，引入战略投资者的银行与没有引入战略投资者银行的绩效并没有很大的差别，甚至在某些方面，无外资进入的银行的经营业绩强于引资银行。银行经营业绩并非取决于银行所有权结构，而在于其经营战略。

第三，进一步分析外资对这些银行绩效的影响，可以总结成如表5-9

所示。

表5-9 银行业外资对国有商业银行和股份制银行经营业绩的影响

实证目标	资产收益率	成本收入比	非利息收入比	核心资产充足率	不良贷款率
战略投资者	正相关显著，系数较小	负相关显著	负相关显著	负相关不显著	无确定影响不显著
绿地新建外资银行	正相关显著，数量影响明显	正相关不显著	数量影响正相关显著	数量影响正相关显著	数量影响正相关显著

从这些结果可以看出：

(1) 银行业外资明显改善了国有商业银行和股份制银行的经营业绩，但不同进入方式的外资的影响途径并不相同。战略投资者的进入改善了其日常经营业绩，提高了其资产收益率，降低了运营成本，表现出明显的正向技术溢出效应。

可以发现，在相同的回归方法下，分别使用FD和FS进行回归后，公式中其他变量的系数没有太大区别。比较FD与FS的回归值，发现只有外资持股比例高于一定值时，持股比例带来的效应（与FS回归值的乘积）高于Dummy变量FD所代表的外资进入效应。

绿地新建外资起到了“鲶鱼效应”和示范效应，提高了中资银行的资产收益率。值得注意的是，战略投资者的进入并没有给中资银行非利息收入比（创新能力）带来明显的改善，跨国银行的竞争优势并没有在股权合作中为中资银行带来明显收益，而绿地新建外资则带来明显的示范效应。

(2) 战略投资者对国有商业银行和股份制银行的核心资产充足率无显著影响，虽然实证系数符合经济学原理，但并不显著。但绿地新建外资带来了一定的竞争效用。

(3) 战略投资者带来的风险管理技术并没有显著改善国有商业银行和股份制银行的不良贷款率，有限的股份一方面可能会限制外资转让技术的积极性，也可能限制外资的决策权和参与权，且分支机构遍布全国，风险管理技术水平差异较大，技术外溢效果并不明显。但绿地新建外资带来的竞争效应迫使中资银行承担风险较大的业务。

第六节
银行业外资对我国城市商业银行绩效的影响

一、城市商业银行的发展特点

（一）发展迅速

我国城市商业银行自组建以来得到迅速发展，到2010年末，我国共有城市商业银行147家，银行总资产和负债规模的增长呈现平稳增长的趋势。

表5－10 2003—2010年城市商业银行资产总额 单位：亿元

项目	2003	2004	2005	2006	2007	2008	2009	2010
总资产余额	14621.7	17056.3	20366.9	25937.9	33404.8	41319.7	56800.1	81195.6
增长率	—	16.65	19.41	27.35	28.79	23.69	37.46	42.94
占银行业比例	—	5.40	5.44	5.90	6.35	6.62	7.46	8.52
银行个数	—	—	—	113	124	136	143	147

资料来源：《2010年中国银监会年报》

城市商业银行创立的初衷是“立足地方，服务市民，坚持中小”的市场定位，以服务本地区的中小企业为其主要任务，与四大国有银行、股份制银行相比，城市商业银行存在着先天的劣势——以信用社为基础发展而来，经营范围受地区束缚的银行，如何在不断变革的金融发展环境中生存是每一个城市商业银行要考虑的问题。

（二）发展不平衡

城市商业银行所处地理位置不同导致其发展趋势也各不相同，银行间的个体差异较大。一些位于沿海地区和经济发达地区的城市商业银行发展十分迅速，其中的北京银行、宁波银行和南京银行成为公开上市银行。2008年，没有上市的主要城市银行平均利润增长率为17%，而北京银行的利润增长率为61.79%，南京银行同比增长61.10%，江苏银行利润同比增长 50%，远远超过行业平均水平。[17]

2009 年，北京银行总资产规模超过 5000 亿元，居城市银行之首。上海银行总资产规模突破 4000 亿元，江苏银行总资产规模突破 3000 亿元，平安银行总资产规模突破 2000 亿元，宁波银行、徽商银行、杭州银行、南京银行和天津银行总资产规模突破 1000 亿元，这 9 家银行的总资产占城市商业银行资产总额的 40.94%，其增速超过城市商业银行的总体增速。[18]

（三）发展中存在的问题

虽然城市商业银行的最初定位是立足当地，为中小企业提供金融服务，但多年实践表明，大多数城市商业银行并没有形成自己的特定市场定位，战略定位明显缺失。许多银行仍然是“小而全”的发展思路，偏爱大客户，大贷款，客户集中度较高，虽然中小企业客户数量较多，但其贷款量占比并不高，没有实现创立初衷。

银行业是一个具有明显规模经济效应的行业，规模较大的银行在政策支持、市场准入、产品创新、科技投入方面具有明显优势，世界各国商业银行都通过并购等方式不断扩大其经营规模。但城市商业银行受其创立初衷和银监局管理所约束，在区域扩张和获取规模经济效益方面具有明显劣势。

与大银行相比，城市商业银行受地方政府的影响更为显著。城市商业银行是当地政府融资的重要来源，业务发展更容易受到当地政府行政力量的影响，与此相对应的是，城市商行的许多竞争优势来源于其与当地政府的密切关系和政府扶持。2006 年年初，为了达到银监会标准，许多政府开始与当地城市商业银行进行资金置换以帮助其继续生存发展，城市商业银行的许多业务扩张在某种程度上必须依靠行政力量干涉才能获得客户资源。

在业务不断扩张的同时，城市商业银行的管理机制却没有得到进一步完善，风险管理技术相对落后，员工素质相对较低，缺乏熟悉现代管理知识的专业人士，公司治理结构不够完善，董事会、监事会的议事规则和运

---

⑰ 中国建设银行研究部专题组．中国商业银行发展报告（2009）［M］．北京：中国金融出版社，2009.

⑱ 中国建设银行研究部专题组．中国商业银行发展报告（2010）［M］．北京：中国金融出版社，2010.

行机制不够健全，这些公司治理方面存在的缺陷成为制约银行发展的重要因素，也使得城市商业银行的风险承受能力较低，如果不能有效防范风险，其安全性和可持续发展将受到冲击。

根据银监会要求，城市商业银行在2008—2012年间的经营业绩必须达到股份制银行的基本水平。为了进一步提高经营业绩，尽快获得有效资金补充和国外较为先进的风险评估和管理技术，城市商业银行扩张的首选目标是众多银行集中的沿海城市，但与股份制银行和五大国有银行强大实力相比，城市商业银行缺乏竞争优势。同时，地理区域的扩张需要相应的资金、IT技术和人力资源的支持，因此，城市商业银行将引进外资视为其快速发展的重要途径，外资的进入为其扩张提供了相应的技术、资金和人力培训。

二、城市商业银行的战略投资者

（一）概况

从时间上看，城市商业银行是最早允许境外战略投资者进入的中资银行，20世纪90年代末，一些国际金融机构开始进入我国一些中心城市的商业银行，但持股比例较小。从2001年起，战略投资者开始逐渐进入股份制商业银行和大城市的城市商业银行，2003年开始进入国有银行。但由于国有银行所吸收的外资有限，且参股国有银行无法实现对企业的控制权，因此，大多数外资银行仍将城市商业银行视为其主要投资目标。

对跨国银行来讲，以参股的方式进入城市商业银行是其实现在中国国内扩张的重要手段之一。首先，与参股国有银行相比，参股城市商业银行可以更容易地获取银行管理层的重要职位，获得更大的控制权。虽然目前我国仍有外资持股限制，但将来一旦限制放松，战略投资者便可迅速获得关键股权；其次，允许城市商业银行的跨区域扩张，成为吸引外国投资者的一个重要因素。虽然城市商行竞争力较弱，但其在当地拥有更多中小企业客户和个人消费者，进入中国的跨国银行无法通过设立大量分支机构获取客户，通过参股城市商行，战略投资者可以实现其在国内的地域扩张。对跨国银行来讲，用法人独资银行和分行获得高端客户，用在城市商业银行的投资进入当地中低端客户，将会是一个最佳选择。例如，澳新银行对上海农村商业银行和天津银行的注资，上海农村商业银行和天津银行主要专注于中小企业和当地公司，在当地拥有庞大的零售客户群，澳新银行（中国）的业务则集中于大城市、机构和高端客户，彼此形成了业务互补；再次，部分发展较好的城市商业银行的资产规模、竞争实力并不比股份制银行差，其所在区域的经济发展前景成为吸引外资进入的重要因素；最后，城市银行上市可以为战略投资者带来非常好的投资收益，2007 年 7 月 19 日，南京银行和宁波银行分别在上海和深圳股市上市，战略投资者亦从中获得巨大收益。

到 2010 年，跨国银行对我国大约 20 个城市商行进行了投资。它的投资可以分为三大类型：第一大类型是城市商业银行中的“第一梯队”，它们的资产规模、较好的经营业绩和所在区域的经济发展潜力成为吸引外资银行的重要因素。例如，外资首先参股的上海银行、南京银行、宁波银行和北京银行，这些银行的资产增长速度快，资产质量不断提高，并在银监会批准后开始在全国范围内逐步扩张。2010 年，资产规模在一千亿以上竞争实力较强的十大城市商业银行有：南京银行、包商银行、杭州银行、哈尔滨银行、成都银行、东莞银行、重庆银行、北京银行、汉口银行和宁波银行，这些银行中只有包商银行、哈尔滨银行和东莞银行没有引入战略投资者。第二大类型是当地商誉较强，与当地客户关系密切，可以较好地满足中小企业贷款需求的银行。南充市商业银行是这些中小银行的典范，南充市商业银行虽然规模小，但各项财务指标非常优秀，资产质量在西部地区名列首位，银行整体竞争力较强，它成为第一家成功引进战略投资者的二级城市商业银行。第三大类型是具有战略地位的城市商业银行，如对西安商业银行、长沙银行、齐鲁银行、厦门银行、乌鲁木齐银行等银行的投资，这些城市商行虽然目前没有太大的竞争实力，但均为我国各省会城市的商行，地区影响力较大，外资入股可以获得较好的战略布局。

外资银行对城市商业银行的选择，通常将其竞争优势与城市商业银行的优势相结合，借助城市商行实现其在中国的市场渗透。例如，对南充市银行投资的两家外资银行，DEG 是德国最大的政策性金融机构——德国复兴信贷银行——的全资子公司，1985 年进入中国，为 30 多个项目提供融资。另一股东 SIDT 是德国中小金融机构的联盟组织，占德国中小企业贷款市场 40% ~48% 的份额。ING 是荷兰最大的零售银行，该行看重了北京银行零售业务客户群，希望利用其众多个网点销售 ING 的保险和理财产品。

表 5-11 城市商业银行与境外战略投资者的合作

<table>
<tr><th>中资银行</th><th>境外战略投资者</th><th>外资所占股权
签约时间</th><th>合作内容</th></tr>
<tr><td rowspan="3">上海银行</td><td>IFC</td><td>1999 年 9 月投资 2400 万美元（2 亿元）获得 5% 股权，2001 年再次投资 2500 万美元，占股 15%，后减至 7%。</td><td>派驻 1 名董事。加强董事会在银行战略、管理和运营政策等方面的作用。</td></tr>
<tr><td>汇丰银行</td><td>2001 年 1 月投资 6300 万美元（5.18 亿元）获得 8% 股权。</td><td>派驻 1 名董事，双方合作推出信用卡。</td></tr>
<tr><td>香港上海商业银行</td><td>2001 年 12 月投资 2347 万美元（1.95 亿人民币）获得 3% 股权，0.78 亿股。</td><td>—</td></tr>
<tr><td rowspan="2">南京银行</td><td>IFC</td><td>2001 年 11 月投资 2700 万美元获得 15% 股权，1.81 亿股。</td><td>IFC 派驻 1 名董事，委派一系列专家组对员工进行培训。</td></tr>
<tr><td>法国巴黎银行</td><td>2006 年投资 8700 万美元获得 19.2% 股权，2.32 亿股。</td><td>提名 1 名董事，指派 1 名副行长，在零售银行、资本市场、消费信贷、财富管理、风险管理、信息技术、组织机构管理以及财务与人力资源等方面合作，2009 年成为南京银行第一大股东。</td></tr>
<tr><td rowspan="2">西安商业银行</td><td>加拿大丰业银行</td><td>2002 年 9 月签约（2004 年资金到位），投资 2688 万美元获得 12.5% 股权，4 年内升至 24.9%。</td><td rowspan="2">两外资股东各提名 1 名董事，加拿大丰业银行派 1 名副行长参与银行日常管理。</td></tr>
<tr><td>IFC</td><td>2002 年投资 2688 万美元获得 12.5% 股权。</td></tr>
</table>

续表

中资银行	境外战略投资者	外资所占股权 签约时间	合作内容
齐鲁银行 （位列第八位）	澳洲联邦银行	2004年9月投资7760万美元获得11%股权，12359万股。2009年扩股认购金额42980亿人民币，增股至20%。	1个董事会席位，引进IT、信用卡、信贷管理、风险管理、市场营销、财务管理及资金管理7项业务技能，双方进行按揭业务合作。2009年扩股后，澳大利亚联邦银行成为齐鲁银行的最大股东，派专家参与银行管理。
北京银行 （位列第四位）	IFC	2001年5月投资获得1.1%股权，2005年4月投资5400万美元（4.47亿人民币）获得5%股权，23137亿股。	—
	荷兰国际集团下属INC银行	2005年4月投资17.8亿元获得19.9%股权。	派出两个董事，分别担任副行长和行长助理，在个人金融、风险管理、财务管理、IT系统改造、合规性管理等方面协助北京银行，提供技术支持和培训。双方在寿险业务方面排他性合作。
杭州银行 （位列第三位）	澳洲联邦银行	2005年6月投资7760万美元获得19.91%股权，2.5亿股。	在市场营销、信用管理、IT技术、财务管理、风险管理、资金营运等业务领域提供技能转移，并提供按揭产品设计和开发技能。
		2009年再次增资51000万人民币认购7000万股，获得20%股权。	
	亚洲开发银行	2006年投资2.16亿人民币获得4.99%股权，6600万股。	提供中小企业融资方面的技能援助和公司治理、经营风险、环境管理及反洗钱与反腐败方面的技术援助。
南充商业银行	德国投资开发有限公司	2005年7月投资300万欧元获得10.30%股权。	外方不直接参与管理，主要提供长达5年的技术援助和风险管理经验。
	德国储蓄银行国际发展基金	2005年7月投资100万欧元获得3%股权。	

续表

中资银行	境外战略投资者	外资所占股权 签约时间	合作内容
天津银行	澳新银行和新西兰银行集团公司	2005 年 12 月投资 12000 万美元（1.1 亿人民币）获得 20% 股权，49562.5 万股。	双方在风险管理、零售银行、人力资源管理和信息科技等 8 个领域进行合作，外方银行提供全面技术协助，设立 500 万美元的“未来发展基金”，专门用于技术改造和人才培训。
宁波银行	新加坡华侨银行	2006 年 1 月投资 5.7 亿人民币获得 12.20% 股权，2.5 亿股。	华侨银行首席财务官进入董事会，提供风险管理、内部审计、资本运营、人力资源、信用卡以及 IT 方面技术和业务支持，提供 500 万美元员工培训款。
		2009 年增持持股比例达到 15.10%。	
厦门银行	富邦银行	2009 年投资 3400 万美元获得 19.99% 股权。	—
营口银行	马来西亚联昌银行	2009 年投资 2360 万美元获得 19.99% 股权。	—
重庆市商业银行	新加坡大新银行/美国凯雷投资基金	2006 年 12 月，大新银行投资 10.1 亿人民币获得 17% 股权，凯雷投资 7.99% 股权，共 5 亿股（8750 万美元）。	—
	香港大新银行	2006 年投资，获得 3% 股权。	—
烟台市商业银行	永隆银行	2008 年投资，获得 4.99% 股权。	—
	恒生银行	2009 年投资 8 亿人民币（11100 万美元）获得 20% 股权。	—
青岛市商业银行	意大利联合圣保银行	2007 年 12 月投资 1 亿欧元获得 19.99% 股权，4 亿股。	—
	洛希尔金融集团控股公司	2007 年投资 3400 万美元获得 4.98% 股权。	—
吉林银行	韩亚银行	2009 年投资 3.16 亿美元获得 18.44% 股权，收购 12 亿股。	—
德阳市商业银行	国际金融公司	2009 年投资 2.11 亿人民币获得 15% 股权。	—

续表

中资银行	境外战略投资者	外资所占股权签约时间	合作内容
成都银行	丰隆银行有限公司	2010年投资26100万美元获得19.99%股权。	—
乌鲁木齐市商业银行	哈比卜银行	2006年签约，投资3400万美元获得19.99%股权（交易尚未完成）。	—
上海农村商业银行	澳新银行集团	2006年投资26300万美元获得19.9%股权。	—

资料来源：笔者根据各银行年报、相关报纸杂志及公开资料整理，部分合作内容引自曾盈盈博士论文《中资银行引进境外战略投资者效果的实证研究》

（二）战略投资者提供的技术和管理支持

战略投资者为城市商业银行提供的不仅是资金支持，更为重要的是一系列技术支持和管理经验。在公司治理方面，外资首先对公司管理能力进行评估，提供公司治理方面的培训，规范了董事会、监事会在银行审计、战略计划、人力资源等方面的监管职能，并指定代表其利益的董事和独立董事参与公司管理；内控方面，帮助中资银行建立相应控制机制，确保银行日常工作遵循较为完善的内控条例；风险管理和资产组合方面，为中资银行提供了先进技术和较为成熟的系统对其资产和信贷进行风险分析和管理，各个战略投资者所提供的战略合作内容详见表5－11。

在众多外国投资者中，IFC起到了关键的承接作用。首先，IFC对中资银行的投资改善了银行经营业绩，提高其对外资银行的吸引力。花旗银行、恒丰银行等积极联手IFC投资中国商业银行。2001年，花旗银行获得上海银行8%的股权，成为第一家对中国商业银行投资的外国银行。2005年，IFC缩减其在南京银行的投资，将法国巴黎银行的股权占比增加到19.9%，IFC联手恒丰银行和新加坡GIC公司，获得兴业银行25%的股权，成为中国外资占股比例最高的商业银行。其次，国际大银行认为IFC的投资可以在一定程度上减少投资风险，IFC对中资银行的培训可以保证中资银行能够接受国际通行规则，搭建沟通渠道，减少中外合作伙伴商务文化和商务发展战略之间的差距。最后，由于IFC的特殊身份，中外投资者通常认为 IFC 与自己并没有根本的利益冲突，沟通交流更为顺畅，也更加尊重 IFC 的意见和建议，IFC 的投资并没有挤出私人投资，反而成为私人投资的指南。由于战略投资者最高投资额为 20%，许多银行不愿意和其他银行共同投资，更愿意和较为中立的 IFC 合作共同执股，由 IFC 控制剩余的 5%。

外资的进入为城市商业银行业的发展提供了新的动力，帮助其进入了一个新的发展阶段。以 IFC 对上海银行的投资为例，IFC 在投资前，要求上海银行按照国际会计标准建立账簿，提高银行融资透明度、贷款质量和收入来源。进入上海银行后，首先重组了公司管理层，明确了董事长和执行总裁之间的分工，扩大了董事会的管理权力，设立融资主管和风险主管，建立了负责风险管理、审计和赔偿业务并且独立于董事会的管理委员会，加强内部审计职能，提高了公司的整体管理水平，IFC 指定的董事在公司战略的建立和执行中起着非常重要的作用。在 IFC 的帮助下，上海银行在总部创建了一个新的风险管理部门，引入全新贷款批准决策中心和贷后监控系统，提高了信贷过程的控制和风险评估手段，大幅提高了其风险管理能力。IFC 出资请荷兰银行、爱尔兰联合银行对上海银行进行多方面会诊，对上海银行的战略管理、市场营销、计划管理体制、组织结构网点布局、国际业务等进行全方面评估，并与每个员工进行沟通，将先进的管理观念传递给上海银行员工。同时，要求公司每年提交公司社会责任报告，以保证公司的可持续发展能力。[19]

在战略投资者的帮助下，城市商业银行开发较为全面的业务项目，IFC 和加拿大丰业银行投资西安商业银行后，在 8 大业务领域建立了全面的战略联盟关系，这些业务包括：消费者金融、MIS、零售银行业务、公司结构、金融会计、风险管理、财富管理和资本市场运营。IFC 技术支持主要集中在房屋贷款、能源效率和中小企业融资，加拿大丰业银行则专注于管理技术、管理技巧和专有知识的转移。

---

⑲ Javed Hamid , Stoyan Tenev. Transforming China's Banks：the IFC's Experiences Journal of Contemporary China Vol17（56）：449－468，2008.

表 5－12 IFC 对城市商业银行提供的技术支持

银行	投资前	投资时	投资后
上海银行	资金用于人力资源管理培训，信贷分析培训和信贷政策和流程管理方面的培训	安排其接受 IAS 审计	不断回顾信贷流程，进行压力测试以监控企业风险组合，提供中小企业贸易测试方法，提供中小银行发展战略
北京银行	信贷风险管理培训，商业战略发展	安排其接受 IAS 审计	对董事会成员提供培训，进行资产组合压力测试
南京城市商业银行	通过 PWC 提供风险管理培训	安排其接受 IAS 审计	依靠国外的资金对风险控制进行系列培训，提供董事会成员培训，引进资产组合压力测试方法
杭州联合银行（此为农村金融机构）	—	安排其接受 IAS 审计	改进信贷政策和贷款回收办法，引入新的信贷评级系统，建立风险部门和信贷监管中心，开展信贷培训，开始进行支行管理，并建立起基点模型
西安城市银行	对员工进行信贷分析培训	安排其接受 IAS 审计	支持 2005 年的信贷培训项目，提供一系列关于信贷合作的并购意见

资料来源：IFC

到目前为止，吸引战略投资者的城市商业银行的经营绩效都较为出色，上海银行和北京银行是城市商业银行中无可非议的领先者，南京银行的资本充足率、坏账率和银行绩效在城市商业银行中也处于领先地位。

三、实证分析

本节以我国城市商业银行为研究对象，利用 19 个城市商行 2001—2010 年的数据进行实证分析，这些银行中引入外国战略投资者的银行是：北京银行、南京银行、青岛银行、重庆银行、杭州银行、宁波银行、上海银行、天津银行、厦门银行、成都银行、烟台商业银行、西安银行和齐鲁银行，没有引入外国战略投资者的银行是：汉口银行、长沙银行、东莞银行、大连银行、南昌银行、平安银行。所选样本银行均为规模较大的城市商业银行，或是来自重要战略区域的银行。

由于数据有限，部分吸收战略投资者的城市商业银行无法纳入回归中。例如，南充银行是较早引进战略投资者的银行，但所得数据只有2002—2004年和2008—2009年，数据不具有连贯性，不能真实反映其业绩表现。规模较大的徽商银行和江苏银行由于数据年限太短，也无法纳入回归中。

实证研究中，本节仍使用相同的回归公式从五个方面研究外资对城市商业银行的影响，与第五节实证分析不同的是，本节根据城市商业银行的运营特点，引入了不同的参数。

（一）外资暴露指数

外资溢出效应的研究表明，外资溢出是有一定边界的。外资带来的不仅是更多企业对同一客户群争夺带来的竞争压力，先进技术和服务产品的示范效应，还有人员流动带来的技术溢出。Chung（2001）甚至认为技术溢出主要是通过人员流动进行，通过不同公司间的人员雇用，学者间的相互交流实现。鉴于我国目前银行业外资绿地新建机构分布的不均衡，当地客户对银行服务的寻求很少通过跨区域实现，因此，外资分支机构较多的区域内的本土银行能感受到更多的竞争压力，而没有外资进入的地区的银行并没有感受到太多的外资竞争压力，也没有获得相应的技术外溢。因此，技术溢出效应可能发生在区域范围而不是全国范围内。

然而由于数据缺失，笔者无法获得各城市或其所在省市历年获得的银行业外资额，虽然有各城市历年的外资银行及其分支机构的数量，但许多地区的数量为0，无法通过取对数，只能通过标准化处理，减少数量级差异，数据的标准化处理并不会改变数值的分布状况。因此，本书借鉴 Bin xu（2008）的文章，建立一个外资暴露指数（Foreign Exposure Index，FEI）。该指数利用某个城市内外资银行分支机构测量外资对本土银行的影响程度，即某个城市的外资银行分支机构越多，就意味着该区域本土银行受到的外资影响越大。对于城市商业银行来讲，$FEI_{it}=N_{it}/\mathrm{Max}(N)_{it}$，其中 N_{it} 表示城市 I 在 t 年绿地新建的外资分行和子行数，$\mathrm{Max}(N)_{it}$ 是指在本文报告期内 t 年内某地最大的新建外资分行和子行数。这个假设的前提是，所有跨国银行子行、分行的影响程度是一样的，虽然这与现实不是很相符，但鉴于目前无法区分子行、分行影响程度，只能视为影响程度是一样的。

回归中，本节利用外资暴露指数代替新建外资分行和子行的资产数。

（二）城市人均GDP

在本节的回归中，宏观经济变量选择了城市商业银行所在城市的人均GDP总量并取对数，并没有选择我国总GDP值。原因如下：

自2006年北京银行成为第一个获准在异地开设分行的城市商业银行以来，越来越多的城市商业银行开始进行跨区域经营。2009年银监会下发《关于中小商业银行分支机构市场准入政策的调整意见（试行）》，取消了城市商业银行分支机构设立的数量限制和营运资金要求，跨区域经营的银行数量迅速增加，各银行都加快了其在全国的战略布局。与全国性大银行相比，城市商业银行的经营能力、人力资源水平和技术水平均有较大差距，跨区域经营在某种程度上反倒凸显了城市商业银行的弱点，跨区域扩张的初期并不一定会带来更多收益。据统计，北京银行、南京银行和宁波银行虽然均较早实现了跨区域经营且进入了各核心城市，但带来的收益极小，3家银行本地收入额占其总收入额的比例平均达到97.9%[20]，因此，银行所在城市的经济发展情况成为影响其经营业绩的重要因素。

表5-13　基本统计变量

Variable		中间值	标准差	最小值	最大值	观察值
						N =19
LTA	overall	10.76935	0.9809592	8.32288	13.50519	N =185
ROAA	overall	0.7206522	0.4236178	0.03	1.73	N =184
CI	overall	45.32783	14.81411	23.49	91.44	N =184
NLA	overall	48.79277	8.556825	20.16	71.2	N =184
TIER 1	overall	9.819314	4.287658	0.78	26.85	N =102
EA	overall	5.173098	2.123058	-0.4	13.07	N =184
NPL	overall	4.457686	4.512466	0.33	24.64	N =121

⑳ 王松奇．中国商业银行竞争力报告（2010）[M]．北京：社会科学文献出版社．

续表

Variable		中间值	标准差	最小值	最大值	观察值
OLA	overall	0. 382337	0. 3947434	-0. 08	2	N = 184
INF	overall	2. 172054	2. 147801	-0. 77	5. 86	N = 185
INTRATE	overall	3. 297892	0. 186067	3. 06	3. 6	N = 185
FS	overall	0. 0749838	0. 1046781	0	0. 25	N = 185
FEI	overall	0. 0974065	0. 1673381	0	1	N = 185
LPGDP	overall	10. 4479	0. 5887697	8. 729901	12. 51953	N = 185
FD	overall	0. 3567568	0. 2157162	0	1	N = 185
BL	overall	0. 0486486	0. 2157162	0	1	N = 185

四、外资对城市商业银行资产收益率的影响

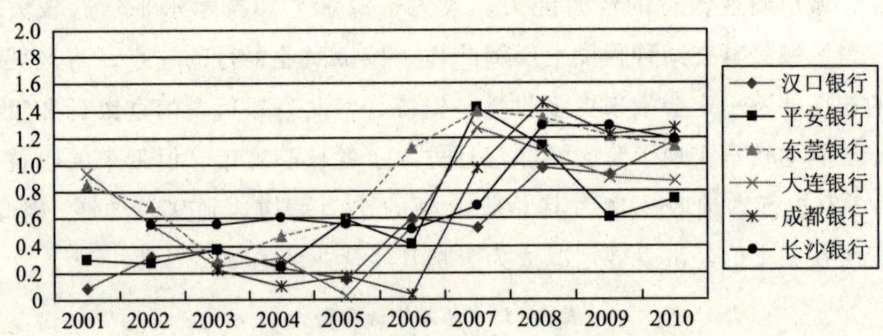

图 5 - 11　没有战略投资者进入的城市商业银行资产收益率

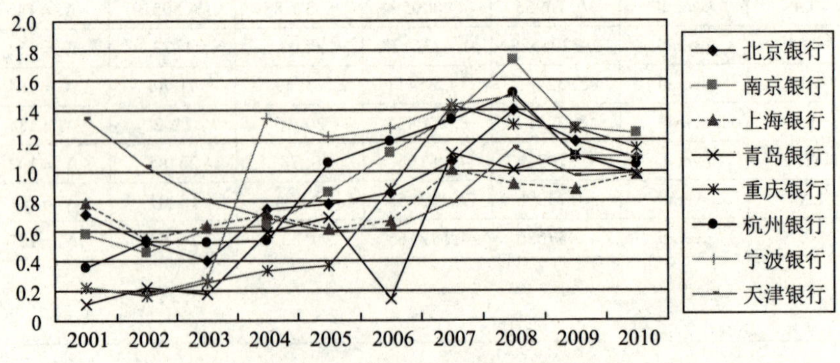

图 5 - 12　有战略投资者进入的城市商业银行资产收益率

由于我国城市商业银行还处于不断的调整、并购和重组的过程中，其资产收益率的波动幅度较大。图 5－11 表示的是 2001—2010 年间没有战略投资者进入的城市商业银行资产收益率变化情况，图 5－12 表示的是 2001—2010 年有战略投资者进入的商业银行的资本收益率变化情况。

比较这些银行的资产收益率，可以发现，第一，除了上海银行的战略投资者是在 2001 年进入，许多战略投资者在 2004—2005 年间进入，还有部分选择在金融危机后进入。同期相比，外资选择进入的银行的资产收益率一般要好于其他银行。第二，2006 年以后，各城市商业银行都进入迅速发展时期，资产收益率增长速度较快。有外资进入的银行的资产收益率整体水平要好于第一组银行，但无明显差异。

实证公式如下：

$$ROAA_{ij} = \sum \alpha_{ij}\mathrm{Foreign}_{ij} + \sum \beta_{ij}X_{ij} + \sum \delta_{ij}Y_{ij} + \varepsilon_{ij}$$

其中，$ROAA_{ij}$ 表示银行资产收益率，$\mathrm{Foreign}_{ij}$ 表示银行业外资，X_{ij} 表示样本银行的经营能力，Y_{ij} 表示宏观因素。

表 5－14　外资对城市商业银行资产收益率的影响

	(1) RE ROAA	(2) RE ROAA
LTA	0.224*** (4.13)	0.224*** (4.12)
INF	0.0309** (2.86)	0.0308** (2.86)
INTRATE	-0.234 (-1.56)	-0.232 (-1.55)
FEI	-0.593* (-2.43)	-0.581* (-2.34)
FD	-0.00209 (-0.03)	—
FS	—	-0.0341 (-0.11)

续表

	(1) RE ROAA	(2) RE ROAA
DL	0.0720 (0.59)	0.0726 (0.59)
LPGDP	0.147* (2.16)	0.149* (2.18)
-CONS	-2.451* (-2.52)	-2.505** (-2.56)
N	184	184
HAUSAMAN	$P=0.4820$	$P=0.4538$
R^2	0.4809	0.4814
WALD TEST	158.46 P=0.0000	158.67 P=0.0000

注：括号内为t值，*表示 $p<0.05$，**表示 $p<0.01$，***表示 $p<0.001$

实证结果表明，各城市商行的资产收益率与其自身的资产规模显著相关，其所在地区的人均 *GDP* 和通货膨胀率对其收益率呈正向显著影响，这表明各城市商行的发展与其所在区域的经济发展水平有密切关系，但与银行是否为上市公司没有太多关联。战略投资者的引入对其资产收益率呈现负向不显著影响，也就是说，引入战略投资者对其利润率并没有明显改善作用。该区域内绿地新建的外资数量却与其资产收益率亦呈现负向显著影响，即意味着绿地新建的跨国银行分支机构对客户的争夺会影响城市商行的收益。我国在 2006 年 12 月实践入世承诺前，大部分绿地新建跨国银行的经营业务较为有限，服务客户集中于大型客户和外资客户，2007 年后取消外资经营限制后，在国内新客户的争夺中，外资银行的竞争实力远大于城市商业银行，引起了城市商业银行收益率的下降。

五、外资对城市商业银行经营成本的影响

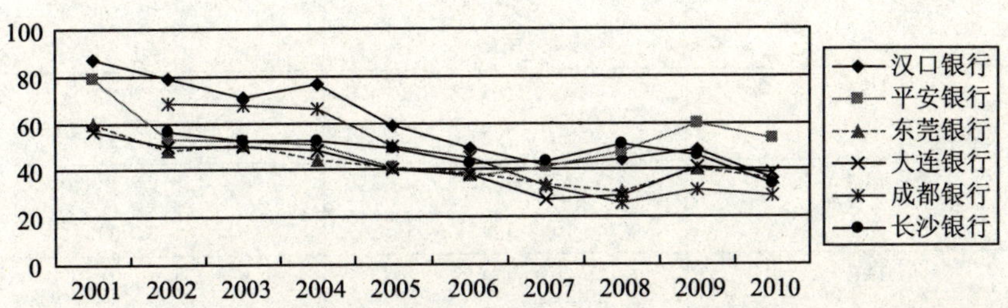

图 5-13　2001—2010 年无战略投资者进入的城市商业银行资产成本收入比

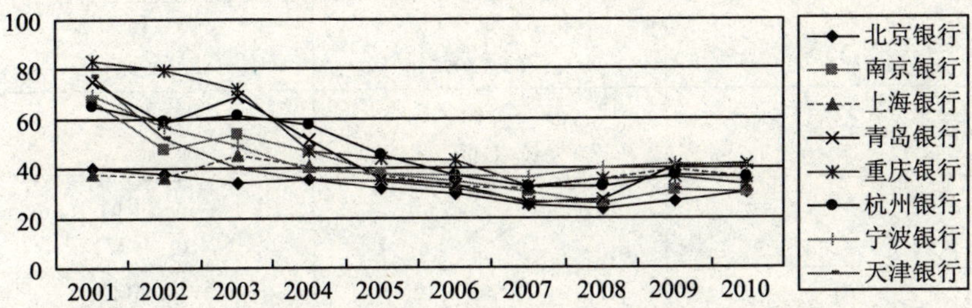

图 5-14　2001—2010 年有战略投资者进入的城市商行的资产成本收入比

图 5-13 表示的是 2001—2010 年没有战略投资者进入的城市商业银行资产成本收入比变化情况，图 5-14 表示的是 2001—2010 年有战略投资者进入的城市商行的成本收入变化情况。随着我国经济发展和银行改革的深化，所有样本银行的成本收入比均出现明显下降。观察两组图可以发现，有外资进入的城市商行成本收入比整体情况好于没有外资进入的城市商行，经营过程比较稳健，没有出现大的波动。

实证公式如下：

$$CI_{ij} = \sum \alpha_{ij}\mathrm{Foreign}_{ij} + \sum \beta_{ij}X_{ij} + \sum \delta_{ij}Y_{ij} + \varepsilon_{ij}$$

其中，CI_{ij} 表示成本收入比，Foreign $_{ij}$ 表示银行业外资，X_{ij} 表示样本银行的经营能力，Y_{ij} 表示宏观因素。

表 5-15　外资对城市商业银行成本收入比的影响

	(1) RE CI	(2) RE CI
LTA	-12.65***	-12.70***
	(-7.21)	(-7.23)
NLA	-0.422***	-0.421***
	(-3.92)	(-3.90)
INF	-1.378***	-1.388***
	(-4.30)	(-4.33)
INTRATE	-7.441	-7.583
	(-1.63)	(-1.67)
FEI	30.53***	31.16***
	(3.85)	(3.90)
FD	-2.021	—
	(-1.00)	
FS	—	-10.61
		(-1.12)
DL	4.362	4.614
	(1.19)	(1.25)
LPGDP	-4.962*	-4.889*
	(-2.29)	(-2.25)
-CONS	278.9***	279.1***
	(9.34)	(9.39)
N	183	183
HAUSAMAN	$P=0.0675$	$P=0.0969$
R^2	0.6377	0.6383
WALD TEST	279.85	281.29
	$P=0.0000$	$P=0.0000$

注：括号内为 t 值，* 表示 $p<0.05$，** 表示 $p<0.01$，*** 表示 $p<0.001$

实证结果表明，城市商业银行的资产规模、贷款占比、城市商业银行所在区域经济发展水平、通货膨胀水平对城市商业银行的经营成本有显著负向影响。城市商行规模越大，经营成本越低，说明城市商行仍处于规模扩张阶段，规模较大的商行可以享受规模经济效益。城市商行的成本与其资产配置有关，贷款/资产比率越高，其成本越低，说明其主要收益仍来自于利差收入，而一些其他业务收入的开展则耗费了其大量资本投入。城市经济发展水平越高，经营成本越低，越有利于银行的发展。外资方面，战略投资者的进入会进一步改善公司治理水平和管理水平，降低经营成本，但效果并不明显。但当地区域内绿地新建的外资银行却对其经营成本有明显的正向显著影响，意味着，城市商业银行不得不采取措施加大成本投入获取先进的技术设备，加强对员工的培训，投入资金开发新的业务品种，提高自身的竞争力，以应对绿地新建外资银行带来的现实或潜在竞争。

六、外资对城市商业银行业务创新能力的影响

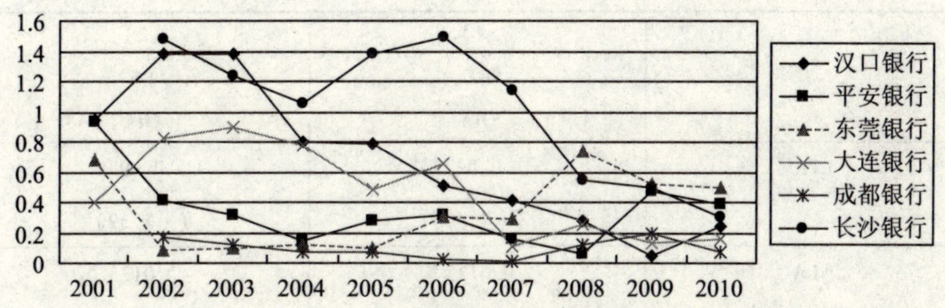

图 5-15　2001—2010 年没有战略投资者进入的城市商业银行非利息收入比

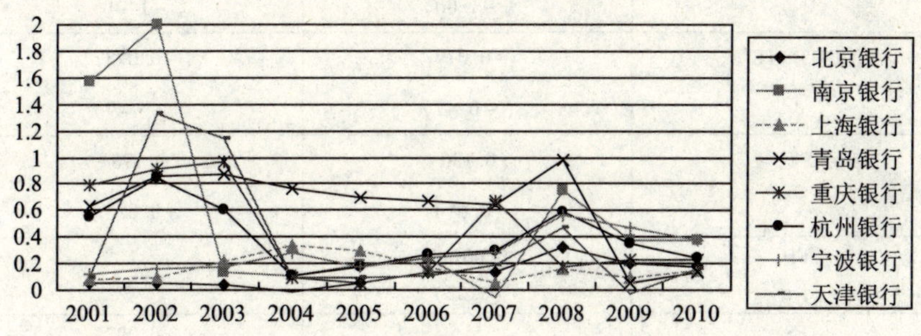

图 5-16　2001—2010 年有战略投资者进入的城市商行的非利息收入比

图 5-15 表示的是 2001—2010 年没有战略投资者进入的城市商业银行非利息收入比变化情况，图 5-16 表示的是 2001—2010 年有战略投资者进入的城市商行的非利息收入比变化情况。由于各家银行经营特色和发展经

历的不同，各家银行的非利息收入比的变化各具特色，但总体比率并不高，明显低于国有商业银行和股份制银行，说明城市商行在业务创新方面没有太多的竞争实力。观察两组图可以发现，有外资进入的样本银行经营比较稳健，没有大起大落，但总体平均比率未必高于没有外资进入的样本银行。

实证公式如下：

$$OIA_{ij} = \sum \alpha_{ij}\text{Foreign}_{ij} + \sum \beta_{ij}X_{ij} + \sum \delta_{ij}Y_{ij} + \varepsilon_{ij}$$

其中，OIA_{ij} 表示非利息收入比，Foreign $_{ij}$ 表示银行业外资，X_{ij} 表示样本银行的经营能力，Y_{ij} 表示宏观因素。

表 5－16　外资对城市商业银行非利息收入比的影响

	(1) RE OIA	(2) RE OIA
LTA	-0.0985 (-1.40)	-0.0975 (-1.39)
NLA	-0.0123** (-2.95)	-0.0123** (-2.95)
INF	-0.0116 (-1.00)	-0.0117 (-1.01)
INTRATE	-0.0797 (-0.47)	-0.0787 (-0.47)
FEI	0.196 (0.61)	0.198 (0.61)
FD	0.00117 (0.02)	—
FS	—	-0.0271 (-0.08)
DL	0.0640 (0.47)	0.0650 (0.48)
LPGDP	-0.102 (-1.20)	-0.100 (-1.17)

续表

	(1) RE OIA	(2) RE OIA
-CONS	3.374** (3.04)	3.344** (3.02)
N	184	184
HAUSAMAN	$P=0.9761$	$P=0.9767$
R^2	0.1441	0.1276
WALD TEST	26.57 $P=0.0000$	26.57 $P=0.0000$

注：括号内为 t 值，* 表示 $p<0.05$，** 表示 $p<0.01$，*** 表示 $p<0.001$

使用同样的自变量检测对城市商业银行非利息收入变化的影响，却发现所有的自变量中，只有银行资产配置是重要影响因素，用于贷款的资产越多，非利息收入越少。其他因素，如银行资产规模、银行所在区域经济发展水平、是否引入外资等都不是重要影响因素。

与国有商业银行、股份制银行不同的是，城市商业银行的非利息收入主要来自于凭借与地方政府的关系，获得的一些财政性项目、居民水费、电费、工资的代办代收，在外汇收支、贸易融资、投资银行收益、理财产品等与外资可能有竞争领域中基本没有竞争力，战略投资者的进入和绿地新建银行都不会影响这些收益来源，但在短时间内亦无法改变其收入来源，提高其创新能力。虽然这几年银行规模不断扩大，但各银行的非利息收入比却处于下降状态。也就是说，各商业银行的非利息收入比正处在一个重整的过程。

七、外资对城市商业银行核心资本充足率的影响

图 5-17 表示的是 2007—2010 年间没有战略投资者进入的城市商业银行核心资本充足率变化情况，图 5-18 表示的是 2002—2010 年有战略投资者进入的城市商行的核心资本率变化情况。比较两组图，可以发现有外资进入的城市商行的核心资本充足率较高。

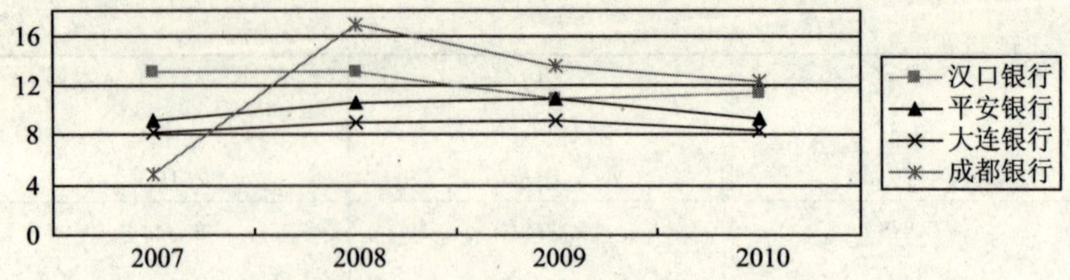

图 5-17　2007—2010 年没有战略投资者进入的城市商业银行核心资本充足率

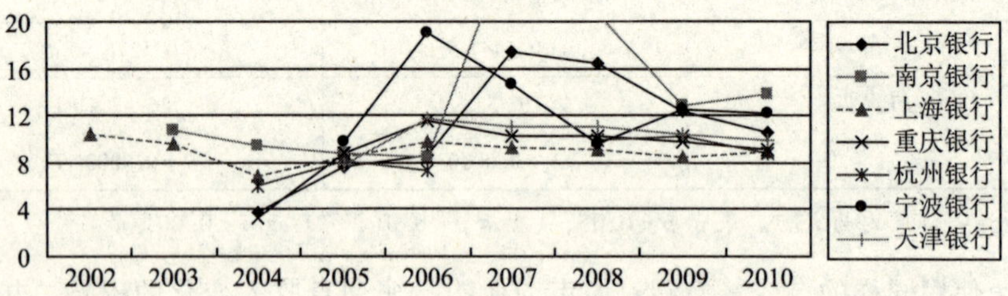

图 5-18　2002—2010 年有战略投资者进入的城市商行的核心资本充足率

实证公式如下：

$$TIER1_{ij} = \sum \alpha_{ij}\,\text{Foreign}_{ij} + \sum \beta_{ij} X_{ij} + \sum \delta_{ij} Y_{ij} + \varepsilon_{ij}$$

其中，$TIER1_{ij}$ 表示银行核心资本充足率，Foreign_{ij} 表示银行业外资，X_{ij} 表示样本银行的经营能力，Y_{ij} 表示宏观因素。

表 5-17　外资对城市商业银行核心资本充足率的影响

	(1) RE TIER1	(2) RE TIER1
LTA	0.492 (1.12)	0.511 (1.15)
EA	1.558 *** (13.62)	1.559 *** (13.70)
INF	0.105 (1.10)	0.0998 (1.06)
LPGDP	1.718 *** (3.42)	1.701 *** (3.36)

续表

	(1) RE TIER1	(2) RE TIER1
DL	0.166 (0.17)	0.115 (0.12)
FD	1.386 ** (2.81)	—
FS	—	6.131 ** (2.66)
FEI	-2.312 (-1.41)	-2.015 (-1.22)
-CONS	-23.76 *** (-4.63)	-23.88 *** (-4.62)
N	101	101
HAUSMAN	$P=0.0864$	$P=0.1865$
R^2	0.7767	0.7754
WALD TEST	321.26 $P=0.0000$	318.10 $P=0.0000$

注：括号内为 t 值，* 表示 $p<0.05$，** 表示 $p<0.01$，*** 表示 $p<0.001$

实证结果表明，城市商业银行资产规模对其核心资本充足率的影响虽然为正，却并不显著，但银行资产结构对其核心资本充足率有显著正向影响，股本/资产比越大，其核心资本充足率越高。城市商业银行所在地区的经济发展水平对其核心资本充足率有显著正向影响，地区发展水平越高，其核心资本充足率越高，但银行是否上市并没有显著影响。战略投资者的进入对城市商业银行核心资本充足率有正向显著影响，外资份额越高，对其核心资本充足率的影响越明显。战略投资者的管理理念和资金投入改善了中资银行核心资本充足率，绿地新建外资分支机构对城市商业银行资本充足率的影响为负，但并不显著。

八、外资对城市商业银行资产质量的影响

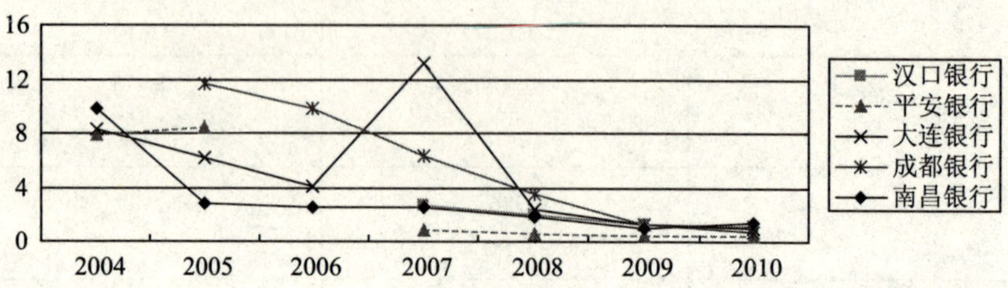

图 5－19　2004—2010 年没有战略投资者进入的城市商业银行不良贷款率

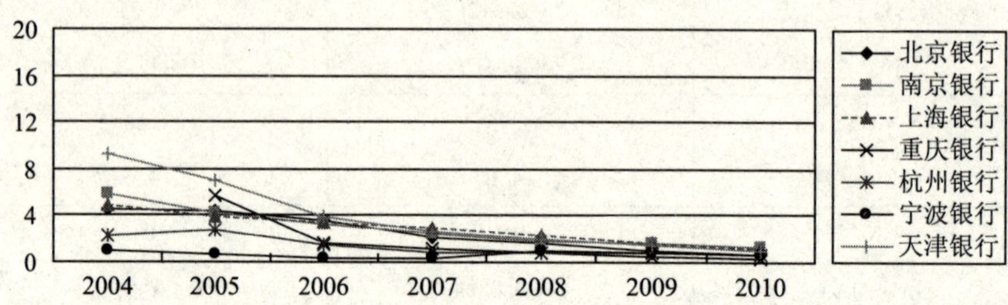

图 5－20　2004—2010 年有战略投资者进入的城市商行的不良贷款率

图 5－19 表示的是 2004—2010 年没有战略投资者进入的城市商业银行不良贷款率情况，图 5－20 表示的是 2004—2010 年有战略投资者进入的城市商行的不良贷款率变化情况。比较两组图，可以发现有外资进入的城市商行经营比较稳健，其不良贷款率总体情况好于没有外资进入的样本银行。

实证公式如下：

$$NPL_{ij} = \sum \alpha_{ij} \text{Foreign}_{ij} + \sum \beta_{ij} X_{ij} + \sum \delta_{ij} Y_{ij} + \varepsilon_{ij}$$

其中，NPL_{ij} 表示不良贷款率，Foreign_{ij} 表示银行业外资，X_{ij} 表示样本银行的经营能力，Y_{ij} 表示宏观因素。

表 5－18　外资对城市商业银行不良贷款率的影响

	(1) RE NPL	(2) RE NPL
LTA	－1.994*	－2.170*
	(－2.42)	(－2.54)
NLA	－0.0511	－0.0571
	(－1.01)	(－1.09)
INF	－0.292*	－0.296*
	(－2.11)	(－2.16)
INTRATE	1.792	1.469
	(0.96)	(0.79)
FEI	6.152*	6.306*
	(2.04)	(2.02)
FD	－1.936*	—
	(－2.30)	
FS	—	－8.251*
		(－2.05)
DL	2.019	2.170
	(1.39)	(1.48)
LPGDP	－3.706***	－3.724***
	(－4.18)	(－4.13)
－CONS	63.32***	66.69***
	(4.62)	(4.83)
N	121	121
HAUSAMAN	$P=-13.54$	$P=0.7902$
R^2	0.4474	0.4306
WALD TEST	107.76	108.62
	$P=0.0000$	$P=0.0000$

注：括号内为 t 值，* 表示 $pv<0.05$，** 表示 $p<0.01$，*** 表示 $p<0.001$

实证结果表明，城市商业银行的贷款坏账率和资产规模、全国经济通货膨胀水平、所在区域的宏观经济发展水平密切相关，呈显著负相关。资本规模越大，经济发展水平较高，通货膨胀率较低时，银行的贷款坏账率较低。但与是否为上市公司无显著相关关系。战略投资者的进入明显改善了城市商行的坏账率，外资所持份额越高，不良贷款率的下降程度越为明显。然而当地绿地新建的外资银行分支机构的存在却明显提高了城市商业银行的不良贷款率，绿地新建银行成为城市商业银行的潜在竞争对手，为了维护自身市场份额或继续开拓市场，城市商业银行不得不转向一些风险较大的贷款项目，从而导致不良贷款率上升。

九、小结

总结本节的实证结果，可以发现：

第一，对城市商业银行来讲，本区域经济发展水平和银行自身资产规模是影响其绩效提高的最重要因素。由于我国各区域经济发展水平差距较大，以所在区域客户为主要服务对象的城市商业银行，在国家利差保持相对稳定的情况下，其利息收入主要来自信贷规模的扩张。所在城市经济发展水平越高，发展速度越大，其对信贷的需求亦越大，为当地城市商业银行创造了更好的发展机会。银行业是一个规模经济行业，城市商业银行的规模越大，信贷和业务能力越强，绩效提高越快。这表明，城市商业银行仍处于快速发展阶段，资产规模成为其自身竞争优势之一。

第二，外资对城市商业银行的经营绩效的影响如下：

表 5－19　银行业外资对城市商业银行的经营业绩的影响

实证目标	资产收益率	成本收入比	非利息收入比	核心资产充足率	不良贷款率
战略投资者	负相关不显著	负相关不显著	负相关不显著	正相关显著	负相关显著
绿地新建银行	负相关显著	正相关显著	负相关不显著	负相关不显著	正相关显著

（1）比较两组样本中城市商业银行的业绩，战略投资者进入的银行引资之前的经营业绩优于其他城市商业银行。

（2）战略投资者对城市商业银行的正常运营，如资产收益率、成本收入比和非利息收入比（创新能力）并没有明显影响，技术溢出效应并不明显。战略投资者在改变城市商业银行经营最核心、最关键的因素——核心资产充足率和不良贷款率方面起到了积极作用。

可以发现，在相同的回归方法下，分别使用FD和FS进行回归后，公式中其他变量的系数没有太大区别。比较FD与FS的回归值，发现只有外资持股比例高于一定值时，持股比例带来的效应（与FS回归值的乘积）才会高于Dummy变量FD所代表的外资进入效应。

（3）绿地新建银行表现出明显的竞争效应，减少了其收益率，提高了所在区域商业银行成本收入比，提高了城市商业银行的不良贷款率。

第七节 实证结果的比较

总结上两节的实证结果，我们可以发现：

第一，战略投资者对于不同类别银行经营业绩的改善并不相同。

首先，与战略投资者进入时间的长短有关。战略投资者在2003年左右陆续进入国有商业银行和股份制银行，而城市商业银行的样本中，战略投资者进入较早的银行只有北京银行、上海银行、南京银行和天津银行，其他银行吸引的战略投资者进入时间较短；其次，中资银行自身技术水平的不同。根据技术差距论，东道国与外资之间的技术差距相距会影响技术外溢效应，国有商业银行和股份制银行与银行业外资的技术差距相对较小，可以有足够的能力和资金去吸收、应用外资带来的技术和管理理念，而城市商业银行与银行业外资的技术差距较大，短时间内无法较好地实现技术外溢效应。但我们仍可以从图表中看出，引入战略投资者的城市商业银行经营状态较为稳定，没有太大起伏，整体经营质量好于无外资进入的样本银行；再次，可能与战略投资者的投资目的有关。进入国有商业银行的投资者所占股份较小，且以获利为主，无法对核心资产率、不良贷款率改善表现出明显影响，而城市商业银行的股权较为分散，许多银行的战略投资者已成为其第一或第二大股东，对其生产经营有较大影响力，应从其最核心、最关键部分进行整改，以提高城市商业银行的长期发展能力和区域扩展能力；最后，可能与城市商业银行的样本选择有关，样本中包括了一些没有引入战略投资者的银行，因此回归中战略投资者的作用不是很明显。

第二，比较绿地新建外资对两大类银行的影响，其对各类银行都表现出一定的竞争效应。绿地新建外资靠争夺优势客户获得利润，对国有商业银行和股份制银行造成一定威胁，促使其提高其收益率和核心资产率的同时提高了其不良贷款率，有一定的“鲶鱼效应”。但对于城市商业银行来讲，竞争效应直接导致城市业银行收益降低，成本和不良贷款率上升。

第三，对于非利息收入比代表的银行创新能力的改善，只有绿地新建银行为国有商业银行和股份制银行带来了正向示范效应，战略投资者的进入并没有带来中资银行创新能力的提高。一方面可能是由于双方技术差距过大，技术溢出效应不明显。另一方面也说明，战略投资是不会将最具竞争优势的技术转让给合作伙伴的，一是因为股权的限制，二是由于战略投资者根本不可能转让最先进的技术来培养一个潜在竞争对手。

| 第六章 |

金融危机中的银行业外资

多年来，国际银行资本在许多发展中国家的经济发展中起着非常重要的作用。到2008年年底，外资银行及其分支机构在亚洲、欧洲和拉丁美洲发展中国家分别提供超过了15000亿、9000亿美元贷款和800亿的美元贷款。

受历史渊源、东道国政策及各国经济发展水平等诸多因素的影响，国际银行资本在发展中国家的分布并不均衡。总的来讲，亚洲国家的银行所有权结构较为平衡，与其他发展中国家相比，亚洲国家突出了国有银行与其他所有制银行相比的相对重要性，尤其是印度和中国的国有银行在银行体系中占据重要地位。拉丁美洲的外资银行和私人银行各占40%的银行资产，国有银行占20%份额。中东欧国家的外资银行平均控制了高于60%的银行总资产，个别国家的比例更高。国家个例中，中国香港、匈牙利、墨西哥、秘鲁、波兰、新加坡等国和地区的外资银行资产所占比例大于50%，巴西、哥伦比亚、以色列、马来西亚、菲律宾、南非、泰国和土耳其的私人银行所占比例占50%以上，阿根廷、印度、中国、韩国的国有银行所占比例高于30%以上。[21]

对于发展中国家来讲，银行业外资所占份额的高低涉及一个非常重要的问题，即一旦发生金融危机，银行业外资会对发展中东道国经济带来怎样的影响？本文对国际金融危机进行了区分，如果是发展中东道国内部发

㉑ 《国际清算银行报告 BIP54（2010）》。

生金融危机，本文称之为“内源金融危机”，如果是东道国以外的国家发生金融危机，我们称之为“外源金融危机”。

第一节
历次发展中国家金融危机中的银行业外资

一、理论综述

关于发展中国家银行业外资在金融危机中的作用，理论界通常有两种观点。

第一，银行业外资是东道国金融体系的“稳定器”。

综合学者的研究结论，银行业外资在发展中国家所起到的稳定器（Stabilizer）作用主要表现为：① 跨国银行遍布全球的高效有序的投资组合可以有效分散风险，东道国发生金融动荡，国内信贷收缩时，跨国银行为其分支机构提供充分支持，保证其获得充分的流动性和资本维持正常运营，继续为当地企业提供信贷，从而为动荡的东道国金融体系带来稳定因素；② 如果东道国居民对本土银行信任度较低，可以将资产转移到跨国银行分支机构中，而不是直接转移到国外。跨国银行可以减缓东道国资金外逃对信贷收缩和汇率贬值带来的压力；③当东道国发生危机时，跨国银行可以并购本土银行帮其渡过难关，维持银行业正常信贷量，避免了银行业动荡，危机过后，跨国银行可以帮助被并购银行重建管理和经营模式，促进东道国银行业市场体制的建立，提高东道国银行资本质量，降低危机复发可能性；④ 与发达国家相比，发展中国家经济较为脆弱，如果跨国银行在东道国银行体系中占有较大份额，危机发生时，可以减少危机对东道国经济的冲击。

第二，跨国银行是东道国金融危机爆发的诱因。

另外一些学者认为，跨国银行进入会增加东道国金融体系的不稳定性。①外资进入带来的先进技术产品和竞争压力严重损害本土银行利益，迫使本土银行不得不寻找新的风险投资，加剧了东道国金融体系的不稳定性，造成风险在东道国内部的积累；② 跨国银行遍布全球的分支机构可能会成为全球金融危机的传导体，导致经济和金融动荡的全球传播。如果母国经济金融条件恶化，母行会从其分支机构中抽调大量资金，造成东道国资金大量外流，引起国内金融动荡；③当东道国发生危机时，外资银行的全球网络可以成为资金外逃的重要渠道，外资银行会根据其投资预期和东道国经济发展态势调整资本在全球的分布，适时收缩信贷规模，抽调资金回本国，防止东道国危机对其经营的负面影响，资金的减少会进一步恶化东道国经济发展状况。

二、墨西哥金融危机中的银行业外资

20 世纪 80 年代，墨西哥开始经济体制改革，通过降低贸易壁垒、改革利率、放宽资本流入限制等措施引入大量资本，并希望借助外国资本推动本国国企的私有化。大量的资本进入曾使墨西哥经济快速增长。金融监管放松和公众对未来前景的较好预期，使得国内信贷大幅增长，但这些美元贷款却被主要用于资本市场投机和个人消费。当实体经济在美国跨国公司强烈冲击下出现企业大量破产，失业率迅速升高，政府财政赤字上升，经济情况严重不稳时，外资开始大量撤出，货币快速贬值，外汇储备被大量消耗，政府不得不宣布比索贬值，1994 年金融危机爆发。墨西哥是最早开放银行业的拉美国家，但 1994 年金融危机爆发前，只有花旗银行较为活跃，在贷款市场只占 1%，银行业外资并不是危机爆发的原因。为了挽救本国银行体系，1994 年后政府才开始允许跨国银行有条件参与本国银行私有化，1999 年末完全取消对外资的限制，2003 年年底，外资控制的总资产在其银行业总资产中的比例达 80%。

三、阿根廷金融危机中的银行业外资

20 世纪 90 年代初，阿根廷政府开始大规模推行私有化，实行无条件开放本国金融市场和高财政赤字的政策以促进经济发展。1994 年的墨西哥金融危机波及阿根廷后，阿根廷银行业受到严重影响，12 家银行破产，41

家银行合并（Moody，1995）。为了应对银行业危机，政府被迫开放全面银行业市场，开放程度远高于墨西哥，外资银行在短期内大量进入阿根廷。1999 年，阿根廷有外资银行 48 家，资产占比 45%。

由于经济发展过程中，国际收支严重失衡，累积巨额外债，固定汇率无法实现调节经济功能，从 1998 年开始，阿根廷经济发展陷入停滞状态，2001 年爆发金融危机。大量外债的存在和外资银行对银行业务的全面控制，使得政府已逐渐丢失了对金融的调控能力。危机的爆发使外资银行亏损严重，出现大规模资金外逃，甚至涉嫌非法转移资产，令阿根廷企业和居民损失惨重。阿根廷政府被迫冻结银行存款宣布债务违约。外资银行的母行和母国政府不断给阿根廷政府施加政治和经济压力，试图使资本外逃合法化。跨国银行在危机中表现出赤裸裸的利益至上原则，不惜利用经济和政治权力维护自身权益。

四、亚洲金融危机中的银行业外资

20 世纪 90 年代，部分亚洲国家通过举债促进国内经济高速增长，但出口导向型经济没有实现及时转型，国际债务亦以中短期债务过多，清偿压力大，部分国家在 90 年代中期已不具备偿债能力。同时，政府没有深刻认识到金融开放的潜在风险，在缺乏有效监控手段时大幅开放国内金融市场，在保持固定汇率的同时开放资本市场，为国际游资提供机会。1997 年 7 月，在索罗斯基金的炒作下，泰国在国家外汇储备即将被耗尽时，被迫宣布放弃固定汇率制，引发东南亚金融风暴，菲律宾、马来西亚、韩国、日本等国的金融业都受到了严重冲击。

与阿根廷 2001 年金融危机爆发的原因不同，亚洲金融危机并不是由银行业外资引起的。危机爆发前，外资银行在亚洲国家的银行业参与度一直较低，泰国的外资银行业务经营受到严格限制。亚洲金融危机后，为了获得重整银行业所需的大量资本并满足 IMF 苛刻的贷款要求，许多亚洲国家才开始逐步开放其银行业。泰国允许外资设立分行且并购本国银行股权，韩国 1997 年后急速开放银行业市场，外资银行可以自由设立合资银行和全资分支机构，2004 年外资银行在韩国银行业的比重达到 40%。

五、俄罗斯及中东欧地区金融危机中的银行业外资

俄罗斯 1997—1998 年经历了三次金融危机，主要原因是国内经济增长缺乏动力，仅靠外债维持经济运行，金融市场混乱，政府只能靠发行货币维持财政和银行运营。金融危机的爆发使得外国投资者纷纷撤离，第一次危机大约有 100 亿美元撤离，第二次抽逃 140 亿美元，第三次造成国内银行全面瘫痪，政府下台，并波及中东欧地区。中东欧国家在经济转型过程中，也出现了类似的经济危机和金融危机。

与亚洲金融危机一样，银行业外资不是这些地区金融危机产生的原因。而是危机过后，为了重整银行业，政府采取政策吸引外资大量进入以稳定地区金融和经济秩序，外资从中获得大量收益。

第二节
2008 年金融危机中的发展中国家银行业外资[22]

由美国 2007 年次贷危机引发的全球金融危机使得发达国家陷入经济萧条，对全球银行业造成严重影响，大多数发达国家银行出现流动性紧缩、风险资产大幅上升等经营困境，出现严重亏损。这些银行不得不采取各种紧缩措施，包括卖掉所有可销售资产以维持正常经营。

历次经济危机中，跨国银行往往会采取从东道国撤回资金方式以维护母行利益。例如，1997—1998 年亚洲金融危机期间，当日本银行在国内面对股值下降和房地产价格高涨引起一系列问题时，不得不从亚洲发展中国家中大规模撤资以保持其国内最低资本流动性要求，撤资进一步推动了危机在亚洲国家的蔓延。因此，外资银行意外撤资造成的负面影响是各发展中东道国监管当局重点防范的重要问题之一。

2008 年金融危机中，大多数发展中东道国的外资银行出现了流动性紧缩、融资困难等问题，但并没有出现大规模撤资现象。东道国外资银行业

---

[22] 此节内容主要来自国际清算银行 2010 年关于各国银行业外资情况的系列报告。

务运营受到的影响，部分来自于国际金融市场和母行支持资金的短缺，但更多来自于东道国实体经济的萎缩低迷和东道国货币汇率的变化。

一、整体状况

虽然发展中国家的经济发展受到全球金融危机的严重影响，但大多数发展中国家仍然保持相对平稳和强劲的经济发展速度，受到的损失相对较小，大部分发展中国家的经常项目账户处于平衡或顺差状态，在经济增长速度和资产价格评估方面明显好于发达国家。

危机初始，大部分发展中国家央行都积极采取措施应对危机造成的负面影响，但这些措施并没有有效阻止资本的反向流出，也无法吸引资金流入，发达国家采取措施鼓励银行进行国内融资，甚至限制资金流出，使得发展中国家的应急措施没有起到应有作用。但到了 2009 年第二季度，各发展中国家经济出现稳定态势并开始恢复增长，流入发展中国家的资金亦开始增加，外国投资者逐步恢复了其对发展中国家的投资。

但不同的国家经历着不同的情况。2006—2009 年期间，印度和秘鲁的外资银行在东道国银行资本中所占比重增加了 7 个百分点，匈牙利和波兰的外资银行在银行总资产的比重增加了 3 ~ 4 个百分点。以色列、哥伦比亚和墨西哥的外资却出现了外流，虽然外资在捷克银行体系中占据大量股权，但其境内资金亦大量流出。匈牙利却是另外一个极端，其经济经历了极其脆弱阶段，尽管其境内贷款需求远低于其他国家，但跨境贷款数量仍不断增加，国际银行资本在危机中仍全力支持其分支机构的业务运营，没有从当地撤资的迹象，不仅如此，母行还为其提供了外汇资产，增加了集团内外汇互换交易量。许多学者认为，当跨国银行不得不在经济发展形势较好的国家中紧缩开支以维护母行利益的同时，对那些经济发展形势不好，却没有办法撤离的地区只能增加投资。

二、金融危机中印度的银行业外资

总的来讲，印度的银行资产并没有直接暴露在次贷抵押资产上，或者与那些破产银行机构有直接联系。其经济增长动力主要来自国内消费和投资，然而，全球危机对印度的影响却是令人沮丧的，全球经济萧条通过融资渠道、实体渠道和消费者信心渠道全面影响了印度经济的发展。和其自20世纪90年代以来连续8.8%的增长速度相比，在外部总需求大幅减少的情况下，2008—2009年印度的经济增长只出现了微弱增长。2008年第四季度工业领域出现了自1990年以来的首次负增长，外部需求的萎缩对其出口造成严重冲击，其增长率从2008年二季度的40%下降了2008年四季度的-22%，这是自2001年以来的第一次萎缩。国内消费需求的下降也使得国家总需求只能缓慢增长。

雷曼兄弟破产后，印度国内资本开始向外流出，国外机构投资者大量出售其所持股权使得国内股票市场暴跌，机构投资者撤资使得印度银行可以获得外部资金大幅减少，从2008年后半年到2009年前半年，从国外机构获得资本的成本迅速增加。危机高峰时段，国外机构对六个月以上的融资不感兴趣，几乎不提供期限在一年以上的贷款。从2008年9月到2009年6月间，外资银行从国外银行获得的资金量减少了25.4亿印度卢比，2008年3月包括其总部融资的国外负债只占其外部负债的11%，2009年6月下降到5.2%，到2009年3月底国外负债减少了27.5%，到2009年6月下降了42%。

外部融资的减少对国内外汇市场美元流动性造成巨大压力，投资者产生负面预期，导致印度卢比出现贬值倾向，增加了外汇市场的波动性。尽管印度银行经营状况良好，资金充足，但共同基金和一些非银行金融机构由于无法获得国外资金并受到混乱资本市场的影响面临着较大的经营压力。为了应对这种情况，印度储备银行采取了同时扩大印度卢比和美元流动性手段，并完善财政刺激措施。

2009年下半年，全球金融危机有所缓解时，国外资金供给开始增加。但国际贸易的萎缩对国内实体经济的影响开始显现，国内谨慎借款人开始降低库存水平延缓消费。不断下降的商品价格等因素使得国内信贷需求下降。银行只能增加它们对债券共同基金的持有。但这些基金筹资后将资金用于公司投资，替代了银行对公司的直接融资，使得银行的公司贷款进一步下降。同时，外资银行和私人银行出于对由经济下降而不断增加的违约

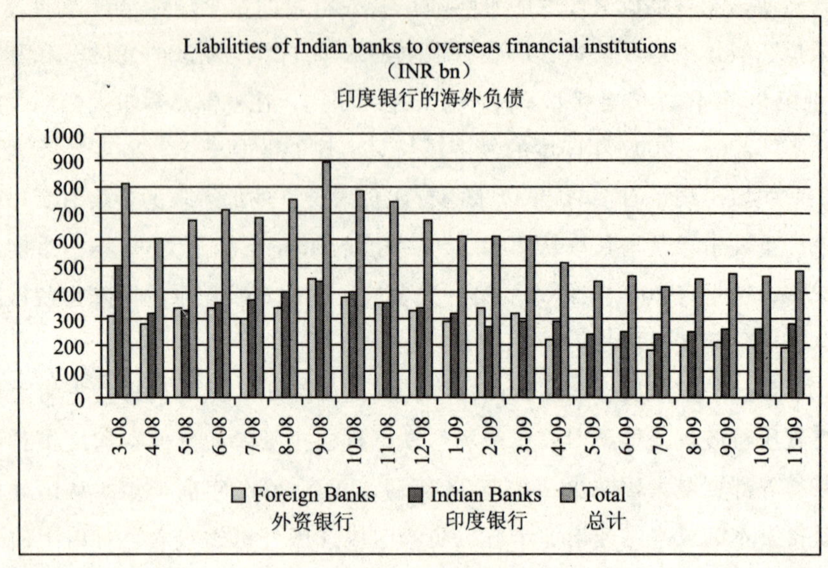

图 6-1　印度银行的海外负债

资料来源：Anand Sinha "Impact of the international banking crisis on the India financial system"

风险的担心减少了零售方面的信贷，导致2009年国内信贷的巨幅下跌。

当国内银行还没有对贷款做出调整时，外资银行开始重组业务范围，削减业务规模。首先，外资银行减少了长期信贷，开始转向短期信贷，使得贷款期限明显缩短。其次，银行提高了客户信贷标准，更加关注贷款风险程度，采取恰当措施应对风险。不断重视价格支持协定，ISDA协议和抵押物品，提高暴露于衍生产品交易的信贷风险的管理，在危机前不断扩大其个人信贷规模的外资银行开始大幅减少在该细分市场的贷款量，提高贷款标准，从注重数量转向注重质量。再次，客户大多转向简单的金融衍生产品，对复杂金融产品不再感兴趣，开始较为谨慎地定价金融衍生产品。最后，外资银行大幅改变了其表外业务，尤其是金融衍生品的应用。表外业务的风险暴露与总资产的比值从2008年9月末的2590.9%降低到2008年12月的1998.3%，2009年6月末的1591%。

印度央行采取的金融刺激政策降低了印度卢比存贷款利率，增加了对借款人的吸引力，使得国内银行信贷总量增加抵消了国外资金的下降，在外资银行信贷规模缩小的同时，国有银行的贷款增加了234.7亿印度卢比。央行措施使得国内银行间市场的流动性十分充足，利率相对较低。银行存款，尤其是定期存款以较快的速度增长，信贷需求的不断萎缩使得银行流动性明显过剩，对银行间市场的依赖性降低。银行开始利用其充足流动性大规模地投资于政府债券，政府债券在其资产中所占比重从2009年的27.4%增加到2009年12月的29.9%，远远超过监管要求。

三、金融危机中泰国的银行业外资

泰国总结了亚洲金融危机的经验，加强了以风险管理为基础的银行监管制度，2003年以来实行的反周期宏观谨慎政策和自1997年以来实行的汇率自由波动，帮助泰国减少了全球金融危机带来的负面影响。

泰国的金融体系对外资依赖性较小，外资银行只占当地银行资产的10%，占银行负债的3.5%，稳定的国内存款是银行体系资金的主要来源，大约占其负债的77%，发放给家庭公司和政府的贷款的95%使用本币，减少了币种错配风险。

泰国没有大量国外资产暴露于次贷危机中，其外债在银行总资产中所占的比重从1996年的18.8%下降到现在的2.5%，银行业所持有国外银行资产也非常小，仅占1%的比例。海外金融机构和非居民贷款只占其资产的2.4%。

表6-1　泰国的外债　　单位：亿

	1996	2001	2009年第三季度
外债（美元）	1087	675	659
其中：短期负债	477	134	241
银行体系负债（占银行总资产比例）	419 (18.8)	94 (6.3)	77 (2.5)
非银行负债	501	561	258

资料来源：《国际清算银行报告》BIS paper No. 54

泰国有管理的浮动汇率减小了危机对泰铢汇率的影响。由于资金流出有限，危机并没有对泰铢造成太大的贬值压力，相对于该地区的其他国家货币，泰铢保持了相对稳定性。汇率在2008年初有短暂下跌，但很快出现反弹，恢复到正常水平。泰国央行并没有改变其对外汇储备的干预，仍采取管理浮动汇率制度应对汇率市场波动，同时避免对外汇市场干预所造成的流动性过剩而引发的国内通货膨胀。为了保证外币融资的稳定性，泰国央行和日本、韩国、中国等国家的央行建立了双边互换协定，保证一旦发生地区性危机，可以稳定短期流动性。

泰国的银行体系并不复杂，大多数是零售商业银行，而不是以批发业务为主的投资银行体系，只有极少数产品是极为复杂的衍生产品，且大部分衍生产品是以国际贸易为基础建立的贸易融资产品，风险暴露程度较小，通过有效的风险管理方法就可以控制风险暴露程度。泰国央行在批准结构性产品的使用方面十分谨慎，因此，结构性产品在泰国银行业务中只占很小的比例，随着2008—2009年国际贸易量的下降，结构性产品的数量也在逐步下降。外资银行在泰国本土外汇互换、利率互换普通衍生品的柜台外交易中占据着重要地位，这些衍生品是本土银行风险管理的重要工具。危机中，外资银行提供的衍生产品并没有受到严重影响，但结构性产品的研发速度明显下降。

金融危机高峰时，外资银行的母行对风险十分敏感，为了保证银行流动性采取了一系列措施防范风险，分支机构亦根据总部要求，加大了风险防范措施，减少了国内信贷量。但这些措施对国内经济信贷可获得量并没有太大影响，大多数外资银行的客户是跨国公司，具有良好的信用等级，本土厂商主要是从本土银行获得贷款，因此，外资银行放贷标准的提高对本土厂商并没有太大影响。泰国良好的宏观经济发展和强大的外汇储备，使得银行流动性并没有受到较大影响。

为了保证银行体系的稳定性和统一性，泰国央行对银行运营进行了一系列严密监控，提高应对潜在压力的风险管理能力，泰国央行并没有向银行系统内注入资金，现存框架下的公开市场操作在处理货币市场的流动性方面相当有效，通过及时下调利率等手段促进经济增长，准备了应急流动性储备以保证金融机构有足够流动性。央行的谨慎措施使得泰国银行流动性比较充足，短期利率也十分稳定，对其国内债券市场没有明显影响。

金融危机对泰国经济的负面影响主要来自于全球经济增速减慢和国际

贸易量的下降，使得泰国经济增长率和贷款增长率不断下降。经济增速放缓导致银行贷款增速的放慢，从 2008 年末 11.4% 贷款增长率下降到 2009 年 9 月 -3.1% 的增长率。占所有贷款比重 73.1% 的公司贷款收缩了 6.5%，消费者信贷则继续增长。

四、金融危机中的波兰银行业外资

波兰的本土银行主要从事传统银行信贷业务，没有使用较为复杂的金融工具，暴露于次贷危机的资产较少，并没有受到全球金融危机的直接冲击。事实上，2008 年波兰银行获得了不错的收益，大多数波兰外资银行要比其总部获得更高利润，且收入较为稳定，使得它们可以有足够资金应付全球危机的影响。

但由于许多波兰外资银行是全球或地区银行集团的成员，金融危机使得成员间信任度急剧下降，引起银行信心恐慌，本土货币和外币市场的流动性急剧下降，货币市场紧张，大量资金开始从国内撤离。

金融危机改变了波兰银行的融资结构，2008 年第四季度，国际间银行间市场融资金额开始下降，但部分母行的借贷弥补了这个资金缺口，到 2008 年 12 月，波兰从国外获得的资金数额开始趋于稳定，并有轻微上升。同时，外资银行和本土银行在获取资金来源，尤其是家庭存款方面展开疯狂竞争。2008 年第四季度和 2009 年第一季度中，波兰个人存款利率稍高于银行市场间利率。风险增加和融资成本的上升严重影响了银行获利能力。2009 年前 11 个月的资本年收益率只有 0.72%，资产收益率只有 9%，明显低于去年同期 1.78% 的资本收益率和 24% 的资产收益率。

五、金融危机中的匈牙利银行业外资

外资银行在匈牙利银行体系中占据极其重要的地位，外资资产占其银行业总资产的 80% 左右，资金严重依赖于国际市场融资和母行提供的资金。从 2007 年 8 月起，当国际金融市场随着美国次贷危机的爆发出现动荡时，匈牙利外资银行的融资成本开始逐渐升高，融资渠道过窄使得银行很难获得长期资金。幸运的是，在匈牙利并没有出现外资银行大量撤资事件。

匈牙利银行业的流动性危机自2008年10月开始出现，汇率大幅下跌，政府证券市场、外汇交易市场和银行间市场资金流动基本处于停滞状态。2009年3月金融危机发展成为区域性问题，许多外资银行开始出售资产。由于地区经济的迅速萎缩和高比例的外债，银行信贷损失迅速增加，危机不仅影响了投资者的信心，也打击了消费者的信心指数，造成银行资金大量外流，严重影响了金融稳定性。危机使得匈牙利银行的整体信贷收缩，贷款损失加大，利差下降，整个银行体系的利润率急剧下降。实体经济亦出现风险，银行为了继续生存不得不提高风险厌恶性，出现大量惜贷现象，导致信贷收缩，从而进一步引致国内经济下滑。为了保证分支机构的正常运行，外国母行不得不在2008年第四季度提供了大约30亿欧元帮助分支机构抵御流动性危机。

面对银行系统出现的流动性危机，央行将基点提高了300点，开始进入外汇市场进行交易，扩大可抵押物的范围，宣布为欧元和匈牙利福林提供信贷担保，成为匈牙利福林和欧元的最后贷款人，以增加外国投资者的信心，保障国内货币市场的正常运行。

六、金融危机中的阿根廷银行业外资

对阿根廷大多数银行来讲，银行存款是银行信贷的主要来源，大约占金融机构负债的2/3，央行的救助并不是重要组成部分，对国际市场资金的依赖性较弱，使得国内银行并没有受到来自金融危机的严重影响。但全球经济危机造成了阿根廷2009年前几个月当地经济发展恶化，许多行业不得不调整产出，造成了产出的轻微下降。

表6-2 阿根廷银行体系结构 单位：比索，million

	2006年	2007年	2008年	2009年
总资产	254900	292588	339743	370870
私人银行	82585	93968	109073	115501
外资银行	69829	81541	99815	102948
子公司	49699	66406	79258	83786
分行	20130	15135	20557	19162
国有银行	102486	117079	130885	152421

资料来源：《国际清算银行报告》BIS paper No. 54

危机中，外资银行的表现并不如本土银行。国内私人银行贷款轻微下降，国有银行则大幅扩大其信贷规模。2009 年 12 月的数据表明，国有银行的信贷规模以 19.3% 的速度增长，而私人银行信贷的增长速度是 9.8%，外资银行的增长速度只有 2.8%，因此，国有银行市场份额在不断增加，大约占 30.2%，私人银行和外资银行的市场占有率分别为 34.3% 和 31.9%。

在金融危机转化为全面的实体经济危机前，阿根廷从国际市场上获得的商业贷款仍连续 10 个月以 25% 的增长率增长，但从 2008 年第四季度开始，贷款额在 6 个月内下降了 50%。但外资银行从总行的融资额仍保持在危机前水平。

危机以来，阿根廷的所有银行机构，包括外资银行，都表现了充足的流动性，在过去的两年内甚至流动性出现了增加的趋势，整个金融体系的流动性资产大约为存款的 30%，比次贷危机前流动性高出 7 个百分点。

为了保证正确应对流动性风险，阿根廷中央银行开办了以非传统抵押物进行抵押的额外流动性窗口，调整了再贴现机制，补充完善了回购市场，并开始拍卖回购期权，增加可抵押国债种类等方式，使得央行公开市场操作更为灵活，建立了较为稳固的银行体系以应对可能发生的流动性风险。外币存款连续几个月稳步上升。为了减少外币存款和贷款之间的不匹配，央行规定，只有外币存款才能发放外币贷款，且只能贷给有外币收入的公司或个人。

七、金融危机中的墨西哥银行业外资

和大多数发展中国家一样，墨西哥借鉴以前金融危机的惨痛教训，重新改革了其宏观经济框架，加强了经济发展基础，较为谨慎的财政政策减少了持续的大规模预算赤字，降低了公共债务在 GDP 的比重，2007 年危机开始前，其外债只占其 GDP 的 7.4%。浮动汇率制和通货膨胀率盯住政策也使得其保持了较为稳定的利率变动和通货预期，货币政策有一定能力应对金融危机对国内经济的冲击。

墨西哥大部分的外资银行是跨国银行在东道国的子公司，较为严格的立法限制了对相关方的借贷上限（按照其国内银行保险制度，其对相关方的贷款不得高于其一级资本的50%），减少了子公司资金大幅流出。危机初期，墨西哥整个银行体系具有充足流动性，存贷比远低于发达国家，虽然2008年危机期间银行利润率要低于2007年的利润率，但仍持续保持着盈利状态，直到2008年9月，墨西哥经济并没有受到全球金融危机的严重影响。

墨西哥的许多上市公司都在使用复杂的金融衍生产品进行外汇交易和投机，并积极参与国内债券市场交易。一定范围内的稳定汇率会使得这些大公司获得巨额利润。2008年9月以后，国际金融市场资金开始向发达国家回流，墨西哥外汇市场出现大幅波动，从9月15日到10月16日比索贬值了22.8%，汇率波动使得这些大公司险些进入破产境地，使得国内金融市场充满了不确定性，公司不断恶化的贷款等级造成了更大的市场动荡和扭曲，使得许多市场参与者失去交易信心，大公司、中小银行和非银行机构无法通过发行债券的方式融资，使得这些公司短期借贷成本急剧上升，墨西哥出现经济衰退。

第三节
2008年金融危机中的中国银行业外资

与其他发展中国家相似，我国银行业在金融危机中并没有受到直接的严重冲击。原因如下：首先，我国银行实行分业经营分业管理，大多数银行只是从事传统借贷业务，涉及金融衍生产品的业务较少；其次，我国银行的国际化经营水平较低，银行海外资产较少，国际金融市场交易规模较小，中国银行业涉及次贷危机的金额不超过100亿美元，不及美国次贷规模的1%，银行业外资在我国银行业中所占比重也较小，金融危机无法对中国银行业造成直接冲击；再次，我国的资本管制、外汇储备和外债结构保证了国内外汇资金的充足性。我国目前存在的资本管制使得资本无法实现在国内外的自由流动，资本流出受较多约束；大约2万亿美元的巨额外汇储备也使其能够控制自身货币汇率，尽管面对强大的升值压力，但仍可以保持汇率稳定，目前的外债只处于中等水平并保持着较为良好的结构，其外债/外汇储备比率、短期外债/外汇储备比率均在国际安全线以下，金融机构外债只占其外汇资产的1/5，短期外币贷款低于其1/24的年出口创汇量，和国际美元市场紧张的流动性相比，我国的外汇流动性十分充足，大多数银行在危机变得严重前都在国内存储了大量外汇以应对国际市场投机风险；最后，虽然金融危机对我国银行业的直接影响较少，但对我国实体经济的间接影响较为严重，欧美国家经济萎缩，国际商品市场需求急剧下降，造成中国出口大幅下降，引起国内经济发展疲软，实体经营业绩下滑，业绩下滑传导至商业银行，造成商业银行经营压力。

一、危机初期部分外资流出

危机初期，发达国家银行开始抽调其在全球资金以保证母行的正常运营，我国出现一定外汇资金流出，2008年第四季度的资金流出量最大，但到了2009年第二季度，资金开始流入国内。与其他亚洲国家相比，我国资金流出量较小，且在其他亚洲国家仍然处于资金净流出的状态下，我国较早出现资金回归现象。图6-2是我国危机时期的资金流出量，图6-3是除中国以外亚洲地区的资金流出量。

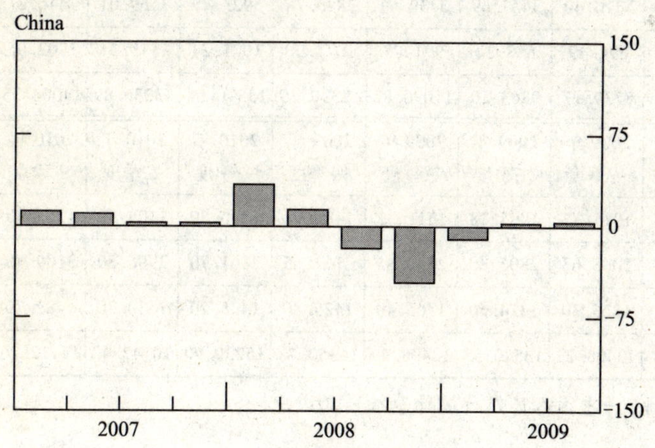

图6-2 2007—2009年中国银行业外资流出量 单位：10亿美元

资料来源：《国际清算银行报告》BIS paper No. 54

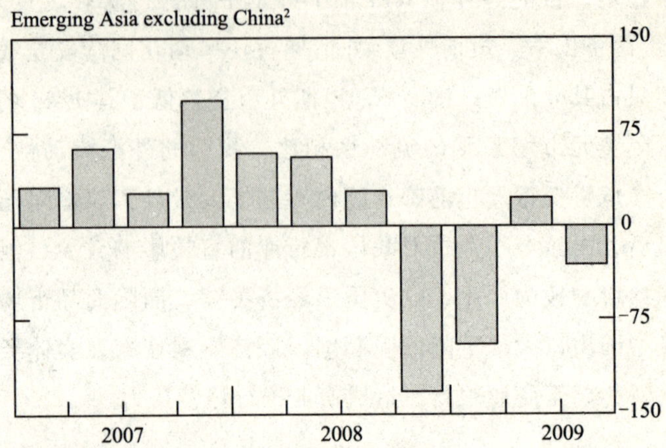

图6-3 2007—2009年除中国外亚洲新兴国家的资本流出量（单位：10亿美元）

资料来源：《国际清算银行报告》BIS paper No. 54

表6-3 2007-2008年中国外资银行国外资产和国外负债情况

单位：亿人民币

项目	2007年一季度	2007年二季度	2007年三季度	2007年四季度	2008年一季度	2008年二季度	2008年三季度	2008年四季度
国外资产	1509.81	1464.09	1388.50	1378.37	1243.45	1190.51	1260.46	1719.39
国外负债	3310.40	3443.69	3739.41	3846.78	3923.79	3569.01	3446.21	3265.65
实收资本	694.49	888.22	991.08	1077.20	1071.24	1119.31	1202.05	1209.56
总资产/负债	8739.17	9863.10	11090.82	12390.15	13390.64	13336.89	14084.35	13739.17
项目	2009年一季度	2009年二季度	2009年三季度	2009年四季度	2010年一季度	2010年二季度	2010年三季度	2010年四季度
国外资产	1915.77	1997.28	1615.32	1482.98	1246.50	1109.50	1253.90	1280.40
国外负债	3068.63	2805.86	2546.85	2754.65	2861.70	2996.80	3109.40	3341.70
实收资本	1225.30	1314.50	1365.40	1425.80	1425.20	1430.30	1482.70	1515.20
总资产/负债	13408.27	13520.57	13408.99	14350.78	15232.90	16143.40	17112.20	19016.20

资料来源：《中国人民银行统计季报》2011-1

表6-3显示了我国外资银行的国外资产、国外负债和实收资本的变化。从表中可以看出，总体来讲，2007—2010年我国外资银行的总资产在不断增加，不仅来自业务的利润增加，国外实收资本也在不断增加，外资

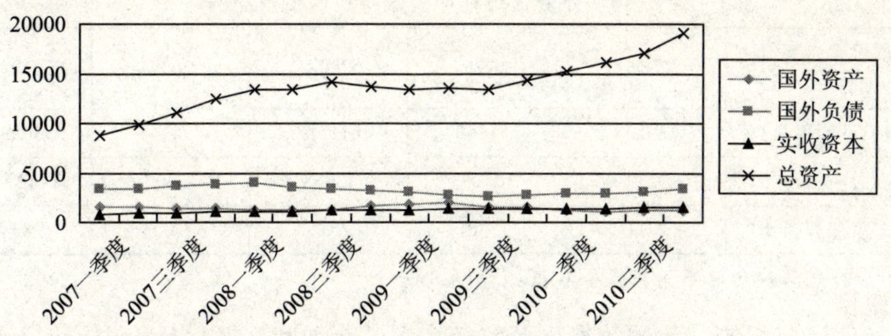

图 6－4　2007—2010 年中国外资银行资产负债的变化

银行在金融危机时并没有放弃在中国继续扩张的发展战略。从 2007 年第二季度开始，我国外资银行国外资产开始逐渐下降，直到 2008 年第四季度才开始出现反弹，但 2009 年下半年又出现明显下滑，说明外资银行对国外资产的持有抱有谨慎态度，并不愿意大量持有。国外负债在 2007—2008 年间保持了较为平稳的趋势，在 2009 年间国外负债出现下滑，但幅度并不很大。数据说明，外资银行危机期间的总资产增加主要来自国内经营业绩，从国外获得的资金来源相对较少。

二、绿地新建外资银行经营业绩下降

与危机前相比，外资银行在我国的资产份额、贷款份额都出现了不同程度的下降，而一向视为其竞争优势的理财产品也因涉及风险过大，出现巨额亏损，引起消费者质疑和资金转移。

（一）资产和信贷规模不断下降

随着金融危机的到来，各国银行忙于自救，没有更多的财力用于对外投资，对于东道国分支机构也无力顾及，本土银行则由于对外资银行流动性风险的担心，不愿意为其提供拆借。外资银行在中国的扩张速度明显放慢，资产规模增幅放慢，在我国银行业资产中所占比例也不断下降。

表 6 - 4　外资银行在中国银行业的资产比例　　单位：亿元

项目＼年份	2006	2007	2008	2009	2010
银行业金融机构	439500	531160	631515	795146	953053
外资银行	9279	12525	13448	13492	17423
外资银行占比	2.11	2.38	2.16	1.71	1.83

资料来源：历年中国银监会年报

2008 年以来，我国政府出台的经济刺激计划和巨额信贷为中资银行提供了非常良好的成长机会，中资银行的借贷规模迅速增大。与中资银行相比，由于缺乏和政府打交道的人力资源和政府贷款项目的经验，外资银行在政府贷款项目中一直没有什么实质性进展，无法获得政府融资项目；主要客户群——跨国公司的信贷需求受全球实体经济萧条的影响急剧下降。同时为了避免不良贷款的产生，外资银行加强了风险管理，贷款行为更为谨慎，甚至通过提高贷款利率来弥补风险损失，使得贷款需求减少，银行收入大幅下跌。另一方面，国外母行资金支持的减少使得贷款供给数量减少，市场份额直线下降。直到 2009 年末，跨国公司信贷需求开始上升时，下降趋势才得到缓解。2009 年，中国境内的外资银行新增贷款 18 亿元，比 2008 年新增贷款减少了 610 亿元，降幅达 97.13%，新增贷款占中国境内新增贷款的比例下降到 0.2%。

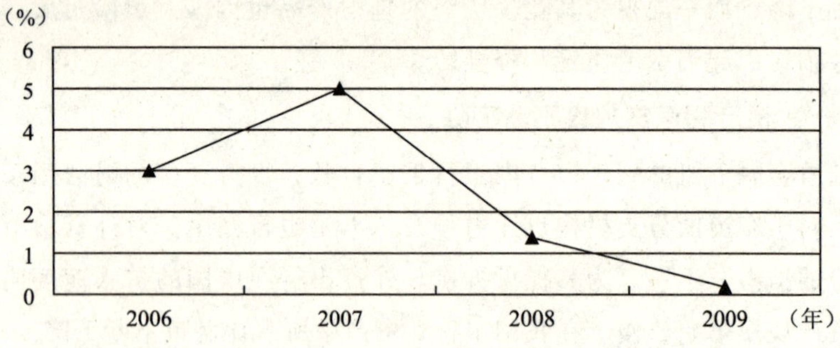

图 6 - 5　2006—2009 年中国外资银行新增贷款所占比例

银行业外资在中国的业务发展遭遇到一系列挑战，75% 存贷比限额就是其挑战之一。由于外资银行网点有限，吸收境内存款比较困难，原本可以提供资金援助的母行自身难保，使得其资金来源受限。为了达到指标，各外资行不得不采取措施尽量吸引存款，同时控制贷款发放。2011 年 8 月以来，汇丰、花旗等银行大幅提高外币定期存款利率，涉及美元、港币、澳元、欧元、英镑、加元等常见外币的 3 个月、6 个月及 12 个月定期存款。其中澳元利率上调幅度最大，汇丰银行的澳元上调后的利率是原来的 4 倍，以吸引更多外币存款。

（二）优势业务出现亏损

与中资银行相比，外资银行在理财产品的设计和发放方面具有绝对丰富的经验，其理财产品承现出高门槛、高收益、高服务、国际标准等特点，成为中国高收入阶层的青睐产品。然而，金融危机使得与国际金融市场挂钩的理财产品出现巨额亏损。2008 年汇丰银行为客户提供的 144 种披露收益率的 QDII 产品全面亏损，其中有 52 款产品累计亏损达 50%。东亚银行境外代客理财产品市值浮亏将近 70%。花旗、星展等外资银行的理财产品也出现巨亏，外资银行信誉受到了一定损失。

私人银行业务出现萎缩，许多客户意识到外资银行在金融危机时期的业务经营存在不确定性，在人民币不断升值的情况下，和国外衍生产品挂钩的理财服务和私人银行业务风险较大，收益未必有保障，部分客户开始转向中资银行。

（三）人员流失严重

金融业动荡和外资银行经营业务受限，使得银行业从业人员重新考虑其职业发展前景。普华永道 2010 年对 42 家在华外资银行的调查表明，大多数外资银行预计外资银行员工流动率在 2010 年继续上升，其中 22 家外资银行预测员工流动率在 10% ~20% 之间，还有 5 家外资银行预测员工流动率将会超过 20%。外资银行为了留住人才不得不采取加薪政策，38 家外资银行预计其员工薪水在 2010 年会提高 3% ~20%。

三、部分战略投资者开始出售股权

2007 年 7 月金融危机爆发以来，许多境外投资者开始陆续出售其所持有股份套取巨额收益。2009 年上半年，德国安联集团、美国运通集团和高盛集团减持工商银行股份，瑞银集团、苏格兰皇家银行减持中国银行股份，美国银行减持建设银行股份，摩根大通减持招商银行股份，淡马锡公司减持民生银行股份，跨国银行抛售的直接后果是上市公司股价出现大幅下跌，投资者获得巨额利润。

大多抛售者的母行经营都出现了困难，不得不依靠抛售股份进行结构调整，或是解决资金周转困难。以美国银行为例，由于美国经济低迷，美国银行的收益大幅回落，银行同时面临着投资者和监管者的诉讼，美国银行于2011年6月与太平洋投资管理公司等22家机构客户达成和解协议，同意支付85亿美元了结长达9个月的抵押贷款争端。2011年第二季度出现巨亏，根据《巴塞尔协议III》的规定，美国银行2016年前须将一级资本充足率提高并保持至9.5%。2011年美国银行半年报显示，其一级资本充足率只有11%。出售建设银行股份所得可以将美国银行核心资本比率增加10个基点。

表6－5　2007—2010年外资银行减持中国银行业股权情况

<table>
<tr><th>减持对象</th><th>减持主体</th><th>减持数量（亿股）</th><th>减持比例</th><th>获利</th></tr>
<tr><td rowspan="3">中国工商银行</td><td>德国安联集团</td><td>32.16</td><td>50%</td><td rowspan="3">2009年4月，安联和美国运通出售股权后，筹资19.1亿美元，2009年9月，高盛集团筹资20亿美元</td></tr>
<tr><td>美国运通集团</td><td>6.38</td><td>50%</td></tr>
<tr><td>高盛集团</td><td>33.00</td><td>18.48%</td></tr>
<tr><td rowspan="4">中国建设银行</td><td>美国银行</td><td>191.33</td><td>12.52%</td><td>2009年1月抛售56亿H股，同年5月14日再次抛售135.09亿H股，税前获利111亿美元</td></tr>
<tr><td>美国银行</td><td>131</td><td>—</td><td>2011年8月29日抛售，税后获利33亿美元</td></tr>
<tr><td>美国银行</td><td>104</td><td>—</td><td>2011年11月抛售，再次获利18亿美元</td></tr>
<tr><td>新加坡淡马锡</td><td>2.80（H股）</td><td>—</td><td>2007年12月抛售，获利17亿港元</td></tr>
</table>

续表

减持对象	减持主体	减持数量（亿股）	减持比例	获利
中国银行	新加坡淡马锡	10.82H股	100%	2007年12月，以4.09元/股抛售，获利12.33亿港元
	瑞银集团	33.78	100%	2008年12月抛售套现60.94亿港元
	苏格兰皇家银行	108.90	51.61%	2009年1月，苏格兰银行两次减持中国银行H股，获利95亿港元
招商银行	摩根大通	0.245	0.56%	—
民生银行	淡马锡	4.70	100%	2007—2008年全部抛售
兴业银行	国际金融公司	1.03	—	2009年上半年，IFC减持其股份

资料来源：根据《中国商业银行发展报告2010》等公开资料整理

股权出售换取的资金可以帮助这些跨国银行获得现金用于周转，但打破了中国本土银行对战略投资者的期望。各家上市公司不得不采取措施应对减持，中国银行于2008年11月开始在全球范围内挑选新的战略投资者。建设银行在美国银行减持股份时，重新找到厚朴基金、淡马锡控股、中国人寿和中银国际亚洲有限公司等作为新的战略投资者。中国农业银行上市时没有引进任何国外战略投资者。银监会重新制定规则，延长了战略投资者的持股期限。

四、银行业外资在中国的继续扩张

与美国和欧盟国家相比，我国经济发展呈现出良好的发展势头，外资银行在中国的经营也取得了较好收益，2010年汇丰、花旗、渣打、东亚在中国的子公司净利润增长分别为28%、19%、13%和12%，该增长率虽低于我国上市银行33.5%的平均增长率，但却明显高于母行。

在发达国家经济仍处于低迷状态，无法保证经营收益的情况下，国际银行资本选择在中国继续扩张。上海银监局统计数据表明，虽然上海外资银行分行的数量在2009年和2010年持续下降，但2011年已转为上升趋势，2011年6月底，上海共有76家外资银行分行，96家外资银行支行网点，89家外资银行代表处，大多数外资银行已设定资产和存贷款的增长目标，确定人员增长计划，有4家外国银行分行申请增加营运资金总额达11.5亿元。

在美国银行不断抛售中资银行股权的同时，其他一些外资银行却在不断扩大在中国的投资。2009年2月，恒生银行斥资8亿人民币收购烟台市商业银行20%的股份，2009年6月澳大利亚联邦银行经过扩资成为齐鲁银行的最大股东，法国巴黎银行成为南京银行第二大股东，加拿大丰业银行在2009年底增持西安银行股份，澳大利亚联邦银行继续认购杭州银行股份，以维持其现有的20%持股比例，韩亚银行斥资3.16亿美元获得吉林银行18.27%的股份，新侨银行在宁波银行的持股比例增加到13.74%。这一系列的投资扩股说明外资银行仍然将通过战略投资者进行扩张视为其在中国发展的重要方式。

除了资本扩张，外资银行将发展战略转向其具有比较优势的金融创新产品方面，将开展全方位金融服务视为其战略重点。首先，外资积极参与以衍生品为主的中间业务，在中国外币衍生产品市场的交易量上升，到2009年底，上海共有37家外资银行开展场外衍生品交易，交易价值达人民币16438亿元。其次，将人民币跨境贸易结算作为2011年业务拓展的重点方向。2009年7月，渣打银行（中国）、汇丰银行（中国）、东亚银行（中国）、恒生银行（中国），开始担任中国试点企业结算行和境外银行的结算代理行的角色，参加跨境人民币结算业务。渣打银行（中国）成为首家为境外企业开设用于跨境人民币结算的境内人民币银行账户的商业银行。摩根大通和德意志银行（中国）上海分行的跨境贸易结算金额均已接近百亿元人民币。最后，充分利用其国际投资经验和人才优势，积极开展个人理财业务，与国内商业银行相比，其开发的产品类型丰富，期限灵活，币种多样。2009年，外资银行的人民币理财产品主要以结构类理财产品为主，募集资金294.4亿元，外币理财产品募集资金60亿元，占中国银行业发行的外币理财产品资金总量的9%。

五、金融危机给我国银行业发展留下了隐患

2008年的金融危机造成欧美等发达国家经济受到重创，失业率高居不

下，消费者购买力急剧下降，我国对外贸易和经济发展受到一定影响，2008 年以来，我国制造业经理人指数多在 50% 左右徘徊，2008 年年底最低达到 38%，制造业经济出现衰退，使得银行贷款风险加大。从表 6 - 6 中可以看出，2008 年我国对外贸易增速放缓，2009 年危机最严重时期我国对外贸易全面下滑，出现贸易逆差，自 2010 年初对外贸易才出现正向增长趋势。

表 6 - 6　2007—2011 年中国对外贸易额　　单位：亿美元

年份（年）	2007	2008	2009	2010	2011
贸易总额	21738. 3	25616. 3	22072. 7	29727. 6	36420. 6
同比（%）	23. 5	17. 8	- 13. 9	34. 7	22. 5
出口额	12180. 2	14285. 5	12016. 6	15779. 3	18986. 0
同比（%）	25. 7	17. 2	- 16. 0	31. 3	20. 3
进口额	9558. 2	11330. 9	10056. 0	13948. 3	17434. 6
同比（%）	20. 8	18. 5	- 11. 2	38. 7	24. 9
顺差	2622. 0	2954. 6	1960. 6	1831. 0	1551. 4
同比（%）	47. 7	12. 7	- 34. 2	- 6. 4	- 14. 5

资料来源：中国商务部网站

为了减少金融危机对我国经济发展的负面影响，中国人民银行采取了积极的适应性货币政策，并对银行实行严密监管，根据不断变化的内外部经济和金融形势，采取了一系列包括利率、准备金率、公开市场操作、央行贷款和再贴现等货币政策工具以稳定整个金融市场，增加国内需求，推动经济增长。

首先，充分使用央行利率和准备金等调控工具。自 2008 年 9 月以来，中国人民银行先后五次下调了存贷款基准利率，存款利率下调了 189 个基点，贷款利率下调了 216 个基点，有效刺激了贷款需求，使得国内货币数量和贷款规模有了大幅反弹。新增人民币贷款 9. 12 万亿，信贷增长速度达 33. 8%，较好地满足了公司和个人信贷需求。2008 年人民银行从 9 月 25 日到 12 月 25 日连续四次下调了人民币准备金比率，大银行共计减少了 2%，中小银行减少了 4%，到 2008 年年底共计释放了 8000 亿的流动性，保持了银行流动性的充足。

其次，灵活开展公开市场业务以稳定市场预期。央行逐步减少了发行央行票据的金额和频率，使用央行短期票据和短期回购提高银行对流动性风险的抵抗能力。为了协调其与利率下调、准备金调整的一致性，公开市场业务利率也在逐步下调。

最后，考虑到我国外资银行的稳定性要求，引入了定期存款拍卖机制，开始发行一种短期的有担保的、到期日少于三个月的贷款，通过拍卖方式卖给合格的国内法人金融机构。国内金融机构可以向人行提交参加 TAF 拍卖申请书，并以其合格资产进行担保。合格资产包括国库券、央行票据、政策银行发行的金融债券、外汇现金、贷款资产和股权等。这种机制为法人外资银行通过融资提供解决流动性问题提供了有效渠道。

2006—2008 年是我国银行业经营业绩最好的时期，国内银行业三年净利润增长在 30% 以上[23]。为了消除金融危机给我国带来的经济冲击，我国在 2008 年投入 4 万亿政府财政收入，2009 年投入 7.37 万亿天量信贷，导致流动性过剩，大量资本流入房地产和基建项目，大规模放贷可能在两三年后在国内形成新一轮的产能过剩，各银行资本管理风险加大，导致银行资产质量降低，给国内银行经营留下了更多的挑战和隐患。

第四节
关于金融危机中银行业外资战略行为的思考

回顾历史可以发现，历次危机中的银行业外资行为并不相同。东道国的经济状况和银行业外资的发展战略影响其在危机时期的决策。

一、东道国经济发展状况是外资进入退出的决定性因素

总结银行业外资在发展中国家历次危机中的表现，客观地讲，外资并不是引发金融危机的根本原因，除了阿根廷金融危机外，2008 年以前的金

㉓ 马蔚华. 全球金融危机下的中国商业银行发展［D］. 北京：中国金融出版社.

融危机爆发最根本原因是发展中国家经济发展增长出现问题，最终导致国内经济发展陷入停滞状态，无奈之下被迫开放银行业允许外资进入。外资进入在一定程度上促进了东道国银行业发展。

与历次金融危机不同的是，2008 年金融危机中，发生经营困难的是跨国银行总部所在国。经济学理论认为，当发达国家母行自身难保时，会从其遍布全球的分支机构中抽调资金帮助总部渡过难关，造成发展中国家大量资金外流。但近年实践却证明银行业外资的决策有些出人意料。危机之初，为了解决母行的燃眉之急，各国都出现了一定程度的外资流出，国际金融市场的混乱和母行的自身难保都减少了对其东道国分支机构的支持。东道国本土银行为了防范风险，减少了与外资银行的银行间交易，公众存款也转移到本土银行，东道国外资分支机构资金来源被阻断，经营业绩急剧下降。然而，2009 年下半年当金融危机稍有缓和时，发展中国家银行业外资出现了不同程度的回流，母行开始继续为其分支机构提供发展资金。甚至在匈牙利国内经济出现衰退时，处于困境中的母国仍为其在匈牙利分支机构提供资金。

对于以利益最大化为最终目标的跨国银行，其海外投资的最终目的是获益，发展中国家的经济发展状况是决定其进入退出的关键因素。外资撤出阿根廷的根本原因是阿根廷经济发展前景暗淡，撤资是其减少自身风险，保护既得利益的一种方式。2008 年危机中没有撤资，是因为发展中东道国保持了较为稳定的经济发展状况，成为跨国银行应对国内风险的避难港。

从短期来讲，当大多数发达国家处于经济动荡，信贷需求低下，甚至母行自身难保时，在经济发展趋势仍较为良好的发展中国家保持获利能力是帮助母行渡过经营困难的最佳办法。实践表明，一些较小西欧国家的银行，如奥地利、比利时等国家的银行在中东欧国家建立的相当密集的营销网络和分支机构为集团提供了巨额利润，对保证母行经营绩效有着相当重要的作用，波兰外资银行的收益率明显高于其母行。大型银行亦是如此，2008 年花旗银行在亚洲的利润占其全球利润的一半。从长期来讲，目前跨国银行进入的发展中国家都是具有良好发展前景的国家，其金融体系正处于建设过程中，为跨国银行提供了较多市场机会和长期获利前景，是将来全球金融市场竞争的主要战场，亦是不可轻易放弃的利润来源，在发展中国家保持一定市场份额是关系其长远发展战略的重要决策。

因此，只要发展中国家可以保持良好的经济发展趋势，银行业外资在发展中东道国可以获得经济利益，外资就不会轻易退出市场。发展中东道国在跨国银行全球战略中的地位不断上升。

二、外源金融危机的间接影响是发展中东道国经济的真正威胁

对于发展中国家来讲，外源金融危机的间接影响才是真正影响东道国经济发展的重要因素。Markus Berndt（2009）将金融危机和经济危机在发展中国家的传播渠道分为六类，本文在其基础上，进行了补充完善。

第一，流动性问题。受金融危机影响，各国从国际金融市场上的借贷受到严重影响，国际收支平衡表上将要到期的债务是否可以得到及时偿还，是否存在着货币错配问题，是各国所关注的焦点。对大多数发展中国家来讲，最重要的是其短期外币资产和短期负债，如果无法及时偿还短期负债，或是短期资产大幅贬值，这些国家可能遭遇流动性危机。

第二，短期资本流动/对国外汇款的依赖。与外国直接投资和国际援助不同，各国的证券投资组合和汇付收入与特定产品或服务的进口没有直接联系。如果部分发展中国家的国际收支平衡过分依赖证券投资和汇付收入，这些收入一旦减少，可能引起国际支付问题。

第三，出口依赖。对大多数新兴国家来讲，货物贸易和服务贸易是其经济发展的重要推动力之一，也是其获得外汇储备的主要手段。金融危机引起的主要进口国经济发展缓慢，国内需求大幅减少，将直接影响出口国经济增长，增加出口国失业人数。它成为 2008 年金融危机向发展中国家传播的主渠道。

发达国家经济缩水造成国际贸易急速下滑，贸易融资锐减，可贸易商品，尤其是耐用消费品具有较高的顺周期性，经济陷入困境引发贸易保护主义抬头，信贷紧缩和外部需求减少共同导致了螺旋式衰退，投资下滑，就业率下降，消费支出下降形成恶性循环，资产价格受到严重打击。由于

经济发展前景的不确定性，导致消费者和企业需求下降，金融投资者出现惜贷行为，发展中国家只能竭尽全力通过各种经济刺激方案阻止需求下滑。

第四，国际储备不足。全球金融危机中一国外汇储备量成为影响其国内经济稳定的重要因素。危机期间，一方面，一国的出口收入和侨民汇款收入会大幅减少，储备增加速度放慢；另一方面，发达国家跨国公司为了保证母公司资金流通，会将其在发展中国家的投资大量撤离，面对大量的外资撤离和不断到期的短期债务，一国只能依靠其原有外汇储备应对资金流出。如果一国的国际储备无法应对外资的大量撤离和市场对其本国货币的抛售，将会引起本国货币的大幅贬值。

第五，财政政策的脆弱性。个人贷款的膨胀可以为国家公共账户带来巨大收益，在信贷膨胀时期，政府获得多方面收益——不动产的资本收益，资产交易带来的印花税，建筑材料的增值税，移民收入的工资所得税都增加了国家的财政收入。然而，当贷款迅速增长时期结束时，与其相关的所有不可持续收入全部消失，国家财政可能出现赤字。同时，对银行的重新注资也对财政账户造成严重损害。当银行经营出现困难时，银行将停止借贷，造成企业发展和个人消费无法正常进行，给经济造成严重损失。因此，政府要在经济繁荣时期做好充分的储备，以应对困难时期的资金短缺。财政政策亦应该有宏观谨慎性责任。

金融危机下，由于各国潜在收益无法实现，但为了解救金融机构、促进经济发展还要不断出台经济激励政策，政府通过减免税收，刺激鼓励消费，创造更多就业机会，收入来源的减少和支出的大幅增加使得许多国家突现财政赤字，财政政策的脆弱性更为突出。

第六，国内金融市场的脆弱性。当国际信贷风险不断放大，国际金融市场资金可获得量大幅减少时，政府必须创造一个较为稳定的国内金融市场，为国内经济发展提供稳定的发展资金。如果国际和国内两个金融市场处于相对隔离状态，政府还有较大的调控能力，如果两个市场密切相关，政府不仅要稳定国内金融市场，更要关注金融危机对国内金融市场的负面影响。

根据 Markus Berndt 的计算，在这次危机中，我国受到的影响程度如下图 6 - 6 所示，越接近边缘，表示风险程度越高。从下图可以看出，对我国来讲，危机传递最有影响的途径的是我国的出口，其次是国内金融市场的脆弱性。正如上一节的分析，由于国内产业受国际市场影响，发展低迷，增加了银行贷款的违约风险。而国内“天量信贷”则增加了银行不良贷款急增的可能性，如果国内经济发展不能很好地解决这两个问题，金融危机可能会毁掉国内银行业前几年的改革成果。

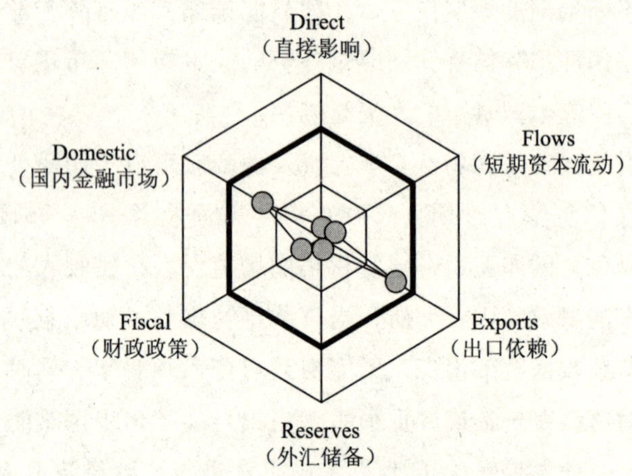

图 6 - 6　2008 年金融危机传播的六个渠道

资料来源：Markus Berndt，Vulnerabilities of Emerging and Developing Economies to Global Financial and Economic Crises，DEAS working Paper No. 5 July 2009.

Markus Berndt 只是分析了 2008 年金融危机中影响的六个渠道，认为其具有同样的影响力。实际上，这些渠道存在着一定的经济逻辑性，且影响力不同。本书将这些影响渠道总结为如图 6 - 7 所示。

对大多数发展中国家来讲，短期资本流动性问题是危机传递的一个渠道，但不是一个重要威胁，对亚洲金融危机的总结使得大多数发展中国家都保持了较为充足的流动性。但出口减少带来的国内经济增速放缓，和东道国政府为了促进国内经济发展所采取的扩张性财政政策和货币政策带来的后果，严重影响了发展中国家的经济发展。由于外需减少使得国家失去增长动力，出现的大量失业和收入水平的降低可能引发社会动荡，企业和

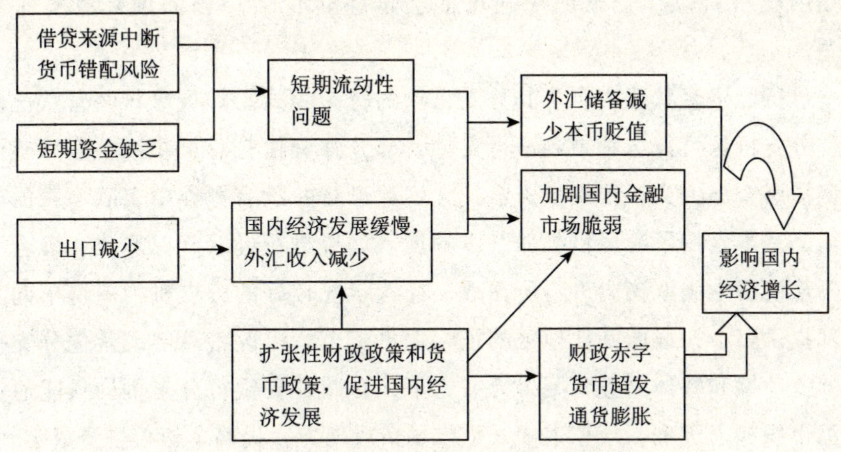

图 6-7　外源性金融危机对东道国经济间接影响途径

个人收入下降及对未来的惶恐导致银行无法获得充足的资金来源，国家失去经济增长所需的资金供给。东道国的扩张性财政政策和货币政策维持引起财政赤字、货币超发和通货膨胀，银行隐性不良贷款增加。如果发展中东道国无法适度控制财政扩张速度，无法控制通货膨胀，会对本国银行体系和经济增长前景造成更为严重的负面后果。

三、外资东道国组织方式影响其危机时期进入退出决策

（一）母行资金状况决定了其筹资行为

发展中国家外资银行的资金来源于两个渠道——国内存款和国际融资。但对大部分外资银行而言，东道国国内存款增长速度远低于贷款增长速度，其对国际融资的依赖日益增加，这些趋势在中东欧国家和拉丁美洲尤为明显。危机初期，大部分发展中国家的银行融资渠道已经被阻断，2007—2008 年间国内存款 15% 的增长率下降到 2009 年的 -0.9%，国内存款和银行间交易量急剧下降，境外融资下降更为显著，2009 年全年境外融资均出现负增长，平均增长速度为 -10% 到 -40%，中东欧国家外资银行所依赖的长期借款降幅最大，拉丁美洲的巴西和智利银行所依赖的境外长期借款也是如此，全球货币市场的崩溃使得跨国银行对发展中国家的投资行为暂时中止。金融危机造成了资金链断裂，许多跨国银行很难从银行间

市场中获得贷款，贷款的短缺可能会迅速转化为一国的国际收支平衡问题。

母行的资金状况决定了其分支机构的行为模式。如果母行经营状况较好，分支机构可以继续得到母行支持，部分外资银行总部积极在全球范围内调拨资金尽力为子行提供资金，大多数母行并没有抛弃中东欧国家的子公司，基本维持了跨境借款的基本额度。如果母行经营状况恶化，资金不得不从发展中国家流向母行所在地，经营状况较好的分支机构不得不向其总部提供资金，或向其他地区的子行提供资金，以改善总部或其他分支机构的流动性和整体财务状况。无奈之下，有些外资银行分支机构只能通过外汇市场筹措资金，给东道国外汇市场造成压力，提高了银行融资成本。

（二）外资进入形式影响其运营稳定性

外资采取不同方式进入东道国。在拉丁美洲和中东欧国家的外资银行主要以子行方式存在，而亚洲国家的外资银行分行大约占据了 2/3 的银行资产。哥伦比亚等国家只允许外资以子行方式存在，一些亚洲国家则只允许外资以分行形式进入。中国希望外资银行能转为子公司以加强对其监管。但印度却不愿意给予子公司国民待遇，防止外资银行在某个市场的垄断。

当外资银行以法人实体方式进入发展中东道国时，虽然子行在母行的地位较低，但对东道国却是非常重要，同时受东道国和母国监管部门的监督和控制。总的来讲，在 2008 年金融危机中，由于以子行进入的外资银行大多可以在当地融资，且资金流动受东道国监管较严，经营业绩受金融危机的影响较小。

以子行方式进入的外资银行运营稳定性提高主要表现在三个方面：

第一，很多以子行方式进入的外资银行采取了本土化策略，其资金来源和贷款对象主要集中在东道国企业。

在资金来源方面，子行开始采取措施吸引东道国国内存款。为了获得更多资金，大部分发展中国家外资银行开始减少对银行批发市场、母行和国际金融市场的依赖性，着力于吸引东道国内零散资金和个人存款，尽力争取获得更多长期资产，缩短贷款到期时间，以加强资金流动性。同时，外资银行开始增持政府债券，增加与东道国央行交易，甚至请求东道国央行给予援助，各国央行为了国内金融环境的稳定，也采取多种措施帮助本国外资法人银行渡过困境。

在贷款方面，它的扩张主要表现为在东道国当地分支机构以当地货币提供的贷款规模的不断扩大，跨境贷款已不是最重要的扩张模式。国际结算银行统计数据亦显示，跨国银行分支机构的大部分贷款以东道国货币贷出。那些主要在东道国市场上进行融资并放贷的外资银行，被认为对东道国有极大的投入和忠诚。实际上，许多跨国银行的分支机构，例如 BBVA 和 HSBC 的分支机构，就像当地银行一样进行业务经营，依靠当地存款为其主要资金来源，银行在东道国的流动性由各分支机构自主管理。墨西哥境内采取分散化决策的外资银行在危机期间融入东道国并主要从东道国获取资金，减少了危机蔓延风险，获得了较为稳定的贷款。

即使如此，部分国家的外资银行在东道国国内的市场交易参与程度亦受到影响。有些外资银行根据总行指令从银行间交易市场中撤出，希望和东道国央行打交道；有些东道国本土银行则担心外资银行承担风险过大，不愿意与其进行银行间交易，使得外资银行从银行间交易市场中获得资金量骤减，或者不得不支付较高利息成本以获得资金。资金的减少使得外资银行贷款增长率远低于本土银行，外资银行的经营范围，尤其是消费者信贷方面，也开始缩小。

第二，本土化经营减少了货币错配的风险。

货币错配（Curreney Mismatch）还没有一个公认的定义，但大部分学者的解释都大同小异，其实质就是汇率风险敞口问题，可以从国家宏观层面和企业微观层面研究。本书从微观层面解释货币错配。它是指企业的资产与负债或收入与支出不是同一种货币时，其净值就不可避免地面临着汇率波动冲击的风险。

货币错配是一些发展中国家借贷中存在的一个十分普遍的现象，这些国家的国内借款利率较高，本币呈现升值趋势且汇率波动平稳，许多家庭愿意借入外币以获得利益，外资银行也通过提供外币借款增强其市场份额和市场竞争力，降低融资成本。但危机发生后，由于汇率波动幅度加大，币种错配的风险被迅速放大，使得银行损失严重。本土化经营的外资银行，其资产和信贷大多使用东道国货币，减少了汇率波动对其经营的影响。

一些跨国银行，例如德意志银行和 UBS，实行银行流动性管理中心化，各个分支机构的资产结构、贷款决策和在发展中国家的市场行为必须和总部的总贷款决策密切联系，使得其在发展中国家的分支机构仍然严重依赖跨境贷款（尤其是批发贷款），跨国银行总部只能通过流动性的重新分配援助处于困境的子公司，这种资金和决策依赖性使得外资银行分支机构在金融危机中受到严重影响，经营风险被货币错配的后果不断放大。

第三，法人外资银行在贷款方面有更大的灵活性。

2008 年 10 月之前危机还没有向发展中国家蔓延，外资银行私人信贷发展仍十分迅速，低的真实利率和较强的全球经济增长保证了银行贷款的质量。随着危机的扩散，资金短缺、风险扩散、业务重心转移等事实迫使外资银行分支机构开始调整其贷款行为。首先，外资银行降低了总的放贷规模，尽可能减少向公司和个人发放贷款的速度和规模，减少向建筑业等风险较大行业的贷款，开始转向风险较小的贷款，并尽可能缩短贷款期限。外资银行削减国内贷款的速度明显高于本土银行，交易量也大幅下降。其次，公司业务结构组成发生变化，借助其法人资格，外资降低了公司贷款增长率，开始增加个人贷款。以波兰为例，2009 年 12 月为非金融机构客户提供的贷款增长率为 7.1%，公司信贷增长率为负。越来越多的银行开始开发市场收益率较高的个人消费者信贷市场，银行通过将高利润产品组合到其消费者信贷产品组合中，以抵消不断增长的融资成本，并从中获得利润。即使如此，中东欧国家和拉丁美洲国家的个人贷款也出现急速下降，但亚洲国家的个人信贷下降较少。最后，大幅减少银行外币贷款以降低货币错配带来的潜在风险。各国外资银行外币贷款的下降速度远高于本币贷款下降速度。

在过去的十年中，全球金融机构的集中决策体制使得子行和分行的经营行为没有太大区别，从获得更多技术转移和技术外溢的角度讲，东道国更欢迎外资银行以分行形式进入，但现在东道国开始从金融稳定的角度考虑外资银行的进入方式，对子行的监管变得更加严格。2009 年巴塞尔委员会提高了对子行资金和流动性的要求。面对越来越严格的监管制度，一些外资银行正在考虑，如果监管当局提高了对子行的要求，他们将考虑将子行改为分行。

然而，东道国政府面临的一个重要问题是，如果法人外资子行的母行决定不再为其分支机构提供支持，东道国监管当局该如何处理法人外资子行流动性损失和对国内支付体系的破坏。

四、关于战略投资者的思考

对于中国银行来讲，外资被视为新资本和高级技术管理经验的重要来源。Leigh and Podpiera（2006）、Hope and Hu（2006）讨论了中国银行业少数股权投资对中国银行体系变化和银行业改革带来的潜在影响。战略投资者曾经帮助国有银行成功上市，为国有银行带来新的资本和技术转移，曾被视为中国银行业改革的重要经验之一。但这些战略投资者在金融危机之初，便不断地抛售其所持股份，使得本土银行市价暴跌，银行业外资从中获得巨大经济利益，这些现象引起了学者们对战略投资者的再次反思。

对跨国银行来讲，战略投资者是国际金融机构重要收益来源之一，中东欧国家银行业改革中进入的大量外资控制了这些国家银行市场上份额最大的一些银行的股权，投资者长期持有公司股权，并积极参与公司治理。2001 年以后，这些国家的银行资产利润率均已为正，匈牙利银行产业资本回报率超过 20%，远超发达国家的利润水平，为投资者带来了巨额利润。

但进入中国银行业的战略投资者却略有不同，按照我国规定，战略投资者只能控制少数股权，并没有获得管理控制权，这些因素打击了外资的技术转移热情和投资积极性，跨国银行对中国银行业的股权投资，在其母行的战略布局中的重要性远低于子行、分行的战略位置，如果母国出现经营困难，需要进行战略调整时，少数股权投资是在危机中首先要被放弃的投资，而且如果能从撤资中获得巨大利益，则是最好的结果。

本书第四章的分析指出，进入我国的战略投资者大约可以分为两大类：进入国有银行的战略投资者的主要目的是获利，而进入中小城市商行的战略投资者的主要目的是借力本土银行进行战略布局。这次股权出售中，所有被出售的股权都是国有银行股权，均是以获利为目的的投资，与此同时，另一批外资银行仍在不断买入中国城市商业银行的股权，仍在我国银行业进行深入持久的布局。

（一）战略投资者对公司治理结构的改善有限

学术界普遍认为，银行的单一产权使得我国银行治理结构存在严重缺陷，造成国有银行运行低效率，股权结构多元化是银行改革追求的目标之一。然而，中国银行业改革是一个漫长的过程，中国银行改革的成功取决于与现存管理体制的合作，取决于采取适合我国目前经济发展形势的运营体制，而不可能完全依赖于技术或法律协议进行改变。金融行业的特殊性决定了政府必须是银行重要的相关利益者之一，目前情况下不可能在短时间内改变国家控股地位，只能逐渐实现政府间接控股，优化银行治理结构。长期处于政府监控的商业银行可以从战略投资者获得一些公司治理经验，但它的进入只能是逐步改变现状，但无法根本改变我国银行业体制。传统和现代方式相结合的管理方式使得公司治理极为复杂，尤其是在国有商业银行的投资，有限的股权不可能实现管理控制权，投资者只能是以纯粹投资获益、获取中资银行运行内幕、熟悉中国市场运行特点为其主要投资目的。

作为一个逐利主体，要求战略投资者从中资银行长远利益出发帮助其制定发展战略，加强风险控制，推进核心业务领域改革等问题是不可能的事情，没有任何一家企业愿意投资去培养一个潜在竞争者。

（二）战略投资合作的不稳定性高

松散的股权联系，无望的管理控制权和以获利为目的的投资，使得战略投资合作处于不稳定状态。在母行发生资金流动困难时，首先被出售的就是对母行长远发展无战略重要性的资产和投资。2008 年金融危机中发达国家对待其遍布全球的分支机构的投资表明，母行一般会减少与其相关性较少的银行贷款，全力支持其在发展中国家的分支机构。捷克银行发现，外资银行母行贷款要比其他不相关贷款稳定得多，当子行或分行无法从银行间市场获得贷款时，母行会继续为其提供资金，股权比例是一个非常重要的因素。而战略投资者的股权限制无法保证危机中的患难与共。

1997年亚洲金融危机后的韩国迫于IMF援助计划的附带条件，准许外国资本以“战略投资者”身份进入，收购陷入困境的本国银行业。然而，当韩国经济尚未恢复时，收购韩美银行的凯雷集团和收购韩国第一银行的新侨集团就开始出售股权获利，引起韩国经济余震。

在我国也不例外，战略合作者与中资银行合作中获得了巨额利润。以美国银行对建行的投资为例，2005年6月，美银买进建行174.8亿股，作价1.065港元，合计投资25亿美元；2005年9月，建行IPO，美银买入16.5亿股，作价2.35港元，投资5亿美元；随后2008年二次增持建设银行股票。最终美国银行投资119.1亿美元获得447亿股，平均每股成本0.266美元，合2.07港元。2010年11月，美国银行参加H股配股18亿股，成本10亿美元，则其累计持有的建行股票465亿股，总成本130亿美元。2008年11月，美银投资70.6亿美元增持195.8亿股。2008年美国银行出售所持股票，累计套现194亿美元，获利75亿美元，同时持有建行5%股份90亿美元的市值，合计收益超过150亿美元，接近1000亿元人民币。如果利用这1000亿人民币购买技术，获得的收益和技术应该远远高于建行和美国银行每年召开的几个研讨会所带来的效应。

（三）技术支持的力度与广度有限

中资银行引入战略投资者的重要目的之一是获得其技术支持，并在合作协议中做出明确规定。但从外资银行角度讲，签订战略合作合同并不意味着专有技术的输出。尽管投资者意识到，如果不传授技术给引资银行，而其他投资者传授技术，那么其投资的银行可能会失去竞争能力。但此时失去的利益并不大，最坏的结果亦是抛售或撤资，而最新技术的传播却可能会培养一个未来的竞争者，因此外资银行不太可能将最新技术秘密传授给中方合作者。另一方面，外资银行提供的技术是否适于用中资银行存在未知性，目前中资银行的董事会机制并不健全，还要执行一些行政色彩较浓的任务，与提高银行经营效率的公司目标并不相符。部分银行即使得到先进技术，也没有相对应的人力物力将其用于提高经营业绩。鉴于中国目前知识产权的保护情况，外资银行的专有技术等知识产权存在着被盗用的可能，致使其丢失技术垄断权，因此，外资银行并没有太多动力去传授新技术。这也是为什么部分城市商业银行引入战略投资者的成效并不明显。

（四）关注外资银行在城市商行的战略布局

对外资来讲，通过战略投资者进入中国市场是其最重要的投资影响因素，引资银行的经营效率并不是很重要的因素。如本文第四章所述，许多城市商业银行中的外资已成为其第一大股东，对其经营决策有着重大影响。按照银监会规定，如果城市商业银行的经营业绩较好就允许其跨区域经营，外资参股的城市商业银行大多数是我国发达地区和省会城市的商行，本身经营状况较好，不断进行的跨区域扩张将成为外资在我国实现战略布局的重要手段。

有个问题值得我国银行业深思，如果投资于城市商业银行的外资继续持股，不断加强城市商业银行的竞争实力，将会改变我国银行业市场结构，提高城市商业银行的市场份额，外资也会从中继续获利。如果投资于城市商业银行的外资出现撤资现象，对于城市商业银行来讲，将是一个巨大的打击。因为它并不能像国有商业银行那样迅速找到买家，也没有国有商业银行的国家隐形担保。通常情况下，在预计到城市商业银行经营前景不妙、或是母行资金紧张而撤资，战略投资者不会有损失，但城市商业银行的日常运营将受到严重影响，甚至是毁灭性灾难，其主要客户的中小型企业资金来源中断，会引起一系列的严重经济后果。这是我国引进战略投资者时应慎重考虑的问题。

第七章

中国银行业对外开放策略

随着经济全球化的深化，发展中国家银行业的对外开放和外资的进入是必然趋势，东道国亦将引入外资作为获得建设资金、获取先进技术、促进其经济发展的重要手段。客观地讲，外资的全球化扩张实现了全球范围内资源的重新配置，提高了资源使用效率，但资本的逐利性决定了资本流动的本质，它和东道国引资目的存在着一定错位，引入外资是不是经济发展不可缺少的战略措施？外资进入是否促进了东道国产业生产率的提高？是否提高了本土企业的生产率和竞争实力？是否促进了东道国经济的发展？如何在充分利用外资的同时，防范外资带来的负面影响？这一系列的问题，是东道国对外开放政策中最为关注的事宜，亦是利用外资中最为关键的问题。

回顾各发展中国家银行业的对外开放及其经济发展，目前尚未得到较为统一的结论，银行业对外开放不是一国经济发展的必要条件，银行业外资亦未必能为东道国企业带来高效率和高绩效。

回顾我国改革开放历程，制造业领域外资的进入使得中国成为最大的制造品出口大国，促进了我国经济发展和制造业总体效率的明显提高，但本土制造业从中获益多少？本土制造业生产率是否提高？却是极具争议的问题。

与制造业的迅速开放不同，中国银行业的对外开放遵循了较为谨慎的开放政策，限制了外资的大量进入，有限的开放措施使得外资只能通过耐心等待和精心布局，采取逐步渗透的方式进入中国。分析外资进入方式决策、投资目标及区域的选择，可以发现，目前银行业外资在我国的投资还处于逐步渗透和战略布局阶段，对城市商业银行的战略投资成为其进入中国的最有效途径，也是其目前利润的最大来源。

对中国银行业而言，有限的国际银行业资本还没有实质性地改变中国银行业的市场竞争格局，对中国的银行信贷格局影响亦非常有限，更无从谈及其对中国经济发展的影响，本书研究了外资不同进入方式对我国商业银行经营业绩的影响，总体而言，外资进入对我国商业银行的经营业绩有一定的正面影响，但不同进入方式的影响结果并不相同，对不同类型的商业银行的影响也不相同。近几年中国银行业的快速发展，应该说部分来自我国总体经济快速发展带来的巨大市场，部分来自中国银行业整体经营环境的改善，部分来自银行自身竞争力的提高，部分来自外资进入带来的技术溢出。

本章简要回顾了各发展中国家银行业的开放历程和引资目的，发现除部分发展中小国的银行业被外资所控制外，没有任何一个大国希望其银行业被外资所控制。根据目前国际国内经济发展趋势，本书还阐述了我国银行业开放的基本策略。

第一节 发展中国家银行业的对外开放

20 世纪 80 年代起，越来越多的发展中国家开始卷入金融自由化浪潮，银行业资金逐渐流向亚太、南美和中东欧地区。尽管外资银行对外扩张意愿比较强烈，但在 20 世纪 90 年代前，大多数发展中国家设置了严格的外资准入要求，在外资银行获得经营牌照、分支机构设立、业务经营范围、外资持股等方面有着严格限制。然而，在发展中国家经历几次金融危机后，各国为了本国银行重组获得注资，改善本国银行系统竞争能力和经营效率等，决定对外开放银行业。或是由于历史沿革，或是由于各国对待银行业外资的态度不同，或是由于各国银行业对外开放时机不同，银行业外资在发展中国家的发展机遇各不相同。

一、拉丁美洲国家的银行业外资

拉美国家是最早接受银行业外资的发展中国家，20 世纪 90 年代以前，拉美国家严禁外国资本进入本国银行体系，效率较低的国有银行占很大比重，整个银行体系较为脆弱。20 世纪 90 年代初，墨西哥等拉美国家由于金融危机的发生，各监管当局对外资银行的态度才发生改变。除了 1999 年巴西危机和 2002 年阿根廷危机时期外资略有减少外，外资持续以并购方式进入拉美国家。2000 年末，巴西、阿根廷、智利、哥伦比亚、墨西哥、秘鲁这些国家外资参股或控股的资产份额分别达到 23%、49%、54%、26%、24% 和 40%。[24]

二、中东欧转型国家的银行业外资

20 世纪 90 年代的东欧国家，由于国内经济改革所需资金极度缺乏，国内银行业效率极低，充满了大量的呆账坏账，为了获得足够资金帮助经济发展，政府允许大量外资通过并购方式进入中东欧国家，并把利用外资作为促进银行业改革的重要手段，开放的结果导致银行业外资基本控制了 CEE 国家的银行体系，相对来讲，CIS 国家银行改革中利用的外资较少。

被外资控制的银行体系存在着一定的隐患。与东道国银行相比，外资银行经营战略会更加关注国际市场变化，需要充分利用国际市场进行资金融通和资金运作，国际市场经营环境的变化会非常容易传播到东道国市场。虽然外资银行主要为东道国企业提供金融服务，但作为跨国银行的一个分支机构，其重大决策要受到跨国银行总部决策的影响，使得东道国的银行体系受制于跨国银行总部的操纵。“次贷危机”使得中东欧国家外资银行总部陷入了经营困境，为了缓解总部经营困难，总部开始缩减其在东道国的资金投入和业务规模，使得过分依赖外资的东道国经济发展受到严重影响。

---

[24] Jennifer S. Crystal, B, Gerard Dages and Linda S. Goldberg. Does Foreign Ownership Contribute to Sounder Bankes in Emerging Markets? The Latin American Experience, Federal Reserve Bank of New York Revised May 29, 2001.

三、亚洲国家的银行业外资

亚洲国家银行业的对外开放一直持有非常谨慎的态度。亚洲金融危机之后，为了获得 IMF 援助，亚洲国家不得不开放其金融市场，放宽银行业外资准入政策，允许外资银行拥有较大股权。

允许银行外资进入的时间段主要集中在亚洲金融危机后的三年内，之后数量骤减，尽管在 2003 年有一个明显回升。除了中国香港、新加坡两个离岸金融中心外，大部分银行业外资进入了韩国，印尼、泰国和菲律宾吸收的银行业外资并不多。当国内银行业发展较为稳定后，亚洲国家并不愿意外资过多控制其国内银行机构。即使是在中国香港和新加坡的外资银行也只能从事批发银行业务和资本市场业务，零售银行业务受到政府严格管制。各国放松外资准入限制的主要目的是利用外资改善本国银行竞争和效率。

相对于中国来讲，印度银行业开放程度相对大一些，外资银行可以通过 100% 的独资子公司进入印度市场，外资最大持股比例增加 74%。印度在某些领域为外资银行提供了更为优惠的发展政策。例如，外资银行和本土银行业务经营范围没有任何区别，都可以从事银行零售和批发业务，外资银行只需将其 32% 的贷款业务投入到指定优先发展领域，但本土银行的指定贷款比例却是 40%。

韩国于 1993 年开始实施为期 5 年的金融自由化计划并解除利率管制，1997 年亚洲金融危机和 IMF 援助计划迫使韩国进一步开放其金融业，韩国政府出台鼓励外资银行进入政策，放宽了外资银行持股比例限制，但规定了相应的报告批准制度，当外资股权超过 10%、25%、33% 达到 100% 时，均需得到金融监管委员会（Financial Supervisory Commission，FSC）批准；允许外资银行在韩国国内建立子公司或以并购方式进入韩国。自 1999 年起，韩国外资银行显著增加，到 2008 年年底，韩国共有 39 家外资银行分支机构。

亚洲金融危机前，马来西亚的外资银行资产份额相对稳定，大约在 16.7% 左右。1997 年金融危机后的印度尼西亚进行了大幅度银行业改革，

1998 年 12 月出台新银行法，放松银行业外资准入限制，允许外资并购印尼银行，放宽合资银行在印尼建立分行的限制。到 2005 年底，印尼有 37 家外资银行，其中 11 家为外资银行分行，17 家为合资银行，9 家为被外资并购的银行，但不包括外资拥有多数股权的银行。外资银行分行和子行享有同等待遇。目前印尼不再发放新的经营许可，现存外资银行分支机构和合资银行允许再开一家分行或再建立一个代表处。由于国内私营银行迅速发展，外资银行所占比例没有大幅提高。

泰国在亚洲金融危机之前对于银行业外资进入有严格管制措施，金融危机后放松了准入限制。允许 100% 股权外资银行经营期限为 10 年，10 年后只有当外资银行股份降至 49% 以下时，才允许其继续获取股权。2004 年建立金融发展计划（Financial Sector Master Plan）允许外资银行获得两种执照，外资银行可以选择建立子公司，其业务经营范围与本土银行相同，并可以在曼谷开设一家分支机构，在其他地区开设三家分支机构；外资银行可以选择在泰国建立分行，业务经营范围与本土银行相同，但不允许再建立分支机构。分行最低资本金要求高于子公司最低资本金要求，外资银行可以对泰国银行持有多数股权。到 2009 年底，泰国有 3 家外资持有多数股权的银行，16 家外资银行分行和 24 家外资银行办事处。

菲律宾自 2000 年以来持续进行银行业改革，2007 年 6 月之前，允许外资银行持股比例达到 100%，2007 年 6 月后，重新将持股比例减小到 60%，详见表 7－1、表 7－2。

表 7－1 亚洲国家银行业的对外开放程度

国家	关于外资准入的法规	外资银行持股限制		对外资机构的监管或业务限制	
		1997 年金融危机前	2007—2008 年		
中国	2006 年 12 月《外资银行监管法》	—	战略投资者：外资银行持股不得超过 25%，单个外资银行持股不得超过 20%。可以建立 100% 持股独资法人机构	建立分行的最低资产要求高于建立子公司或合资银行最低资产要求。	鼓励外资银行在当地注册，没有注册的银行不允许接受低于 100 万人民币存款业务。

续表

国家	关于外资准入的法规	外资银行持股限制		对外资机构的监管或业务限制	
		1997 年金融危机前	2007—2008 年		
印度	2005 年建立，外资银行在印度投资指引	49%	74%	可以建立分行，可以建立 100% 独资子公司。现存分行可以转为 100% 独资子公司。	外资银行必须将其 32% 的贷款贷给政府指定的优先获得贷款的领域，32% 的贷款必须发放到出口信贷领域。
印度尼西亚	1998 年新银行法	49%	100%	外资银行子行和分行受同一法规监管。	不再发放新的经营许可，现存外资银行分支机构和合资银行允许再开一家分行或再建一个代表处。
泰国	—	25%	100%	外资银行分行可以在曼谷开设一家分支机构，在其他地区开设三家分支机构。	100% 股权的外资银行经营期限为 10 年，10 年后只有当外资银行股份降至 49% 以下时，才允许其继续获取股权。
韩国	1999 年修改过的银行法	49%	100%	分行和子行在资金结构、进入和退出方面的管理制度不同。	当外资股权超过 10%、25%、33% 达到 100% 时，均需得到金融监管委员会同意。
马来西亚	Master Plan（2001）	30%	新建银行外资参股不超过 30%	不允许建立外资银行分行，不允许设立 ATM 机，所有外资银行均需在当地注册。	现存子行允许在 2006 年开设四家分支机构。

续表

国家	关于外资准入的法规	外资银行持股限制		对外资机构的监管或业务限制	
		1997 年金融危机前	2007—2008 年		
菲律宾	General Banking Law（2000）	60%	60%	对分行和子行的监管没有区别。	自 2000 年起，外资银行分支机构只能通过并购现存国内银行的方式进入国内市场。
新加坡	—	—	吸收存款的合资银行股权比例为 40%，发放贷款的合资银行无此限制。	—	—

资料来源：根据 Sasidaran Gopalan and Ramkishen S. Rajan. Financial Sector De - regulation in Emerging Asia：Focus on Foreign Bank Entry（2009），ISAS working paper No. 76 资料整理

表 7 - 2　亚洲国家外资银行的分支机构

国家	1997 年金融危机			危机后（最新可获得数据年份）		
	银行数目	银行资产份额（%）	银行存款份额（%）	银行数	银行资产份额（%）	银行存款份额（%）
印度尼西亚	44	5.8	4.9	37（2005）	47（2008）	6.1（2008）
马来西亚	14	21.6	21.1	13（2008）	23（2008）	20.8（2008）
泰国	21	7.1	2.9	16（2008）	12.6（2008）	7.8（2008）
菲律宾	13	8.5	NA	22（2008）	13.2（2007）	NA
韩国	68	2.2	3.8	39（2008）	15.7（2008）	10（2008）
中国	NA	0.1	NA	71（2007）	2.3（2007）	2（2008）
印度	42	7.9	7	29（2007）	8.4（2008）	5.8（2008）

资料来源：根据 Sasidaran Gopalan and Ramkishen S. Rajan. Financial Sector De - regulation in Emerging Asia：Focus on Foreign Bank Entry（2009），ISAS working paper No. 76 资料整理

四、发展中国家银行业开放的比较分析

对比各国对外开放历程和银行准入制度，可以发现它们有许多不同之处。

（一）不同的时机和目的

许多国家的银行业开放是迫于各种压力下的无奈选择。而中国银行业的开放时机和目的则完全不同（见表7－3）。

表7－3　各国银行业对外开放时机和目的

国家	开放时间	开放时国内经济情况	引资主要目的
拉美国家	20世纪90年代初	急需发展资金，为了解决债务危机不得不接受IMF援助计划附加条件。	获得发展资金。
中东欧国家	20世纪80年代末	国家政治经济局面动荡，银行业处于崩溃状态，经济建设急需资金。	获得国内经济发展所需资金，重新构建银行体系以满足加入欧盟的要求。
亚洲国家	大多在1997年亚洲金融危机之后	部分国家为了获得国际援助被迫开放银行市场，部分国家为了促进国内银行业改革主动开放银行市场。	重新构建银行体系。
中国	最早20世纪80年代，采取逐步开放政策，较大规模开放在21世纪初	国内经济稳定，发展前景良好。银行经营效率低，2002年初政府已采取措施大量剥离银行坏账，改进银行绩效。	借助外力提高公司治理水平，提高银行效率。

资料来源：笔者总结整理

（二）银行业外资效应不同

由于各国引资目的不同，外资对市场控制程度不同，其引发的经济效应也有所不同。

总的来讲，中东欧国家的银行业基本由外资控制，本土银行业发展空间较小，根本没有与外资银行竞争的实力。在世界经济平稳运行期间，外资银行为中东欧国家提供了大量的经济发展资金，促进了这些国家的经济发展。

Kim（2004）研究了韩国外资银行的经营业绩，发现其2001和2002年的业绩与国内私人银行没有显著区别，公司治理方面也没有明显差别，外资银行集中精力积极发展零售业务，而不是提供高级金融服务。没有证据表明外资银行提高了本土银行业的利润水平，也没有证据表明外资银行可以帮助东道国建立一个更加稳定的银行体系。

Detragiache（2004）分析了亚洲金融危机期间外资银行运营状况，由于外资银行在马来西亚经营时间较长，比较熟悉当地情况，亚洲金融危机对其母行影响较小，因此外资银行并没有撤离印尼，经营状况比本土银行更为稳定。

Germley（2010）研究了外资对印度银行业的影响，发现外资只为少数赢利企业提供了信贷，由于国内贷款总量的下降，印度企业可获得贷款数量比外资进入前减少了8%，中小企业可获得贷款下降幅度较大。

（三）国有银行地位不同

发展中国家银行业外资的引入并不意味着国有银行地位的下降，本国经济实力较为强大，且发展前景较好的发展中国家并没有失去对本国银行业的控制。巴西和印度等国通过对外开放都较为成功地提高了本国银行业效率，总结其成功经验，可以发现这些国家在对外开放的同时都很注重对本土银行业的培植。

印度银行业改革的主导思想是改革政府垄断的金融体制，培育良好、公平公正的金融竞争环境，外资并不是其改革的主要力量，为保护本国金融业，印度通过限制外资银行数量和比例实现对银行业外资准入和经营的控制，在对外开放的同时，鼓励本土银行进行重组上市，使得外资在本国面临强有力的市场竞争，不得不运用先进技术和经验以获取生存发展权利，提高了本国银行业整体效率，也有利于技术外溢。

巴西是拉美地区对银行业外资管制较为严格的地区，大量银行资产在政府控制之下，且在对外开放前已由私营银行取得主导地位。巴西央行前行长费尔南布莱认为，外资银行为巴西银行业带来了许多新产品和新理念，丰富了巴西的金融体系，但对巴西银行业的积极作用不是很明显。㉕

俄罗斯需要吸引更多银行外资为其基础设施建设提供资金，促进本国银行业的改革。但俄罗斯的国家资本和私人资本控制了大约相同的市场份额，外资控制银行所占比例要远低于中东欧国家。俄罗斯国有银行控制了41%的市场份额，它的银行业改革思路是在政府控制下提高核心银行竞争

㉕ 第一财经日报，2005－12－02.

能力，这与东欧国家完全市场化趋势有着本质的不同。俄罗斯并没有因为国有银行质量、金融危机、银行业私有化等原因，将国有资本大量撤出银行业。相反的，通过国有商业银行股权稀释、资产剥离、人为破产和其他一些手段实现国有资本从银行业的有序撤离，在此过程中，外资银行逐渐以合资银行身份进入银行业，但俄罗斯核心银行并没有进行私有化，国有资本撤离是有限的。在与外资银行的合作中，持续流入的资本、技术和管理技巧不断加强了国有银行垄断地位，是否会造成新的垄断竞争格局是俄罗斯银行业面临的一个新问题。近几年来，不断有银行业外资撤出俄罗斯，在某种程度上体现了俄罗斯国有银行的地位在不断加强。

第二节
中国银行业的适度开放政策

中国银行业的改革一直在政府主导下采取较为谨慎的开放态度。部分学者认为外资效应的不显著主要是由于外资数量太少而无法发挥其效用，但究竟合适的“门槛效应”是多少，没有人能够回答这个问题。中东欧国家大幅引入银行业外资已取得的经济发展成果曾令人羡慕，但这些国家在2008年金融危机下的表现又让世界产生一定质疑。严重依赖以获利为主体的外资提供经济发展资金的一个重要前提是，这些银行业资本可以从投资中获得利益，否则资本将毫不留情地撤出，2008年的金融危机后，发达国家采取了多种措施限制本国银行业资本的流出，这对于资金缺乏的发展中国家更是雪上加霜，也引起了各国对其引资政策的重新调整和思考。鉴于目前国际国内经济发展环境和中资银行的竞争实力，中国银行业只能采取适度开放政策吸引外资进入，充分利用外资带来的竞争效用技术溢出效应。对中国银行业的改革和银行效率的提高来讲，外资只是外力，重要的是本土银行自身能力的提高。

一、中国银行业开放的外部环境决定了开放的谨慎性

自2008年以来，大多数发达国家都经历了一场较深的经济衰退，大幅

降低国内银行资产的增长率。面临着金融危机带来的强大压力，发达国家银行业资产价值迅速下降，一些金融机构面临着破产危险。与此相比，虽然部分发展中国家也会经历一些经济衰退，但遭受破坏较少的新兴发展中国家基本保留了较好的银行体系，有利于保持自身相对高速的经济发展速度。

金融危机留下了一系列未知答案，发达国家需要多长时间才能从危机中恢复过来？一些发展中国家，例如墨西哥、印尼和阿根廷至少经历了长于5年多的时间才恢复了正常的经济增长，日本10年经济低迷仍没有看到曙光，陷入危机的欧盟何时才能恢复其正常经济增长势头？

鉴于过度虚拟化交易的严重后果，各国政府和国际组织采取多种措施加强了对银行业的监管和约束，跨国银行亦开始反思其经营战略，越来越多的银行开始逐渐回归到基础业务领域，利润将主要来自银行机构所在国实体经济发展带来的赢利，各国政府对经济发展的干预措施亦极大地影响银行的发展机会和发展方向。

（一）全球市场不稳定性加剧了银行业的动荡

2008年的金融危机将世界经济发展推入了一个动荡的时代，美国的次贷危机的影响还没有终结，欧盟的债务问题已经将迄今为止全球“最为成功的”单一欧元区逼到了崩溃的边缘，全球经济甚至存在着再一次进入经济萧条的可能性。无论是在次贷危机中还是在欧债危机中，发达国家的跨国银行都遭受了严重损失，为了维持母行的正常运营，许多跨国银行一方面开始出售国外资产以维持母行的正常运营，另一方面不断寻找获取新的获利途径，包括短期投机和长期投资。外资的大规模迅速进入和撤出必然会对东道国经济发展造成冲击，影响其国内发展资金的可获得性和汇率稳定，如果我国在全球经济不稳的情况下开放银行业，进一步强化与国际金融市场的联系，会使我国经济发展更易受到国际资本市场变化的影响，甚至为金融危机在我国的传播搭建通道，对我国经济发展造成不利的影响。

（二）国际危机并没有改变全球银行业的格局

自2008年金融危机爆发以来，美欧国家银行不断传来坏消息，花旗集团巨额亏损，苏格兰皇家银行被国有化，富通银行被分拆，许多银行遭受巨大损失。而我国工商银行却是自2008年以来夺得全球市值最大银行、全球利润最大银行和全球存款最多银行的桂冠，但金融危机实际上并没有改变全球银行业的格局。相反地，在一定基础上加强了“太大而不能倒”的银行的垄断地位。

2008年金融危机爆发后，为了挽救即将崩溃的银行体系，美欧政府以扩大财政赤字为代价，向金融机构注入大量资金收购其股权，或提供大量资金补充其资本金和运营资本，使发达国家银行的核心资产和资产规模在危机中得到进一步扩大，发达国家银行仍然在国际银行业中居于控制地位。

根据《银行家》2009年的数据，受到国际金融危机冲击严重的美欧跨国银行其核心资本的增速明显高于世界平均水平，政府注资已超过了银行亏损水平，美国的摩根大通、美国银行、花旗银行和英国苏格兰皇家银行的核心资产已超过1000亿美元，美国四大银行核心资产增速超过30%，而我国工商银行的核心资产增速只有12.72%，资产规模前十大银行中，欧洲银行占了七家，美国银行占了两家，花旗等跨国银行的资产下降规模远低于其亏损程度，美国政府的收购使得银行可以将亏损转嫁给保险公司和政府，保持其资产规模和国际市场上的垄断地位，其遍布全球的分支机构也保证了其全球竞争力，虽然我国几大国有商业银行的利润名列前茅，但与花旗等银行的实力相比，相差甚远。㉖

二、中国经济改革的复杂性决定了银行改革的复杂性

我国经济在过去30年里以年均10%的速度增长，但仍然需要搞清楚的问题是，这样的成功是政府控制的结果，还是自由市场的作用？对这个问题的回答将决定中国经济发展方向。中国目前的经济问题和社会摩擦是市场改革前进中不可避免的阵痛，还是改革进程中的倒退所致？我国的政府主导型经济模式，究竟是成功的典范，还是仍需进一步改善的模式？

作为一个正在不断崛起的新兴国家市场，我国经济改革取得了巨大成

㉖ 广东金融学院区域金融政策研究中心．金融危机－强国逻辑与弱国对策［M］．广州：广东出版社，2010.

就，也有着巨大的经济发展潜力，成为各国资本关注的焦点。但整体而言，我国生产技术水平仍落后于发达国家。经济改革目前走到了关键阶段，世界经济发展形势存在着较大不确定性，原有的出口外向型经济增长模式已经无法完成继续带动国内经济增长的任务；国内生产力过剩和国内外需求有限的矛盾日益突出，需要从多方面实现国家经济发展转型。但如何在日益恶化的国际市场环境中，尽快实现经济转型，如何界定国有企业在经济发展中的作用，如何实现政府调控和市场调节的完美结合，如何促进中小企业的发展，如何解决日益复杂的经济发展、环境保护、居民福利增长等多个目标的均衡发展，如何在我国需要建立完整的产业体系，增强一国自主创新能力，掌握产业核心技术，如何实现我国产业发展的紧密连接和合理协调，如何实现经济发展的良性循环……这些问题是中国经济改革中必须回答的问题，但短期内无法给出完美的答案。

实体经济的发展需要一个强大的金融体系作为支撑，帮助产业进行有效的资源配置，实现资源配置的帕累托改进。长久以来，国有银行在我国经济建设中承担着重要的、无法替代的责任，它是我国企业融资的主要渠道，它的资金配置导向决定一个产业的兴衰，它是我国在财政支出不足时的资金补充（目前中国国家预算仍然只占 GDP 的 25%，而其他中等收入国家的这一比率平均为 35%，经合组织（OECD）经济体平均为 40% 以上，许多财政支出实际上是通过政府对银行指导性政策实现的[27]），它是实现政府经济运行意图的重要工具，在维护社会稳定、保证经济平稳发展过程中承担着重要的责任，甚至承担着一些国家行政任务。我国目前的经济体制客观上决定了中资银行的运营不可能是一个在市场经济中按照市场规则运营的企业行为。只有在政府基本理清发展思路，赋予银行正确的定位，中资银行才能真正实现市场主体的自主经营。

与西方发达国家的银行相比，我国银行竞争力远低于国外同行，盲目的开放只能使中资银行一边承担国家行政任务的同时，一边与国外高水平的竞争对手争夺市场。在中资银行抗风险能力较差的时候，外部经济冲击会带来非常严重的经济损失。而且，银行业的开放必然会带来国内金融体

㉗ 黄育川．中国金融体系的真正风险［J］．英国金融时报，2011－11－25.

系结构的变化，这种变化既包括行业内企业竞争实力和竞争格局的变化，也包括银行、证券、保险业等行业的相互替代和相互渗透，更包括资本重新配置带来的相关产业的兴衰，为经济发展带来更多的不稳定性。我国对资金的需求量很大，根据麦肯锡的预测，我国银行总资产将在2030年成为全球总量第一，如此庞大的资金需求是无法完全依赖外资得以满足的。

鉴于银行业对经济发展的重要性，将核心银行控制在国家手中并在危机时刻发挥作用是银行业稳定的关键。在国内经济遭遇重大变革时，出于自身利益的考虑，外资银行一般不可能承担起稳定银行业的重任。我国政府为了提高我国银行业的竞争能力和抗风险能力也煞费苦心，近年来，银行的高利润在某种程度上亦是政府变相提高、补充银行资本金的一种手段，以维护国有银行的稳定性，确保经济融资渠道的畅通。

因此，作为银行改革的重要组成部分——银行业外资的准入也必须纳入我国银行业改革的步伐中来，中国经济发展的复杂性决定了银行改革的谨慎性，也决定了目前我国银行业外资准入政策的谨慎性。

三、中国银行业的竞争能力决定了银行开放的适度性

不可否认的是，尽管经过近20年的努力，中资银行的竞争实力仍远低于西方发达国家跨国银行的竞争能力。中资银行的经营管理水平、技术水平、风险防范水平都低于竞争对手，分业经营的限制使中资银行无法通过经营多元化分散风险获取利润，但众多跨国银行却可以在混业经营中获得巨大利润。

幼稚工业论较好地阐述了一国政府为发展本土产业所需要做的适度保护。为了帮助本土银行获得竞争能力，需要为其提供一个发展空间和缓冲期，帮助其提高竞争能力，以便于与国际银行巨头进行竞争。否则，面对外资强有力冲击，处于劣势的本土银行不得不从事一些风险较大甚至是投机性投资，以补偿不断下降的市场份额、不断下降的利润所带来的损失。银行坏账率大幅增加，引起银行资产质量的进一步下降和整个银行业经营风险的增加，不仅抵消了引入外资带来的整体行业效率的提高，也使本土银行丧失了发展机会。同时，考虑到银行业在一国经济发展中的重要地

位，考虑到银行业与其他行业发展的密切联系，该行业不能控制在国外投资者手中。

尽管我国在全球金融危机中幸免于难，但自身所面临的现实挑战也蕴藏着许多潜在风险，利率管制造成的利差暴利使银行丧失了创新动力、中小企业融资难造成的高利贷盛行，中小企业面临着资金链的断裂，房地产行业的调控加深了商业银行面临的风险，4 万亿财政支出可能造成的坏账增加和国内持续的通货膨胀、地方债务风险等，使中资银行的进一步发展面临着巨大的挑战。

从我国银行业的竞争实力来讲，我国是弱国。弱国的对外开放中最担心的一个问题是，开放后本国银行无法应对跨国银行的竞争，最终导致国内行业被外资垄断。短期之内，我国银行业不可能迅速缩小与跨国银行经营和管理水平的差距，跨国银行亦会进一步调整其全球发展战略，将发展重心放在发展中国家市场，以其原有的技术管理竞争优势获得更多发展中国家市场。一个迅速开放的市场只能导致大量外资进入和本土银行的退出，虽然从短期讲，可能会提高银行业的整个经营效率和绩效，但从长期来看，依靠外国资本为一个经济大国的经济发展提供资金，是无法保证大国经济的持续发展的。

四、银行业对外开放基本准则

（一）考虑大国战略利益

随着中国经济的发展，中国银行业发展前景受到越来越多的关注。以 2009 年固定价格计算，2009 年美国银行业资产为全球第一，数量为 147720 亿美元，日本以 74860 亿美元居第二，中国以 60060 亿美元居全球第三，印度以 9450 亿美元居第 12 位。根据麦肯锡预测，未来 5 年内，我国的批发银行业务市场预计将以超过 10% 的年增长率快速增长，按照这种发展速度，预计到 2015 年，中国就将超越日本，成为亚洲最大的批发银行业务市场，普华永道的调查报告《2050 年的银行业》指出，如果各国政府保持目前的稳健开放政策，适度 GDP 增长，且没有发生大的灾难或经济危机的条件下，席卷全球的金融危机使得世界增长的不平衡有所改善，世界经济的主要增长力量开始转向新兴国家体，新兴七国（中国、印度、巴西、俄罗斯、墨西哥、印度尼西亚和土耳其）的经济增长速度和国内金融业的发展速度要远高于发达国家，根据中国银行信贷资产的预计增长速度预测，预计中国将在2023年超过美国的金融规模，成为世界上最大的银行业市场。印度具有长期的增长潜力，2050年后可能成为继美国和中国的第三大市场。

从以上的预测看出，我国银行业所具有较大的市场发展空间将成为吸引外资进入的重要因素。虽然我国目前银行业开放程度较小，银行业外资进入较少，但银行业外资在约束较大的环境中苦心经营数十年，所看重的并不是目前的利益，而是一旦成功实现市场渗透后的将来潜在回报。因此，我国的政策规划也不能仅仅局限于解决当前问题，不能局限于短期的"引资""引智"和"引制"。

在"引资"方面，国内经济发展所需的巨额资金不可能依靠国外资本供给，2003年的吸引战略投资者政策亦不是把重点放在外资所提供的资本金补充。金融危机下的西方跨国银行目前不得不通过变卖国外资产维持自身流动性，即将生效的《巴塞尔协议 III》更是提高了银行的资本金要求，此时要求银行业外资为我国提供资本金补充，可能是一个不太现实的想法。

在"引智"方面，技术溢出是一个长久争论的话题。是否存在技术溢出？外资的技术溢出是否能显著改变东道国银行的技术水平？这些话题是学者们长久争论的学术难题。即使明显存在技术溢出，众多研究表明，东道国的吸收能力是获得技术外溢的关键。因此，如果国内没有一个良好的市场经营环境和企业较强的创新能力，仅靠引进外资是无法实现一国技术水平的本质性提高。对战略投资者来讲，仅仅通过获得少数股权就转让技术培养潜在对手，并不是其进入东道国的本意。

在"引制"方面，我国商业银行公司治理体制的改变的关键点，不是缺乏对现代公司制度的理解和认识，而是缺乏政府对商业银行控制方式的改变，只有政府真正放权，让商业银行成为一个真正的市场主体，银行的公司治理制度才可以得到真正改变，仅靠引入一两个国外董事是无法实现制度方面的真正变革的。

无论是经济学原理分析，还是现实世界的实际运行，都要考虑大国情形，任何一个发展中大国都不可能依靠外资来实现自身经济的腾飞，一个发展中大国的银行业改革也不可能依靠外资完成。不可否认的是，大多数的国家的实践经验证明，外资的进入可以促进东道国银行业的发展和效率的提升，但外资进入带来的益处和允许外资进入所付出代价之间的比较，是否有学者能够证明“物有所值”还值得考量。

（二）开放政策中“效率”与“稳定”的均衡

经济学中的“效率”与“稳定”一直是一个两难话题，从追求效率的角度讲，应该在全球范围内实现资源的最佳配置以取得最高效率。但从一个国家经济发展和国家主权维护的角度来讲，稳定亦是一国政策的首要目标。

在经济全球化条件下，一个经济体的发展需要一个平稳的国际经济环境，中东欧国家的实践表明，FDI在一国经济平稳时期对经济增长的作用应该得到肯定和重视，但在国际经济环境发生逆转时，FDI与东道国经济波动的关系并不很确定，有时会加剧东道国的经济波动，较高的全球化程度和银行业外资控股比例会使一国经济发展更加脆弱。因此，一国在引资时，需要权衡考虑FDI促进经济增长和保证经济稳定之间的博弈，引资政策要从长远经济发展的战略高度进行审慎安排。

（三）对外开放政策的动态性

外资进入会对一国的金融稳定性、金融效率、金融主权产生正面或负面影响，有众多因素影响着其效用的发挥，在这些因素中，东道国本土银行的相对竞争力是最关键的因素。随着国内改革开放的进一步深化，国内外银行竞争实力的差距将进一步减少，银行业开放背景也会发生相应改变，因此，银行业的对外开放策略需要根据经济改革发展进程进行动态调整，实现银行业对外开放效应最大化。

试图找到一个合适的“银行业适度开放”程度是件非常困难的事情，甚至是不太可能的。一国经济发展水平、本土银行竞争能力、金融市场发展深度、市场透明度、国内外宏观经济发展形势等因素，都在影响着一国银行业的“适度开放”水平。因此，政府部门的对外开放政策的确定和实施应该是动态演进的，是多因素的综合权衡。在确定对外开放的根本目标后，根据现实情况不断调整，将金融稳定性、行业效率、国家安全等方面综合考虑，同时考虑外资投资动机，利用相关政策约束使得其在国内的长期发展战略可以和我国经济发展目标基本保持一致，在不断发挥其正面效应的同时，维护我国经济主权和战略利益，保证我国经济发展的稳定性。

在国内银行实力较弱的情况下，应采取较为谨慎的开放制度，给予外资一定的发展空间，充分发挥其正向技术溢出效应和竞争效应。斯蒂格里茨认为，一定的金融管制包括利率管制、机构和业务准入管制、资本项目管制等，虽然会削弱商业银行的资金扩张乘数，但增加了商业信贷的可靠性并带来更大收益。

发达国家的金融自由化经历了一个漫长的过程，即使是美国也只有在20世纪90年代初，当国内已具备了成熟完善的金融体系时才开始实施金融自由化改革。与这些发达国家相比，发展中国家的经济体系更为脆弱，它的自由化应该是一个长期的动态过程，应该建立在微观个体的内在需求基础上，随着国内经济发展和本土银行竞争实力的变化做出动态规划和调整。

（四）与其他改革相辅相成

如果东道国的国内金融自由化顺序不当，会增大国内银行危机和汇率危机的风险。在国内经济发展条件不具备时的对外开放，短期内可能会受益于资本的充溢，但长期可能会带来更多损失。

根据金融自由化次序，利率市场化应该是第一步，只有在一个利率由市场资金真实供给需求决定的市场中，开放资本项目才具备基本前提。否则，如果一国的官定利率使得其利率与国际市场利率之间存在巨大套利空间，会导致资本在国内国际间迅速流动，给币值稳定性带来巨大冲击，使得本国汇率制度处于两难境地。如果要保持固定汇率，就要耗费大量的外汇储备维持汇率稳定，否则会使本国汇率剧烈波动，风险过高。

我国目前利率被人为地维持在低水平，这一体系抑制了居民消费，企业可以低息获得资金，刺激了企业投资，干扰了经济决策。如果利率不能自由地由市场供求决定，资金成本过低使得银行有强烈动机扩大贷款，甚至规避中央银行的信贷限额，推动货物和服务的通货膨胀，推高资产价格。

汇率升值问题一直是困扰我国对外开放的重要因素，欧美国家也采取多种方式迫使人民币升值。随着我国经济实力的提高，人民币升值和成为自由兑换货币是一个不可避免的趋势。外资流动必然会使得人民币汇率问题变得更为错综复杂，升值预期是否会吸引更多游资进入，导致经济波幅增大。

因此，我国银行业外资政策的执行必须与其他改革措施相配套进行，在基本实现利率市场化、保持汇率相对平稳的状态下，逐步放开银行业外资准入，保证经济运行的平稳性。

（五）建立健全对银行业外资的监管制度

对于银行业来讲，不完全市场竞争、金融资源配置的不合理、信息不对称带来的逆向选择、道德风险和外部性引发的一系列问题都会加剧银行面临的金融风险。行政当局的事先监管应该尽可能减少市场失灵等带来的市场风险，保证金融市场的平稳运行。外资进入对东道国银行监管提出了新的挑战。

2008 年的全球金融危机使得人们重新思考市场的作用。2008 年前的全球金融自由化进程中极力强调市场作用，认为自由市场是促进经济增长与稳定的最佳方式，2008 年的金融危机使得各国认识到市场无法防范资本过度逐利性造成的危害。越来越多的国家认为，新一轮的金融监管改革需要创造一个稳定地促进经济增长的管理机制，既要鼓励符合法律规范的金融创新，又要防范金融创新导致的风险，实现政府管制与市场的最佳平衡。各国监管条件的变化，增加了银行业应对风险的能力，但同时亦导致银行利润的下跌。这些变化将对未来银行业发展产生深远的影响。

经历过泡沫危机和亚洲金融危机的日本，对于实体经济和金融业之间的关系有较为理性的认识，没有盲目夸大金融市场和金融创新作用，对于金融衍生产品保持谨慎的态度。亚洲金融危机后，日本政府采取多项措施，彻底清理了银行坏账，强化了金融机构检查制度等措施，增强了金融机构的抵御风险能力。德国于2008年修改了本国的银行法案和保险法案，改革金融市场监管工具，提高监管的有效性，扩大了监管当局的权利，重申了以风险防范为主导的金融监管目标。英国议会于2009年2月通过了《2009银行法案》，美国于2009年12月通过了自1930年大萧条以来最严格的金融监管改革方案。2009年6月，20多个国家央行、财政部、监管机构及主要国际金融机构决定在瑞士巴塞尔设立新的金融稳定委员会，各成员国同意在加强监管基础上，建立具有一致性和系统性的跨国合作机制和高标准监管机构，强化对系统性风险的监管，扩大监管范围，加强国际组织间的监管合作，改革IMF，增加新兴国家和发展中国家的发言权和投票权，FSB、IMF和BIS应加强合作，建立早期预警机制，共同承担稳定金融市场的职责。

我国在2008年金融危机蔓延初期，采用了保经济增长，防范风险蔓延的逆周期措施，当国内经济出现回升时，采取措施以减少大规模经济刺激计划带来的副作用，并密切监控国内银行可能出现的潜在风险。随着我国银行业的进一步对外开放，国际资本市场的动荡对我国银行业和经济发展的影响将不断加强。为了更好地加强外资监管，减少其对我国经济发展影响的副作用，监管当局应该不断完善原有微观审慎监管体系，进一步建立完善银行业外资的跨境交易、资产转移以及母行对其在华机构管理等方面的制度，为对外开放和外资银行健康发展提供法律保障，重视银行业与其他行业的关联性和风险传递途径，采取措施减少银行业风险集聚；逐步建立宏观审慎监管体系，宏观考虑整个银行业体系的稳定性，采取适当措施，解决银行业顺周期性给经济发展带来的负面影响，完善外资银行监管框架和风险监管手段，实现微观监管和宏观监管的有效结合，提高监管审慎性、充分性和有效性。建立外资银行风险监管框架，密切监控境内外资银行的各种经营风险和整体风险，跟踪国际银行业最新发展状况，防范国外金融风险对中国银行业的传染。

五、银行业外资的定位

在新古典经济学的理论框架中，资本流动可以促进其在全球范围内更加有效率的配置，从而推动经济增长和社会福利的提高，资本在发展中国家可以实现的高效率配置，不仅取决于发展中国家的开放程度，更取决于发展中国家的劳动生产率的提高和生产力的进步。大多数发展中国家在解决了资本短缺的最基本问题后，利用外资的主要目标是为获得技术外溢。

大量实证研究试图分析银行业开放对经济增长的促进作用，但实证结果没有确定二者之间的显著相关性。IMF 根据世界银行数据，分析比较了 1980—2000 年间各国经济增长和金融开放之间的关系，发现金融开放既不是一国经济增长的充分条件，也不是必要条件，大部分发展中国家在没有进行完全金融开放的条件下，取得了较快的经济增长。不可否认，金融开放通过促进资源的高效率配置和技术外溢，对东道国经济有积极贡献，但它的作用要受到其他条件约束，经济增长并非由资本决定，它最终取决于一国全要素生产率的提高。

总结银行业外资在各发展中国家的发展路径，随着时间的推移，跨国银行在东道国的资本扩张路径表现出“客户追随—摘樱桃—全面市场扩张的趋势”，根据东道国银行业开放程度、经济发展水平和自身发展战略不断进行调整，以实现全球利润最大化。在市场开放过程中，随着本土银行竞争实力的加强，跨国银行需要不断投入更多资源实现全方位的渗透，甚至在被主流银行忽视的领域内抢得先机。

对于一个需求是“大国”但银行业竞争力是“弱国”的东道国来讲，外资在中国银行业的定位应该是：

第一，补充我国银行中介力量的不足。随着我国经济的发展，发展所需资本需求量越来越大。外资的进入可以为我国经济建设提供更多资本金，但国家建设资金不可能严重依赖国际银行资本。

第二，提供技术外溢。银行业外资的进入必然会对中资银行产生一定的竞争和示范效应，一定的“鲇鱼效应”可以提高中资银行的活力和运行水平，迫使中国银行业提高企业管理水平，提高金融服务质量，提高中国银行业整体竞争实力。

第三，促进中国银行业经营环境的改善。中国银行业的改革任重道远，不仅需要国内相关政策的支持，企业本身治理结构的完善，更需要建立一个较为规范的外部市场和监管体制。外资的进入迫使东道国监管当局不断规范其监管行为，提高其监管水平，保障银行业的正常运营，提高银行业整体风险防范水平。

第四，保证进入的外资规模与合理的市场占有率。作为东道国，既想充分利用外资带来的技术革新和竞争压力促进中国银行业的改革，又要保证外资不会对中国银行业的金融安全带来威胁，就要采取措施保证银行业外资在中国市场的规模和市场占有率。外资过少无法带来竞争效应和压力，无法促进国有银行业改革，外资过多则会导致行业主导权的丢失，影响一国的金融安全。

六、关注不同外资进入方式对中国银行业的影响

如前所述，不同进入方式的外资对我国银行业影响不同，其在金融危机时期的表现亦不同。

绿地新建外资在我国银行总资产中所占比重并不高，在我国的区域分布仍集中在东南部发达地区，并逐渐向中西部关键地区进行扩张。实证分析表明，绿地新建银行的存在表现出明显的竞争效应，迫使本土银行不良贷款率有所提高。外资子行充分利用其法人地位积极进入相关金融领域，不断扩充其在中国的竞争力，甚至在某些领域内出现了轻微垄断，并开始进入极具潜力且被中资银行忽视的中小企业和乡镇企业的贷款市场，其对我国高端客户和中小企业的争夺是中资银行所不能忽视的。

我国目前所倡导的法人制度，某种程度上符合了跨国银行的需求——子行制度既可以有效防范东道国风险的扩散，又可以得到开发东道国市场的机会。但值得注意的是，本章第一节分析了亚洲各国在绿地新建外资建立分支机构的各种限制，但我国目前的管理条例中却对其分支机构的建立无任何明确限制，只采取了审批制度，这种制度为外资的迅速扩张留下了政策空间。虽然政府可以通过审批的行政手段控制其扩张行为，但这种行政行为一方面形成我国制度的不透明，成为外国投资者诟病的事宜，另一方面，如果外资采取行贿手段获取批文，则这种行政手段的控制反倒给了其更多的机会。因此，我国应寻找适当时机，通过明确政策条款适度调整和控制外资分支机构的经营区域和扩张速度。

以战略投资者方式进入是中国所特有的引资方式，也是最为复杂的问题。首先，近年的现实情况表明跨国银行是从少数股权合作中获利最大的一方。以战略投资者进入我国的外资，参股了四大国有商业银行，7家股份制商业银行，20多家资产规模较大、经营业绩较好的城市商业银行，中国实力较强的银行几乎无一幸免。战略投资者的最初投资数在我国银行业资产中所占比例可能较少，但如果计算目前外资持股的价值，就会发现外资在中国银行业的资产不仅仅是1.8%；其次，战略投资者对中国银行业的影响方式完全不同于绿地新建外资，它的进入，尤其是对城市商业银行的控股，将如何改变引资银行的竞争力，如何改变中国银行业的市场结构，改变各区域经济发展水平，改变各区域中小企业发展的融资环境等都是值得关注的问题；最后，如果外资实质性实现对城市商业银行的控股，是将其继续视为中资银行，还是外资银行？如果外资突然撤资，对该区域经济发展有何影响？这些都是我们在开放政策制定中应该思考的问题。

战略投资者的撤资会影响引资银行的正常运营。但我国目前的股权约束中只是简单规定了几年内不允许撤资，而没有规定撤资的频率和幅度。事实上，如果能够及时找到新的投资者，战略投资者的资本撤出并不会造成严重影响。国有银行依靠其隐形的国家担保可以较快地找到新的投资者，但对于城市商业银行来讲，这个寻找过程可能需要较长时间，引资银行需要更多缓冲时间来应对撤资的负面影响。因此，我国在允许战略投资者撤资时，应该适度控制其撤资幅度和频率，如其股份可以在几年内可以分批撤完，每批撤资的最高比例，一年内撤资的最高次数等，为引资银行采取应对措施留下较为充足的时间。

第三节
提高中资银行自身竞争力

中国的金融体系是以银行为主导的融资体系，全部居民金融资产中大约有90%以银行存款方式持有。中国银行业改革中所存在的问题，部分是银行自身问题，部分是整个国民经济结构问题在银行体系的集中反映，有些顽疾是外资引进所无法解决的。从某种意义上来讲，银行业改革和效率的提高，不是银行业自身改革所能解决的问题，整个银行效率的提高，需要我国经济改革多方面多层次的配合，需要中国一系列经济改革的深层次系列推进，这是一个渐进的过程。

我国银行业发展过程中最大的风险是体制和制度性风险，长期实行的政府主导的金融制度决定了资金配置缺乏市场定价和风险分散机制，使得银行业运行效率较低，风险日益积累。适度引入外资推进中国银行业改革的重要手段之一，但外资无法解决我国银行业存在的最深层次问题。

引入外资只是我国银行业改革的一种方式，并不是商业银行改革的全部内容。一个国家引入外资的根本目的是为了促进本国相关行业和整体经济的发展，从技术溢出效应角度讲，东道国企业的吸收能力是影响技术溢出的重要因素，因此，提高中国本土银行的自身能力是获取外商投资利益的最重要环节。

一、银行业务多元化发展

银行业务多元化（Service Diversification）是指银行从事除信贷业务以外的其他业务，以便充分利用自身优势获取利益，并实现风险的规避和转移。

学者们关于银行多元化经营绩效的研究结论并不一致。部分学者认为银行应该从事单一业务，充分利用专业人员的专业技能减少代理问题，而让投资者自己进行多元化投资，多元化经营企业的业绩明显低于专业化公司；但另一些学者认为，多元化经营是企业利用多种行业进行风险规避，充分利用其优势获得利益的重要途径。银行经营具有一定的风险，应该尽可能地进行多元化经营减少其经营风险，银行业务多元化包括其存贷款来源、去向，资产构成和地域分布的多元化等。现实世界的案例更为复杂，1984 年伊利诺埃银行由于贷款过度集中于能源行业导致银行破产，1991 年新英格兰银行由于过度集中新英格兰商业地产贷款而破产，而 20 世纪 80 年代后，花旗银行、美洲银行和一些日本银行的过度多元化经营使得其收益急剧下降。

随着中国银行经营环境的改善，银行可以在多元化和专业化发展方面有更多选择。目前我国虽然央行禁止银行从事投资银行业务，但管理者仍鼓励商业银行和保险公司的合作，2008 年中国银监会颁布了《银行和信托公司合作指南》鼓励银行和信托公司合作。一些银行开始对信托公司进行投资以求获得较高收益，并开始渗透到其他相关领域，为以后银行经营多元化发展打下良好的基础。例如，2008 年交通银行投资 12.2 亿人民币获得河北国际信托投资公司 85% 的股份，共同从事提供资本打包和金融咨询等业务。中国民生银行以 23.4 亿人民币购买上市公司山西国际信托公司 25% 的股份等。

Berger（2010）研究了中国银行业的多元化经营，研究结果表明，中国银行业的收益随着经营多元化而不断降低，究其原因，Berger 认为是中国银行业的高层领导没有太多的专业技能，银行的多元化发展更多来源于政府的政策引导，而不是市场和竞争压力下的行为。因此，银行在实施业务多元化的过程中，一方面要适当限制商业银行向其他金融业务的扩展和渗透，防止商业银行由于利益驱动投资于风险过高的领域，另一方面，也要采取措施获得更多专业化人员和技术，保证多元化经营的质量。

二、适度进行金融创新

金融创新（Finance Innovation）是指金融机构将各种生产要素进行重新组合和创造性变革所创造的新事物，包括金融体制创新、金融产品创新、金融组织创新等。从本质上来讲，金融创新是银行发展的重要动力，它推动了金融业的进步。金融创新的最初目的是为了不断提高资本运作风险管理能力，更好地满足金融消费者和投资者的需求，大部分金融产品的创新以创造利润或规避风险为目的，但在产品创新初期，其隐藏的金融风险还未被消费者所认识，但盈利绩效却被广泛宣传。脱离实体经济过度发展的金融创新集聚了巨大风险，金融衍生产品过于复杂，某种程度上成为纯粹的虚拟金融交易和参与者获取高额利润的手段，完全违背了其设计初衷。对利润的追逐使得众多国际资本不惜冒险，在无法最终确认创新产品风险时便参与了产品运作，几乎历史上所有金融危机的背后都有金融创新的影响。随着金融创新的不断发展，金融产品的界限日益模糊，但监管者在能力有限、精力有限的制约下，无法实现金融风险的全方位覆盖，留下了隐患。

只要人类社会在发展，创新就会不断延续，创新失误及发展过快带来的损失不能否定创新的重要性。我国正处于经济转型期，银行业技术水平较低，我们仍然需要大量的金融创新推动金融业的进一步发展。对任何的金融衍生产品来说，既要努力发挥其积极作用，也要看到其潜在风险，并及时做出防范措施。在总结借鉴西方国家金融危机的教训时，我国银行业金融创新必须在保证银行经营管理的安全性、流动性和盈利性的前提下进行，提高银行金融创新能力，优化金融创新约束机制，以风险控制为前提，积极稳妥地推进银行金融创新。

金融创新和监管发展是相辅相成的，部分金融创新是为了规避监管，而监管是为了更好地监督和规范创新，为创新的安全稳健发展创造条件，在重视金融创新的同时，也要高度重视对金融创新的监管。

三、注重业务转型的同时加强风险管理

经过多年的高速发展，我国经济正处于经济增长周期和经济增长模式调整的过程中，主要依靠大量资本投入和出口导向型经济增长已不适应中国经济发展的需要，经济的转型发展需要必然会对银行发展提出新的要求。近年来，为了应对国际金融危机造成的负面影响，国家出台了一系列经济刺激计划，巨量信贷投放一方面有利于我国有效应对经济下滑，但同时也积聚了系统性金融风险。过快信贷增长引发的资本金补充问题、存贷比问题、流动性问题等都是银行必须面临的新挑战。

随着市场化改革的深入，低利差将是银行业发展的长期趋势，银行只能通过不断发展中间业务调整收入结构，优化资产负债结构，保证其有稳定的利润来源。随着竞争的加剧，银行开始采取措施大力开发新型业务，如发展零售银行业务、新型对公业务、中小企业业务、优化客户结构、发展银行中间业务等，实现收入结构调整和银行业务的战略转型。在市场竞

争日益激烈的情况下，许多银行为了获取利润不得不从事一些高风险业务，为将来发展留下隐患。因此，在不断扩张的同时注重风险管理是银行正常运营的重要保证。

风险管理（Risk Management）是指企业通过采取多种措施将经营过程中的风险降至最低的管理过程，实现以最小成本获得最大安全保障的根本目标。风险管理是一个系统工程，一般包括风险预测、风险识别与评估、风险控制和风险规避。

银行要建立完善全面的风险管理体系，重视和加强全面风险管理，进行风险评估、监督，防范和化解体系，强化企业全员风险管理意识，建立良好的业务监督体系，不断强化全面风险管理和金融创新的风险管理，建立完善适应金融创新发展的风险管理体制和流程。

全面提升风险技术管理水平。通过学习引进国外风险管理技术，利用现代风险管理技术体系实现风险与收益的量化管理，建立现代的全面的风险组合管理，引导银行业务根据风险与收益情况进行最佳资产配置，实现利润最大化。

四、恰当的政府定位

无论是国内本土企业的发展还是国外企业的进入，都受到市场机制和政府调控机制的交互作用，政府推动是一国产业形成和发展的重要推动力量。

作为市场经营主体的银行，需要根据市场需求和股东要求作出合理投资和规划以实现股东利益最大化。作为影响国家经济发展重要产业的银行，国有控股银行可能需要根据政府政策导向为本国经济发展提供服务，私人银行的贷款行为亦会受到政府政策的间接影响，这是在任何一国都不可避免的事实。实际上，任何一国的银行业都不可能实现完全的市场经济下以利润最大化为终极目标的自主决策。国家调控和市场作用并不排斥。国家需要在一定程度上控制市场，当前的金融危机在某种程度上是国家完全放任市场的后果。

即使经过几百年市场体制的建设，发达国家政府在市场经济下的作用仍较为明显。作为跨国公司母国，通过多种经济和政治手段，努力为本土银行全球化发展创造良好的国际投资环境，推动全球货物服务贸易自由化。作为东道国，对于来自其他国家的投资，既要根据国际承诺给予国民待遇，但同时亦采取较为严格的监管并对本土银行进行适度保护，从而保证外资进入符合一国长期经济发展战略，可以促进本国银行国际竞争力的提高。这种情况在金融危机发生后表现愈为明显。危机发生后，美国和西方发达国家普遍采用直接干预，重组和接管濒临倒闭的金融机构的方式来稳定金融体系，例如，美国政府接管了“两房”和保险巨头 AIG，2008 年 10 月批准美国财政部以 2900 亿美元为美洲银行等九大银行注资参股，以 4100 亿美元用于直接收购银行股份。欧元区 15 国联合救市计划也以取得优先股的方式向银行直接注资。2008 年 10 月 5 日，德国政府以 680 亿美元巨资收购房地产巨头 HRE，荷兰和法国政府分别出资 233 亿美元和 198 亿美元收购富通银行股份，爱尔兰几乎把银行系统全部国有化。在此基础上，各国还联合采取措施刺激经济。2009 年 4 月 2 日，伦敦 G20 峰会各国领导人就全球经济刺激达成 1.1 万亿美元刺激计划的协议，出台了一系列旨在增强国际货币基金组织贷款能力、稳定国际金融秩序的多边协议。㉘

回顾中国银行业的发展历程，展望中国银行业前景，它的发展历程和赢利前景不可能完全用公司利益最大化解释，经营业绩应该是宏观经济利益和微观利益的有效结合。因此，需要找到国家宏观利益和银行个体利益的有效结合点。国有银行的市场化存在着限度和深度的问题。国家必须在提高国有银行效率和确保其发挥促进经济发展之间做出理性选择，对国有银行功效的评价不仅仅是其银行自身效率，还应该包括其在国家经济发展中的地位和作用，需要客观评价牺牲部分银行业效率提升换取国家整体经济的平稳增长的措施。近几年来，为了防范银行在执行国家经济政策可能导致的经营风险，维持金融体系稳定，国家给予商业银行的存贷利差，在某种程度上是给予其高额获利空间以充实自身实力。

在我国银行业开放过程中，国家对银行的支持成为企业的特定竞争优势和吸引力。2003 年初，国外投资者投资中国四大国有银行，不是基于其

㉘ 尹继志．后危机时代国际金融监管改革：框架、内容与启示［J］．云南财经大学学报，2010（12）．

本身的市场竞争能力，亦不是基于其良好的资产质量，而是基于其可以得到的隐形国家担保，这是不可否认的事实。因此，在提高本土银行竞争力方面，政府参与带来的隐性担保可以成为我国银行发展的竞争优势之一。作为国家特定优势的提供者，政府作用可以和银行自身优势共同形成其综合竞争优势。在某种程度上，政府是中国银行业发展的重要影响因素，它可以在一定程度上克服单纯市场竞争带来的负面效应。国家对银行业的干预，应该从早期对资源的调配能力转向调整经济发展速度和方向、加深与市场合作来促进经济发展，在市场发展环境方面，政府可以进一步完善各银行利益主体及其功能，进行产权制度改革以明晰产权，以提高银行公司治理水平、完善提高技术人才流动机制，加强教育投入培养高素质人才，建立高效的基础设施服务体系，建立健全法律保障体系，创造有利于银行发展的制度安排和社会经济环境，体现一个国家政策结构动态调整的过程。

中国银行业的市场化方向发展不可改变，但改革的前提仍要确保国家金融安全。目前的银行监管模式在实践中确保了国民经济相对平稳快速的发展，但这种模式不断面临着银行市场化的冲击。作为市场主体的银行机构，自主经营性在不断加强，充当国家调控发展工具的强度和力度受到影响，随着市场化运营的不断加强，如何保证国有、股份制银行、外资银行平等公平的竞争，是商业银行市场化过程中面临的重大问题，国家政策需要在与市场有效结合的过程中，适度调整其干预或管制的范围和力度。另外，政策的制定和实施过程中一定要意识到，政府职能错位、政府权力滥用和对企业经营活动的过度介入，都可能造成企业经营行为扭曲，从而带来低效率。政府的过度干涉极有可能造成行业发展的扭曲和整体低效率。因此，如何根据全球经济发展状况和我国银行业竞争实力的变化，及时调整政府政策，是我国银行业对外开放中最为关键的问题之一。

结 论

银行业外资以绿地新建和战略投资者方式进入我国银行业。不同的进入方式体现着跨国银行不同的经营战略，也意味着对我国银行业不同的影响。

首先，本书从跨国银行的角度，分析了在东道国信息不透明、风险较大的情况下，以利润最大化为目标的跨国银行进入方式决策。分析结果发现，当东道国市场规模较大、经营风险较大时，以战略投资者进入是国际银行资本的最佳选择。而绿地新建外资在子行和分行的选择，也体现了外资既需要防范东道国风险，又需要开发东道国市场的多种战略目标的综合。我国的法人银行制度在一定程度上符合了外资的要求。随后，本书分析了这两种进入方式对跨国银行经营绩效的影响，发现战略投资者为国际银行资本带来了更多利润。

其次，本书从东道国角度分析，银行业外资进入对我国银行业效应的影响。通过对银行绩效和所有权关系的文献梳理，认为外资进入未必是东道国银行绩效改变的必要条件。随后分析了外资技术外溢渠道和影响因素，认为不同外资进入方式带来的技术外溢效果是不同的。在此基础上，以我国 5 家国有商业银行、9 家股份制银行和 19 家城市商业银行为样本，实证分析了不同方式进入的外资对其经营绩效的影响。由于我国对不同银行经营区域的限制，不同类型银行所面对的外资竞争和溢出效应是不一样的。国有商业银行和股份制银行的全国性经营牌照使得其面临的外资竞争是全国性的。但城市商业银行的区域性经营使得其发展严重依赖于地区经济发展程度，面对的外资竞争只是区域性的。因此，本书将中资银行分为两大类样本——国有商业银行和股份制银行、城市商业银行，分别对每类样本中，引入战略投资者银行和没有引入战略投资者的银行绩效进行简单分析比较，并进行实证研究。在城市商业银行研究中使用了区域性 GDP 数据和区域外资数据以更为准确地研究外资效用。实证结果表明，对于所有银行来讲，我国经济发展水平是其绩效促进的最重要因素，在利差保持相对平稳的情况下，我国经济发展所带来的对资金的巨大需求成为银行绩效提高的重要因素。战略投资者对于不同类型的银行的影响是不同的，战略投资者的进入对国有商业银行和股份制银行的日常经营业绩有显著影响，但对其核心资本率和坏账率没有影响。但对城市商业银行来讲，战略投资者的进入对其日常经营没有显著影响，但对其核心资本率的提升和坏账率有明显的改善作用。这可能与战略投资者进入时间的长短、投资者与被投资者的技术差距或投资战略有关。绿地新建外资对国有商业银行、股份制银行和城市商业银行都表现出明显的竞争效应。

2008 年金融危机使得各发展中国家再次深入思考跨国银行在金融危机中的战略行为，本书客观地分析了历次金融危机中，尤其是 2008 年金融危机中，各发展中国家银行业外资的表现。发现到目前为止，银行业外资不是发展中国家金融危机爆发的原因。在此基础上，进一步分析了影响外资战略行为的因素和危机传播渠道，发现银行业外资在发展中国家的坚守或撤出主要取决于其对东道国经济发展前景的判断，外资进入方式也影响其在危机时期的决策。在发达国家母行遭遇经营困难时，采取子行方式进入且实行本土化战略的外资银行在危机中遭受损失较少，而以股权投资进入的外资则具有更大的不稳定性，只有采取措施保证发展中国家国内经济发展的平稳性，才能减少外资带来的波动。对于我国银行监管者来讲，面临的问题是，如果母行由于经营困难放弃对子行的援助，东道国该如何处理？如果股权投资者出售所持城市商业银行的股份，其对我国区域经济的影响是什么？该如何处理？

本书最后一章分析了我国银行业开放的基本战略，鉴于国际经济形式的不确定性、国内经济改革和银行业改革的复杂性和国内银行的竞争力，回顾其他国家的银行业开放经验教训，认为我国这样的一个“经济大国、金融弱国”的银行业改革，只能采取逐步开放政策，中国银行业的改革中，外资只能是外力，中资银行的绩效取决于中国经济整体改革的力度和进程，重要的是提高中资银行的自身竞争力，而不是引进外资的多少。

进一步需要讨论的问题是：

（1）对于银行业外资的技术溢出效应，人力资源流动变量是否可以带来重要影响？由于目前数据缺乏无法在实证中引入相应变量，希望随着统计资料的进一步积累和完善，可以研究人力资源流动带来的技术溢出。

（2）由于能力和时间有限，没有找到更为合适的变量区分外资带来的示范效应和竞争效应，只能得出一个最终综合结果。

（3）进一步关注战略投资者对城市商业银行的投资。与无战略投资者进入的城市商业银行相比，有外资进入的城市商业银行经营绩效较好，经营也较为稳健，亦开始逐步在全国扩张。如果战略投资者对城市商业银行长期持股，它的进入将如何改变我国银行业的市场结构和竞争实力，这是值得研究的问题。如果战略投资者从城市商业银行撤资，是否对区域经济发展造成损害？

参考文献

[1] 庄起善，吴玮丽．为什么中东欧国家是国际金融危机的重灾区［J］．国际经济评论，2010（2）．

[2] 陈奉先，涂万春．外资银行进入对东道国银行业效率的影响—东欧国家的经验与中国的实践［J］．世界经济研究，2008（1）．

[3] 林毅夫，孙希芳．银行业结构与经济增长［J］．经济研究，2008（9）．

[4] 叶欣，冯宗宪．外资银行进入对本国银行体系稳定性影响的实证研究［J］．经济科学，2003（2）．

[5] 叶欣．外资银行进入对中国银行业效率影响的实证研究［J］．财经问题研究，2006（2）．

[6] 杜群阳，朱佳钰．外资进入与银行业效率的实证研究［J］．国际贸易问题，2010（2）．

[7] 陈雨露，甄峰．大型商业银行国际竞争力：理论框架与国际比较［J］．国际金融研究，2011（3）．

[8] 陈建军，崔春梅．基于不同发展路径的 FDI 的技术溢出效应研究［J］．国际贸易问题，2009（12）．

[9] 董彦岭，张继华，吴立振．国有商业银行引进战略投资者的偏失及矫正思路［J］．财经科学，2008（2）．

[10] 李石凯．境外战略投资者对中东欧 8 国银行产业转型与发展的影响［J］．国际金融研究，2006（9）．

[11] 李双杰，宋秋文．我国商业银行战略引资的效应研究［J］．数量经济技术经济研究，2010（9）．

[12] 王志伟．银行引入外国投资者：模式和治理效率［J］．金融与经济，2006

(7).

[13] 刘澜飚，王博. 门槛效应、管制放松与银行效率的改进 [J]. 金融研究，2010 (3).

[14] 刘博，邱立成，孙海军. 银行异质性与银行国际化市场进入模式的选择 [J]. 世界经济与政治论坛，2010 (1).

[15] 刘伟，黄佳田. 中国银行业改革的侧重点—产权结构还是市场结构 [J]. 经济研究，2002 (8).

[16] 刘伟. 黄佳田. 银行业的集中—竞争与绩效 [J]. 经济研究，2003 (11).

[17] 贾欣. 外资进入中国银行业目标选择实证分析 [J]. 财务与金融，2009 (5).

[18] 吕祥京. 中国银行业对外开放安全性实证研究——基于新型国家金融安全理念的视角 [J]. 经济与管理研究，2009 (10).

[19] 毛泽盛，吴洁，刘敏楼. 外资银行对中国信贷供给研究的实证分析 [J]. 金融研究，2010，(3).

[20] 朱盈盈，李平，曾勇，何佳. 引资、引智与引制：中资银行引进境外战略投资者的实证研究 [J]. 中国软科学，2010 (8).

[21] 朱盈盈，李平，曾勇，何佳. 中资银行引进境外战略投资者：背景、争论与评述 [J]. 管理世界，2008 (1).

[22] 冯伟，刘开林，刘强. 银行业引进境外战略投资者对提升绩效的影响—基于面板数据的实证研究 [J]. 山西财经大学学报，2008 (2).

[23] 许国平，葛蓉蓉，何兴达，张建军. 论国有商业银行引进境外战略投资者的必要性 [J]. 国际金融研究，2006 (12).

[24] 陈玉罡，孙振东，刘静攀. 境外战略投资者持股比例对中国商业银行绩效影响研究 [J]. 理论研究，2010 (10).

[25] 卢嘉园，孔爱国. 境外战略投资者对我国商业银行的影响：2002 - 2007 [J]. 上海金融，2009 (9).

[26] 孔艳杰. 中国银行业对外开放度测评及理性开放策略研究 [J]. 国际金融研究，2009 (3).

[27] 黄静. 影响转轨国家银行业 FDI 流入因素分析——基于 DEA 及面板协整的研究 [J]. 金融研究，2010 (7).

[28] 孙兆斌. 外资银行进入与中资商业银行的效率改进 [J]. 新金融，2009 (11).

[29] 张金清，吴有红．外资银行进入水平影响商业银行效率的“阙值效应”分析—来自中国商业银行的经验证据［J］．金融研究，2010（6）．

[30] 张金清，刘庆富．中国金融对外开放的测度与国际比较研究［J］．国际金融研究，2007（12）．

[31] 张金清，刘庆富．中国银行业全面对外开放水平的基本判断与分析［J］．社会科学，2007（3）．

[32] 高玮．外资银行进入与银行业竞争角度研究［J］．华东经济管理，2010（4）．

[33] 林毅夫，姜烨．经济结构、银行业结构与经济发展——基于分省面板数据的实证分析［J］．经济研究，2006（1）．

[34] 贺灿飞，傅蓉．外资银行在中国的区位选择［J］．地理学报，2009（6）．

[35] 林毅夫，章奇，刘明兴．金融结构与经济增长：以制造业为例［J］．世界经济，2003（1）．

[36] 陆静．巴塞尔协议Ⅲ及其对国际银行业的影响［J］．国际金融研究，2011（3）：56 - 67.

[37] 傅元海，唐未兵，王展祥．FDI 溢出机制、技术进步路径与经济增长绩效［J］．世界经济，2010（9）．

[38] 张荔，张蓉．外资银行进入与东道国银行体系的效率改进—新兴市场国家的截面数据分析［J］．南开经济研究，2006（1）．

[39] 潘素昆，李慧敏．FDI 对中国金融服务贸易的影响及对策分析［J］．贵州财经学院学报，2009（4）．

[40] 潘素昆．外国直接投资与发展中国家金融稳定研究述评［J］．上海金融，2005（6）．

[41] 唐旭，李艳．少数外资股权对入股商业银行盈利性的影响分析［J］．西南金融，2008（6）．

[42] 凌婕，倪俊．国际金融服务贸易中商业存在规模的决定因素—基于我国银行业 1985 - 2007 年数据的 Granger 因果检验［J］．国际商务研究，2009（6）．

[43] 姚战琪．金融部门 FDI 和金融服务贸易的理论与实证分析［J］．财贸经济，2006（10）．

[44] 何蛟，傅强，潘璐．引入外资战略投资者对我国商业银行效率的影响［J］．中国管理科学，2010（10）．

[45] 黄树青．国有银行产权改革与效率：国外经验研究及启示［J］．财经科学，

2006（6）.

［46］黄中文，秦雯．外资银行进入对我国银行业效率影响的实证分析—以四大商业银行为例［J］．技术研究与管理研究，2010（1）.

［47］张弛．国际资本引入对商业银行效率影响的实证研究［J］．技术经济，2007（5）.

［48］吴玉立．境外投资者对中国银行业影响的实证分析［J］．．经济评论，2009（1）.

［49］项卫星，王达．新兴市场国家金融部门外国直接投资：文献综述［J］．南开经济研究，2007（5）.

［50］肖文，林高榜．FDI 流入与服务业市场结构变迁—典型行业的比较研究［J］．国际贸易问题，2009（2）.

［51］周学仁，李东阳．FDI 与东道国可持续发展相互作用的研究综述［J］．世界经济，2009（8）.

［52］周慧君．顾金宏．外资银行渗透对中国银行业体系稳定性的影响——基于阶段理论与演化理论的实证研究［J］．国际金融研究，2009（12）.

［53］谢雨白．外资银行进入与我国银行业市场结构变动趋势分析［J］．上海金融，2004（10）.

［54］赵勇，雷达．金融发展与经济增长：生产率促进抑或资本形成［J］．世界经济，2010（2）.

［55］钟伟，谢婷．巴塞尔协议Ⅲ的最新进展及其影响初探［J］国际金融研究，2011（3）.

［56］白永平，纪发俊．中国外资银行的发展动态及空间分布研究［J］．西北师范大学学报（自然科学版），2010（4）.

［57］张铁强，袁中红，蔡键．银行业全面开放条件下金融安全问题研究［J］．南方金融，2007（7）.

［58］张红军，郑忠良．外资银行进入中国市场影响因素分析—基于多期面板数据分析［J］．财贸经济，2009（4）.

［59］刘亚，杨大强，张曙东．开放经济条件下外资银行对我国商业银行效率影响研究［J］．财贸经济，2009（8）.

［60］章奇，何帆，刘明兴．金融自由化、政策一致性和金融脆弱性：理论框架与经验证据［J］．世界经济，2003（12）.

［61］孙会国，李泽广．外资银行对国内银行“组合绩效”的影响机制［J］．财

经研究，2008（6）.

［62］胡明．中国银行业监管与国家的理性选择［J］．金融研究，2010（2）.

［63］邱立成，王凤丽．外资银行对进入对东道国银行体系稳定性影响的实证研究［J］．南开经济研究，2010（4）.

［64］普华永道会计事务所．外资银行在中国［J］．新金融，2009（8）.

［65］李扬，胡滨．金融危机背景下的全球金融监管改革［M］．北京：社会文献出版社，2010.

［66］盛维．生产者服务业国际化扩张区位选择研究［D］上海社会科学院博士论文，2009.

［67］IMF. 金融全球化对发展中国家的影响：实证研究结果［M］．北京：中国金融出版社，2004.

［68］王松奇．全球化与中国金融［M］．北京：经济管理出版社，2010.

［69］黄宪，赵征．开放条件下中国银行业的控制力与国家金融安全［M］．北京：中国金融出版社，2009.

［70］张红军．外资银行：进入与监管—理论及基于中国市场的实证［M］．北京：社会文献出版社，2009.

［71］陈澎．外资银行在中国［M］．北京：当代中国出版社，2011.

［72］王群勇．STATA 使用指南与应用案例［M］．北京：中国财政经济出版社，2008.

［73］田素华．外资银行在东道国的信贷偏好——兼谈中国商业银行的跨国发展战略［M］．上海：复旦大学出版社，2010.

［74］吕耀明．中外合资银行变迁、反思与前瞻［M］．北京：中国金融出版社，2007.

［75］阎敏．外商直接投资与中国经济增长理论、实证与政策选择［M］．西安：西安交通大学出版社，2009.

［76］张为付．国际直接投资比较研究［M］．北京：人民出版社，2008.

［77］郭根龙．WTO 框架下的中国金融服务贸易政策［M］．北京：经济管理科学出版社，2001.

［78］冯宗宪，郭根龙．国际金融服务贸易自由化与中国金融业员［M］．北京：中国金融出版社，2001.

［79］张维．金融服务贸易与金融发展［M］．北京：中国财政经济出版社，2004.

［80］张志英．金融危机传导机理研究［M］．北京：中国市场出版社，2009.

[81] 世界银行．危机后发展中国家的增长［M］．北京：中国金融出版社，2010.

[82] 中国建设银行研究所专题组．中国商业银行发展报告（2009）［M］．北京：中国金融出版社，2009.

[83] 中国建设银行研究所专题组．中国商业银行发展报告（2010）［M］．北京：中国金融出版社，2010.

[84] 王松奇．中国商业银行竞争力报告（2010）［M］．北京：社会科学出版社，2010.

[85] Stjin Claessens. Neeltje Van Horen etc. "Foreign bank presence in developing countries: 1995 - 2006: data and trends" *papers in ssrn*, 2008.

[86] Richard Podpiera. Lamin Leigh. "the rise of foreign investment in china's banks—taking stock" *IMF working paper* No. 06/292 January, 2007.

[87] Maria Lehner, " Entry mode choice of multinational banks", Journal of Banking &Finance, *Micro and Macro Foundations of international financial integration*, OCT. volume 33, issue 10, PP1781 - 1792, 2009.

[88] John. H. Dunning. "Multinational Enterprises and Growth of Service: Some Conceptual and Theoretical Issue", United Nations Library on Transnational Corporations 1992.

[89] Cho, Kang Rae. "Multinational Banks: Their Identities and Determinants" Michigan, 2nd , UMI Research Press 1985.

[90] Frederick T. Knickerbocker Lecturer. " Oligopolistic reaction and multinational enterprise", *The International Executive* Volume 15, Issue 2, PP 7 - 9, Spring 1973.

[91] Robert Z. Aliber. " international banking A survey "Journal of Money , *Credit and Banking*, Volume 16, No. 4, part 2 661 - 678, Nov 1984.

[92] Birger Wernerfelt "A resource - based view of the firm" *Strategic Management Journal*Volume 5, Issue 2, pages 171 - 180, April/June, 1984.

[93] lawrence G Goldberg. and Anthony Saunders, "The Growth of Organizational Forms of Foreign Banks in US: A Notes", *Journal of Money Credit and Banking* , volume 16 (33), PP365 - 374, 1981.

[94] Goldberg L. G. and Robert Grosse, "Location Choice of Foreign Banks in the United States" *Journal of Economics and Business*, Volume 46, PP367 - 379, 1994.

[95] Esperanca, J. P. Gulamhussen M. A. "Retesting the "Follow the Customer" hypothesis in multinational bank expansion" *Journal of Multinational Financial Management*, volume11 (3) PP 281 - 293, 2001.

[96] Nobuyoshi Yamori, "a note on the location choice of multinational banks: the case of Japanese financial institutions", *Journal of Banking&Finance* , Volume 22, Issue 1, January PP 109 – 120, 1998.

[97] Buch C M . " Why do banks go aboard? Evidence from German data "*Financial Markets*, *Institutions and Investments*, Sep. PP33 – 67. 2000.

[98] Stijn Claessens, Asli Demirguc – kunt, Harry Huizinga, "How does foreign entry affect the domestic banking market?", *Journal of Banking & Finance* Volume 25, Issue 5, May , Pages 891 – 911, 2001.

[99] Stewart R. Miller, Arvind Pakhe. "Pattens in the Expansion of US Bank' s Foreign Operations" *Journal of International Business Studies*, volume29, No. 2 PP359 – 389. 1998.

[100] Dario Focarelli, Alberto Franco, Pozzolo "The Determinants of Cross – Border Shareholding: An Analysis with Bank – Level Date from OECD Countries," *the Federal Reserve Bank of Chicago Bank Structure Conference*, 2000.

[101] Frankel, A. B. and P. B. Morgan , "Deregulation and Competition in Japanese Banking", *Board of Government of the Federal Reserve System*, *Federal Reserve Bulletin*, volume78 (18), PP 579—593, 1992.

[102] Goldberg lawrence G. and Anthony Saunders, 1981, "The Growth of Organizational Forms of Foreign Banks in US: A Notes", *Journal of Money Credit and Banking*, volume16 (33), PP365 – 374, 1981.

[103] Charles P, Kindleberger, " International Banks as Leaders or Followers of International Business: A historical Perspective", *Journal of Banking &Finance*, *Volume* 7 , Issue 4 PP583 – 595, 1983.

[104] Rama Seth , Daniel Nolle and sunil K. Mohanty " Do banks follow their customers abroad", f*inancial Markets*, *Institutions& instruments*, volume7, issue 4, PP: 1 – 25, NOV, 1998.

[105] Buch C. M. " information or regulation: what drive the international activities of commercial bank?" *Journal of money* , *credit and banking* , volume 35 issue 6, PP851 – 869, 2003.

[106] Andreas P. Petrou, " Foreign market entry strategies in retail banking: choosing an entry mode in a landscape of Constraints" , *Long Range Planning*, *internationalization in Financial Services*, volume 42, issue5 – 6, Oct – Dec PP 614 – 632, 2009.

[107] Meng – Fen Hsieh, Chung – hua Shen," Factors Influencing the Foreign entry

mode of Asian and Latin American Banks, *IMF working paper* 2008.

[108] Aneta Hryckiewicz、Oskar Kowalewski, "Economic determinants, financial crisis and entry modes of foreign banks into emerging markets" *Emerging Markets Review*, Nov. PP205 - 208, 2010.

[109] Inco, Otker Robe, Jonathan Fiechter, etc, "Subsidiaries or Branches: Does one Size Fit All", *IMF staff discussion Note*, Mar. 7, 2011.

[110] Sophie Claeys, and Christa Haiza " Acquisition versus Greenfield: the impact of the mode of foreign entry on information and bank lending rates " *ECB working paper* No. 653 2007.

[111] Van Tassel, E.,, & Vishwasrao, "Asymmetric information and the mode of entry in foreign credit markets" *Journal of Banking and Finance*, volume 31, issue2, PP 3742 - 3760, 2007.

[112] Sophie, Claeys, & Christa Hainz, "Acquisition versus Greenfield: the impact of the mode of foreign bank entry on information and bank lending rates" *European Central Bank Working Paper Series.* 2007.

[113] Ngoc - Anh Vo Thi, "Banking Market Liberalization and Bank Performance: the Role of Entry Modes" *William Davidson Institute Working Paper* No. 948 2009.

[114] Berger, Allen N. Robert DeYoung, Hesna Genay, and Gregory F. Udell. "Globalization of Financial Institutions: Evidence from Cross - Border Banking Performance." *Brookings - Wharton Papers on Financial Services* 3, 23 - 125, 2000.

[115] CE chang, I Hasan, WC hunter, "Efficiency of multinational banks: an empirical investigation" *Applied Financial Economics*, volume8, issue6 PP: 689 - 696 1998.

[116] Joe Peeka, b, Eric S. Rosengren Faith Kasirye" The poor performance of foreign bank subsidiaries: Were the problems acquired or created? *Journal of Banking & Finance* Volume 23, Issues 2 - 4, February 1999, Pages 579 - 604.

[117] Claessens S. and Glaessner T." The Internationalization of Financial Services in Asia" *Working Papers*—Domestic finance. Saving, financial system, stock markets, No. 1911. WOrld Bank, Washington, D. C., United States, April 1998.

[118] N. hermes, R. Lensink, " the short - term effects of foreign bank entry on domestic bank behavior: does economic development matter? " *Journal of banking and Finace* volume28, PP: 553 - 568, 2004.

[119] Adolfo Barajasa,, Roberto Steinerb, Natalia Salazarc, The impact of liberaliza-

tion and foreign investment in Colombia's financial sector" *Journal of Development Economics* Volume 63, Issue 1, October, PP 157 - 196, 2000.

[120] Hidenobu Okuda and Suvadee Rungsomboon, " the effect of foreign bank entry on the Thai banking market : empirical analysis from 1990 to 2002", *Review of Pacific Basin Financial Markets and Policies*, Vol (10) issue 01, March PP: 101 - 126, 2007.

[121] Bettnia Hagmayer, Perer Haiss, "Foreign Banks in Turkey and Other EU Accession Countries—Does Minority vs Majority Ownership Make the difference? "*International Finance Symposium*Feb. 2006.

[122] Rasoul Rezvanian, Narendar Rao and Seyed M. Mehdian, "Efficiency change , technology and productivity in private , public and foreign banks in India : evidence from the post - liberalization era" . *Applied Financial Economics*, volume 18, , PP: 701 - 713, 2008.

[123] Alexei Karas, Koen Schoors and Laurent Weill, "Are private banks more efficient than public banks? Evidence from Russia" . *Economics of Transition* Volume 18 (1) PP209 - 244, 2010.

[124] HSIU - LING WU, CHIEN - HSUN CHEN & MEI - HSUAN LIN , "The Effect of Foreign Bank Entry on the Operational Performance of Commercial Banks in the Chinese Transitional Economy" *Post - Communist Economies*, Volume 19, No. 3 Sep. PP: 343 - 357, 2007.

[125] Allen N Berger. Leora. F. Klapper, Maria Soledad Martinez Peria, Rida Zaidi, "Bank Ownership Type and Banking Relationship" *Journal of Financial Intermediation* Volume. 17, issue1, January PP37 - 62, 2008.

[126] Chunxia Jiang and Shujie Yao," Banking reform and efficiency in china: 1995 - 2008" *research paper of the University of Nottingham* Nov. 2010

[127] James Laurenceson, Fengming Qin, "Has Minority Foreign Investment in China's Bank Improved Their Cost Efficiency? " *East Asia Economic Research Group Discussion Paper* No. 13, Jan, 2008.

[128] Shujie yao, zhongwei hua and genfu, Feng "ownership reform, foreign competition and efficency of Chinese commercial banks: a Non - parametric approach" *The World Economy*, pp: 1310 - 1326, 2008.

[129] Chung - hua Shen, Chin - Hwa Lu, Meng - Wen WU, "Impact of Foreign bank entry on the performance of Chinese banks" *China&World Economy* Mar. PP102 - 121, 2009.

[130] Charles C. L. Kwong and Wai - chung Lo, " China ' s Banking Reform After

WTO Accession: Mission Completed or Problem Unsolved?" *The Chinese Economy*, volume 42 No. 5 Sep - Oct. PP 3 - 7, 2009.

[131] Luca Papi. Debora REvoltella, . "Foreign direct investment in the banking sector: experience and lessons from CEECs." *Colum, E. Driffill, J. (Eds), the role of financial markets in the transition process.* PP: 155 - 178, 2003.

[132] Markus Eller, Peter Haiss, Katharina Steiner, " Foreign direct investment in the financial sector and economic growth in central and eastern Europe: the crucial role of the efficiency channel " *Emerging Markets Review* Jul. PP300 - 319. 2007.

[133] Linda. S. Goldberg, "Understanding Banking Sector Globalization " *BIS paper* July, 30, 2008.

[134] George Clarke, Rober Cull etc, "Foreign Bank Entry: Experience, Implications for Developing Economies, and Agenda for Further Research " *The World Bank Research Observer*, volume. 18. issue . 1, PP25 - 59, 2003.

[135] Claudia M. Buch, Alexander Lipponer, " FDI versus Exports: Evidence from German banks", *Journal of Banking & Finance*, volme31 no. 3 PP: 805 - 826, 2007.

[136] Elhanan Helpman, Marc J. Melitz, Stephen R. Yeaple, " Export versus FDI with Heterogeneous Firms" *American Economic Review*, Volume94, PP: 300 - 316, March, 2004.

[137] Goldberg L. G. "the Determination of US Banking Activity Aboard " *Journal of International Money and Finance*, Volume 9, Feb. PP 123 - 137, 1990.

[138] Dario Focarelli, Alberto Franco, Pozzolo. "Where do banks expand abroad? - An empirical analysis" . *Journal of Business*, volume 78, issue 6, 2435 - 2463, 2005.

[139] Petra Roessl, "Does Bank FDI Trigger General FDI and Trade ? An Analysis of Signal Effects of Foreign Bank Entry " *paper for 18th Annual Meeting of the European Financial Management Association*, 2009.

[140] Nachum, L. and Keeble, D. External Networks and Geographic Clustering as Sources of MNE Advantages: Foreign and Indigenous Professional Service Firms in Central London, *ESRC Centre for Business Research*, *University of Cambridge*, Working Paper 195, PP47, 2001.

[141] Lilach Nachum, "Economic Geography and the Location of TNCs: Financial and Professional Service FDI to the USA "*Journal of International Business Studies* , Volme31, PP367 - 385, 2000.

[142] Ash Demirguc - Kunt, Harry Huizinga "Determinants of Commercial Bank Interest Margins and Profitability: Some International Evidence." *The World Bank Economic Review* Volme13, issue 2 PP379 - 408, 1999.

[143] Iftekhar Hasan - Katherin Marton 'Development and Efficiency of the Banking Sector in a Transitional Economy: Hungarian Experience', *Bofit Discussion Papers* (7/2000).

[144] Majnoni, Giovanni, Shankar, Rashmi and Varhegyi, Eva, "The Dynamics of Foreign Bank Ownership: Evidence from Hungary", *world bank policy research working paper*, No. 3114, August 6, 2003.

[145] Baudino, P. Caviglia, G. Dorrucci, E. Pineau, G. " Financial FDI to the EU accession countries," *European Central Bank paper*, 2004.

[146] Allen N Berger, George R. G. Clarke, Robert Cull, Leora, Klapper, "Corporate governance and bank performance: a joint analysis of the static, selection and dynamic effects of domestic, foreign and state ownership." *Journal of Banking and Finance*, issue 8 - 9, Aug - Sep vol. 29, PP2179 - 2221, 2005.

[147] Hella Engerer, Machthild schrooten, " Do foreign banks improve financial performance? Evidence from EU accession countries" *Deutsches institute research note* OCT, 2004.

[148] Christopher J. Green, Victor Murinde&Ivaylo Nikolov. 'The Efficiency of Foreign and Domestic Banks in Central and Eastern Europe: Evidence on Economies of Scale and Scope', *Journal of Emerging Market Finance* volume3 (2), 175 - 205, 2004.

[149] John P. Bonin, Kftekhar Hasan, Paul Wachtel, "Bank Performance, Efficiency and Ownership in Transition Countries" *Journal of Banking and Finance*, Vol. 29. issue 1, January, PP31 - 53, 2005.

[150] H. Semih Yildirim. George C. Philipatcs, "Efficiency of banks: Recent evidence from the transition economies of Europe, 1993 - 2003" *the Eurpean Journal of Finance*, volume 13, issue 2, PP123 - 143, 2007.

[151] Linda Goldberg, B. Gerard, Dages, Danel Kinney "Foreign and domestic bank participation im emerging markets: lessons from Mexico and Agentina, *NBER working paper* NO. 7714, May, 2000.

[152] Iftekhar Hasan, Katherin Marton, " Development and efficiency of the banking sector in a transitional economy: Hungarian experience" *Journal of Banking&finance*, volume 27 issue 12, PP: 2249 - 2271, Dec, 2003.

[153] Jennifer. S Crystal, B. Gerard Dages, and Linda S. Goldberg " Has foreign Bank entry led to sounder banks in Latin America," *Current Issues in Economics and Finance*. Vol. 8, No. 1. January, 2002.

[154] Atif Mian, . "Foreign, Private, Domestic and Government Banks; New Evidence from Emerging Market, *Journal of Banking and Finance*, 2003

[155] Ilko Naaborg, Bert Scholtens, Jakob de Haan, etc, "How important are foreign banks in the financial development of European transition countries?" *Journal of Emerging Market Finance*, volume3 no. 2 99 - 123, 2004.

[156] Sumon Kumar Bhaumik, & Ralitza Dimova, . " How important is ownership in a market with level playing field?: The Indian banking sector revisited," *Journal of Comparative Economics*, volume 32 (1), pages 165 - 180, March, 2004.

[157] Robert Lensink, Ilko Naaborg, "Does foreign ownership forester bank performance? "*Applied Financial Economics*, Volume17, PP881 - 885, 2007.

[158] Ilko Naaborg, Robert Lensink, "Banking in Transition economies: Does Foreign Ownership enhance profitability? "*The European Journal of Finance* Oct. PP545 - 562, 2008.

[159] XiaogangChen, Michael Skully, Kym brown " banking efficiency in china: application of DEA to Pre and post deregulation eras: 1993 - 2000", *China Ecnonmic Revies*, vol ume16, issue 3, PP: 229 - 245, 2005.

[160] Xiaoqing Fu, Shelagh, Heffernan, "Cost X - efficiency in China' s Banking Sector. ", *China Economic Review*, Vol (18), issue 1. PP35 - 53, 2007.

[161] James. R Markusen. Anthony J. Venables, "the theory of endowment , intra - industry and multinational trade", *Journal of International Economics*, volume 52, issue 1, December PP 209 - 234, 2000.

[162] Wesley M. Cohen and Daniel A. Levinthal Innovation and learning : the two faces of R&D " *the economic Journal*, vol (99) no. 397, PP: 569 - 596 sep, 1989.

[163] Wesley M. Cohen and Daniel A. Levinthal " Absorptive capacity: A new perspective on learning and innovation ", *administrative science quarterly*, vol (35) no. 1, mar PP: 128 - 152 , 1990.

[164] Eswar Prasad, Raghuram Rajan and Arvind Subramanian, "Patterns of international capital flows and their implications for economic development " *IMF working paper*, sep, 2006.

[165] Maria Soledad , Martinez Peria, and Ashoka Mody "How foreign participation

and market concentration impact bank spreads: evidence from Latin America", *Journal of Money , credit and Banking*, vol 36, PP 511 - 537, 2004.

[166] [Havrylchyk, Olena & Jurzyk, Emilia," Profitability of foreign banks in Central and Eastern Europe: Does the entry mode matter?," *BOFIT Discussion Papers* 5/2006, Bank of Finland, Institute for Economies in Transition. 2006.

[167] Sengupta, Rajdeep," Foreign entry and bank competition," *Journal of Financial Economics*, vol. 84 (2), pages 502 - 528, May, 2007.

[168] Ralph de Haas, & Iman van Lelyveld,," Internal capital markets and lending by multinational bank subsidiaries," *Journal of Financial Intermediation*, vol. (19), issue (1), pages 1 - 25, January, 2010.

[169] Maria Lehner, Monika Schnitzer, "entry of foreign banks and their impact on host countries ", *Journal of Comparative Economics*, Sep. volume 36, issue 3, September, PP430 - 452, 2008.

[170] Tigran Poghosyan, Arsen Poghosyan, "Foreign bank entry, bank efficiency and market power in central and eastern European countries", *Economics of Transition*, Volume 18 (issue 3), pp 571 - 598, 2010.

[171] Bis Monetary and Economic Department. "the global crisis and financial intermediation in emerging market " , *BIS Papers* NO. 54, July, 2010.

[172] Hyun E. Kim, Byung - Yoon Lee, "The Effects of Foreign Bank Entry on the Performance of Private Domestic Banks in Korea" *KIF working paper* March, 2004.

[173] Enrica Detragiache and Poonam Gupta, Foreign Banks in Emerging Market Crises: Evidence from Malaysia, *IMF working paper*, wp/04/129, July, 2004.

[174] Todd A. Gormley , "The Impact of Foreign Bank Entry in Emerging Markets: Evidence from India "*Journal of Financial Intermediation* vol 19. PP26 - 51, 2010.

[175] Allen N Berger. Iftekhar Hasan Mingming Zhou, "The Effect of Focus Versus Diversification on Bank Performance - Evidence from Chinese Bank " *Journal of Banking & Finance* Vol. 34. issue 7 July PP1417 - 1435, 2010.

[176] Alejandro Micco, Ugo Panizza, Monica Yanez," Bank ownership and performance . Does Politics Matter? ", *Journal of Banking and Finance*Volume 31, Issue 1, PP219 - 241, 2007.

[177] Allen N Berger, Iftekhar Hasan, Mingming Zhou. "Bank Ownership and Efficiency in China: What Will Happen in the World' s Largest Nation? " , *Journal of Banking*

and Finance , Volume 33, Issue 1 January, PP113 - 130, 2009.

[178] Iftekhar Hasan, Haizhi wang, Mingming zhou, "Do better institutions improve bank efficiency? - Evidence from a transitional economy" *BOFIT discussion papers No.* 28. PP 1 - 38, 2008.

[179] Iftekhar Hasan. Paul Wachtel, Mingming Zhou, "Institutional Development, Finacial Deeping and Economic Growth: Evidence from China." *Journal of Banking and Finance* Volume 33, Issue1, January, PP157 - 170, 2009.

[180] Alicia Garcia - Herrero, Daniel Santabarbara. "Does the Chinese Banking System Benefit From Foreign Investor?", *BIS working paper*, 2008.

[181] Bettina Hagmary, Peter Haiss. "Foreign banks in Turkey and Other EU Accession Countries - Does Minority vs. Majority Ownership Make the Difference?" , *Proceedings of the International Finance Symposium* 2006 *on" Financial Integration Review and Steps Ahead"*, PP649 - 669, 2006.

[182] Brealey R A, Kaplatlis E C. "The determination of foreign banking location" , *Journal of International Money and Finance* Volume15, Number4, August PP577—597, 1996.

[183] Chunxin Jia, "The effect of ownership on the Prudential Behavior of Banks—the Case of China", *Journal of Banking and Finance* Volume 33, Issue 1, January, PP77 - 87, 2009.

[184] CGFS, "Long - term Issues in International Banking", *Bank of International Settlement*, No. 41, October, 2010.

[185] Dietrich Domanski, "Foreign Banks in Emerging Market Economies: Changing Players, Chang Issues" *BIS Quarterly Review*, Volume 12, PP 69 - 81, 2005.

[186] Donghui, Li, Fariborz Moshirian, Ah - Boon Sim. "the determinants of intra - industry - trade in insurance service " *Journal of Risk and insurance*, volume 70, June, PP 269 - 287, 2003.

[187] Eugenio Cerutti, Giovanni Dell' Reiccia, "How banks go abroad: Branch or Subsidaries?" *Journal of Banking & Finance* Volume 31, Issue6, June PP1669 - 1692, 2007.

[188] Fariborz Morshirian, "Aspects of international financial services", *Journal of Banking &Finance* , Volume 30, Issue 4, April, PP1057 - 1064, 2006.

[189] Farok J. Contractor. Sumit K. Kundu, Chin - Chun Hsu. "A Three - stage Theory

of International Expansion: The Link Between Multinationality and Performance in the Service Sector" *Journal of International Business Studies*, Volume 34, PP 5 – 18, 2003.

[190] Fu X, Heffernan, "The effects of reform on China' s Bank structure and Performance", *Journal of Banking & Finance*, Volume 33, PP 39 – 52, 2009.

[191] Gabor Beke, Jorn Kleinert, and Farid Toubal,, "Spillovers from Multinational to Heterogeneous Domestic Firms : Evidence from Hungary", *The World Economy* , Volume 32, Issue 10, October , PP1408 – 1433, 2009.

[192] Grant Webber, "Foreign Direct Investment by Commercial Banks: A Russia Perspective", *Business Leadership Review*, October, PP 1 – 12, 2009.

[193] Ivar kolstad,, Espen Villanger, "Determinants of Foreign direct investment in services" *European Journal of Political Economy* Volume. 24, Issue 2 , June , PP518 – 533, 2008.

[194] John. P. Bonin, Yiping Huang, "Foreign Entry into Chinese Banking : Does WTO Membership Threaten Domestic Banks? " *the World Economy* Volume 25, Issue 8 PP1077 – 1093, 2002.

[195] Linda S Goldberg. "Financial Sector FDI and Host Countries: New and Old Lessons ", *Issue Mar Economic Policy Review*, *Federal Reserve Bank of New York*, PP: 1 – 17, 2007.

[196] Javed Hamid, Stoyan Tenev, "Transforming China' s Banks: the IFC' s Experiences", *Journal of Contemporary China* Volume 17, PP449 – 468, 2008.

[197] Jame Markusen, Thomas F. Rutherfold, David Tarr. "Trade and Direct Investment in Producer Services and the Domestic Market for Expertise", *Canadian Journal of Economics* Volume 38. PP 23 – 42, 2005.

[198] Juan Cardenas, Juan Pablo Graf, Pascual Odogherty, "Foreign banks entry in emerging market economies: a host country perspective " *BIS working paper*, 2003.

[199] Klaus E Meyer, "Perspectives on Multinational Enterprises in Emerging Economies " *Journal of International Buseiness Studies* Volume 35, December, PP259 – 276, 2004.

[200] Leonardo Gambacorta , David Marques – Ibanez . " the banking lending channel: Lessons from the crisis", *BIS working paper NO.* 345, May, 2011.

[201] Laura Paez, "GATS Financial Service Liberalization: How Do OECD Members Schedules Impact Commercial Banking FDI?", *Journal of World Trade* Volume 42, No. 6,

PP 1065 - 1083, 2008.

[202] Xiaochi Lin, Yi Zhang, "Bank Ownership Reform and Bank Performance in China.", *Journal of Banking & Finance* Volume 33, Issue 1, January PP20 - 29, 2009.

[203] M. K. leung, T. Young, D. rigby. "Explain the Profitability of Foreign Banks in Shanghai", *Managerial and Decision Economics* Volume. 24 Issue 1, PP15 - 24, 2003.

[204] Mark Bertus, John S. Jahera etc. "A Note on Foreign Bank Ownership and Monitoring: An International Comparison", *Journal of Banking& Finance* Volume. 32, PP 338 - 345, 2008.

[205] Marc Von Der Ruhr, Michael Ryan, ""Following" or "attracting" the Customer? Japanese Banking FDI in Europe", *Atlantic Economic Journal* December, Volume 33, Issue 4, PP 405 - 422, 2005.

[206] Mohamed Azzim Gulamhussen. "A Theoretical Perspective on the Location of Banking FDI", *Management International Review* Volume49, PP163 - 178, 2009.

[207] Marco Mutinelli, Lucia Piscitello, "Foreign direct investment in the banking sector: The case of Italian banks in the 90s", *Intemalional Business Review* Volume 10, Issue 6, PP661 - 685, 2001.

[208] Markus Berndt, "Vulnerabilities of Emerging and Developing Economies to Global Financial and Economic Crises" *European Investment Bank, Development Economics Advisory Service (DEAS) Working Paper* No. 5, July, 2009.

[209] M. K. Leung, Ricky, Y. K. Chan, "Are Foreign banks sure winners in post - WTO China?", *Business Horizons*, Volume 49, Issue 3; PP221 - 234. may - June, 2006.

[210] Nicholas Hope and Fred Hu, "Can foreign entry transform china' s banking system?", *Stanford institute for economic policy research*, November, 2005.

[211] Nicholas C. Hope, James Laurenceson, Fengming Qin, "the impact of direct investment by foreign bank on china' s banking industry", *Stanford center for international development working paper* No. 362, 2008.

[212] Osman Rraci, "the Effect of foreign banks in financing firms, especially small firms, in transition economics" *Eastern European Economics*, Volume 48, No. 4/ July - August, PP 5 - 35, 2010.

[213] Peter Roessl, Peter Haiss. "Does Bank FDI rtigger General FDI and Trade? An Analysis of Signal Effects fo Foreign Bank Entry", 18th *Annual Meeting of the European Financial Management Association*. 2009.

[214] Peter Haiss, Katharina Steiner, Markus Eller. "How do Foreign Banks Contribute to Economic Development in Transition Economies—How much do We Know about Challenges and Opportunities?" *IMDA* 2005.

[215] Rainer Haselmann. "Strategies of foreign banks in transition economies". *Emerging markets review* Volume 7, Issue 4, December, PP. 283 - 299, 2006.

[216] Robert Cull, Maria Soledad, Martinez Peria. "Foreign Bank participation in Developing countries—what do we know about the derives and consequences of this phenomenon? "*World Bank Working Paper*. WPS No. 5398 Aug, 2010.

[217] Ragnhild Balsvik, Stefanie A. Haller, "Foreign Firms and Host - country Productivity: Does the Mode of Entry Matter?" *Oxford Economic Papers* Volume 63 , Issue 1, PP158 - 186, 2011.

[218] Sasidaran Gopalan、Ramkishen S. Rajan, "Financial Sector De - regulation in Emerging Asia: Focus on Foreign Bank Entry " *the Journal of World Investment and Trade*, 2010.

[219] Shelargh A Heffernan , Xiaoqing FU, "Determinants of Financial Performance in Chinese Banking", *Applied Financial Economics*, Volume 20, Issue 20, PP 1585 - 1600, 2010.

[220] Adrian E. Tschoegl. " Financial Crises and the Presence of Foreign Banks" Systemic Financial Distress: Containment and Resolution. Ed. P. Honohan and L. Laeven. Cambridge: Cambridge University Press, 2005.

[221] Ngon - Ahc Vo Thi, (Dev Vencappa. " Does the entry mode of foreign bank matter for bank efficiency? Evidence from transition countries. ", *The William Davidson Institute Working Paper* Series 925, 2008.

重要术语索引表

A

吸收能力（Absorptive Capacity） P83

B

分行（Branch） P42

C

比较优势理论（Comparative Advantage Theory） P15

跨境借贷（Cross - Border Loan） P44

跨国并购（Cross - Border Merger and Acquisition） P45

中央集权管理模式（Centralized Management Mode） P50

腕骨监管指标体系（CARPALS） P92

货币错配（Currency Mismatch） P179

D

分权管理模式（Decentralized Management Mode） P50

数据包络分析法（DEA） P91

F

外国直接投资（Foreign Direct Investment） P3

金融压制理论和金融深化理论（Financial Restrain Theory and Financial Deepening Theory） P24

跟随客户战略（Follow The Customer Strategy） P29
跟随行业领导者（Follow The Leader Strategy） P31
金融创新（Finance Innovation） P209

G

绿地新建（Green - Field） P44 P45

H

硬信息（Hard Information） P45
人力资本（Human Capital） P84

I

投资发展周期理论（Investment Development Cycle Theory） P14
产业组织理论（Industrial Organization Theory） P15

J

合资银行（Joint Ventures） P42

M

垄断优势理论（Monopolistic Advantage Theory） P10

O

寡占反应理论（Oligopolistic Reaction Theory） P13

P

绩效（Performance） P91

R

资源观（Resource - Based View） P15

资源（Resource） P16
获取资源优势（Resource - Seeking Strategy） P31
代表处（Representative Offices） P42
风险管理（Risk Management） P211

S

子行（Subsidiary） P42
战略投资者（Strategic Investor） P42
软信息（Soft Information） P45
技术溢出效应（Spillover Effect） P80
稳定器（Stabilizer） P150
业务多元化（Service Diversification） P208

T

内部化理论（The Theory of Internalization） P11
国际生产折衷理论（The Eclectic Theory of International Production） P11
本土优势假设（The Home Field Advantage Hypothesis） P77
全球优势假设（The General Global Advantage Hypothesis） P77
技术差距理论（Technological Gap Theory） P83